广州城市智库丛书

新时代
广州国际商贸中心
发展策略

何江 张小英 魏颖 ◎ 著

中国社会科学出版社

图书在版编目(CIP)数据

新时代广州国际商贸中心发展策略 / 何江，张小英，魏颖著 . —北京：中国社会科学出版社，2018.12

（广州城市智库丛书）

ISBN 978 - 7 - 5203 - 4039 - 7

Ⅰ.①新… Ⅱ.①何…②张…③魏… Ⅲ.①国际贸易中心—发展—研究—广州 Ⅳ.①F752.865.1

中国版本图书馆 CIP 数据核字（2019）第 024643 号

出 版 人	赵剑英
责任编辑	喻　苗
责任校对	胡新芳
责任印制	王　超

出　　版	中国社会科学出版社
社　　址	北京鼓楼西大街甲 158 号
邮　　编	100720
网　　址	http://www.csspw.cn
发 行 部	010 - 84083685
门 市 部	010 - 84029450
经　　销	新华书店及其他书店

印　　刷	北京明恒达印务有限公司
装　　订	廊坊市广阳区广增装订厂
版　　次	2018 年 12 月第 1 版
印　　次	2018 年 12 月第 1 次印刷

开　　本	710 × 1000　1/16
印　　张	17
字　　数	221 千字
定　　价	69.00 元

凡购买中国社会科学出版社图书，如有质量问题请与本社营销中心联系调换
电话：010 - 84083683

版权所有　侵权必究

《广州城市智库丛书》
编审委员会

主　任　张跃国

副主任　朱名宏　杨再高　尹　涛　许　鹏

委　员（按拼音排序）

　　　　白国强　杜家元　郭昂伟　郭艳华　何　江　黄石鼎
　　　　黄　玉　刘碧坚　欧江波　覃　剑　王美怡　伍　庆
　　　　胥东明　杨代友　叶志民　殷　俊　于　静　张　强
　　　　张赛飞　曾德雄　曾俊良

总　　序

何为智库？一般理解，智库是生产思想和传播智慧的专门机构。但是，生产思想产品的机构和行业还有不少，智库因何而存在，它的独特价值和主体功能体现在哪里？再深一层说，同为生产思想产品，每家智库的性质、定位、结构、功能各不相同，一家智库的生产方式、组织形式、产品内容和传播渠道又该如何界定？这些问题看似简单，实际上直接决定着一家智库的立身之本和发展之道，是必须首先回答清楚的根本问题。

从属性和功能上说，智库不能成为一般意义上的学术团体，也不是传统意义上的哲学社会科学研究机构，更不是所谓的"出点子""眉头一皱、计上心来"的术士俱乐部。概括起来，智库应具备三个基本要素：第一，要有明确目标，就是出思想、出成果，影响决策、服务决策，它是奔着决策去的；第二，要有主攻方向，就是某一领域、某个区域的重大理论和现实问题，它是直面重大问题的；第三，要有具体服务对象，就是某个层级、某个方面的决策者和政策制定者，它是择木而栖的。当然，智库的功能具有延展性、价值具有外溢性，但如果背离本质属性、偏离基本航向，智库必然惘然若失，甚至可有可无。因此，推动智库建设，既要遵循智库发展的一般规律，又要突出个体存在的特殊价值。也就是说，智库要区别于搞学科建设和教材体系的大学和一般学术研究机构，它重在综合运用理论和知识分析研判重大问题，这是对智库建设的一般要求；同时，具体到一家智库个体，又要依据自身独一无二的性质、类型和定位，塑造独特个性和鲜明风格，占据真正属于自己的空间和制高点，这是智库独立和自立的根本标志。当前，智库建设的理论和政策不一而足，实践探索也呈现八仙过海之势，这当然有利于形成智库界的时代标签和身份识别，但在热情高涨、高歌猛进的大时代，也容易盲目跟风、漫天飞舞，以致破坏本就脆弱的智库生态。所以，我们可能还要保持一点冷静，从战略上认真思考智库到底应该怎么建，社会科学院智库应该怎么建，城市社会科学院智库又应该怎么建。

广州市社会科学院建院时间不短，在改革发展上也曾历经曲折艰难探索，但对于如何建设一所拿得起、顶得上、叫得响的新型城市智库，仍是一个崭新的时代课题。近几年，我们全面分析研判新型智库发展方向、趋势和规律，认真学习借鉴国内外智库建设的有益经验，对标全球城市未来演变态势和广州重大战略需求，深刻检视自身发展阶段和先天禀赋、后天条件，确定了建成市委、市政府用得上、人民群众信得过、具有一定国际影响力和品牌知名度的新型城市智库的战略目标。围绕实现这个目标，边探索边思考、边实践边总结，初步形成了"1122335"的一套工作思路：明确一个立院之本，即坚持研究广州、服务决策的宗旨；明确一个主攻方向，即以决策研究咨询为主攻方向；坚持两个导向，即研究的目标导向和问题导向；提升两个能力，即综合研判能力和战略谋划能力；确立三个定位，即马克思主义重要理论阵地、党的意识形态工作重镇和新型城市智库；瞄准三大发展愿景，即创造战略性思想、构建枢纽型格局和打造国际化平台；发挥五大功能，即咨政建言、理论创新、舆论引导、公众服务、国际交往。很显然，面向未来，面对世界高度分化又高度整合的时代矛盾，我们跟不上、不适应的感觉将长期存在。由于世界变化的不确定性，没有耐力的人们常会感到身不由己、力不从心，唯有坚信事在人为、功在不舍的自觉自愿者，才会一直追逐梦想直至抵达理想彼岸。正如习近平总书记在哲学社会科学工作座谈会上的讲话中指出的："这是一个需要理论而且一定能够产生理论的时代，这是一个需要思想而且一定能够产生思想的时代。我们不能辜负了这个时代。"作为以生产思想和知识自期自许的智库，我们确实应该树立起具有标杆意义的目标，并且为之不懈努力。

智库风采千姿百态，但立足点还是在提高研究质量、推动内容创新上。有组织地开展重大课题研究，是我院提高研究质量、推动内容创新的尝试，也算是一个创举。总的考虑是，加强顶层设计、统筹协调和分类指导，突出优势和特色，形成系统化设计、专业化支撑、特色化配套、集成化创新的重大课题研究体系。这项工作由院统筹组织。在课题选项上，每个研究团队围绕广州城市发展战略需求和经济社会发展中重大理论与现实问题，结合各自业务专长和学术积累，每年初提出一个重大课题项目，经院内外专家三轮论证评析后，院里正式决定立项。在课题管理上，要求从基本逻辑与文字表达、基础理论与实践探索、实地调研与方法集成、综合研判与战略谋划等方面反复打磨锤炼，结项仍然要经过三轮评审，并集中举行重大课题成果发布会。在成果转化应用上，建设"研究专报＋刊物发表＋成果发布＋媒体宣传＋著作出版"组合式转化传播平台，形成延伸转化、彼此补充、互相支撑的系列成果。自2016年以来，我院已组织开展40多项重大课题研究，积累了一批具有一定学术价值和应用价值的研究成果，这些成果绝大部分都以专报方式呈送市委、市政府作为决策参考，对广州城市发展产生了积极影响，有些内容经媒体宣传报道，也形成了一定的社会影响。我们认为，遴选一些质量较高、符合出版要求的研究成果统一出版，既可以记录我们成长的足迹，也能为关注城市问题和广州实践的各界人士提供一个观察窗口，应该是很有意义的一件事情。因此，我们充满底气地策划出版这套智库丛书，并且希望将这项工作常态化、制度化，在智库建设实践中形成一条兼具地方特色和时代特点的景观带。

  感谢同事们的辛勤劳作。他们的执着和奉献不单升华了自我，也点亮了一座城市通向未来的智慧之光。

广州市社会科学院党组书记、院长

张跃国

二〇一八年十二月三日

前　言

　　广州是"千年商都",商贸业发展源远流长。从海上"丝绸之路"的始发港,到十三行时期的对外贸易,到1957年第一届广交会在广州举办,再到改革开放以来引领全国商贸业发展,广州商贸业在历史上一直走在全国前列。目前商贸业仍然是广州市的优势与特色产业,在商圈、批发市场、会展等诸多领域仍然拥有较为明显的发展优势。然而,随着全球商贸格局的变化和电子商务的兴起,广州建设国际商贸中心正面临着重大机遇和严峻挑战。新时代广州必须秉持新发展理念,实现由传统国际商贸中心向新型国际商贸中心的转变,这是巩固与提升广州"千年商都"地位的必然要求。

　　近年来广州市社会科学院现代市场研究所课题组,以提供战略性、前瞻性、洞察性的决策服务为导向,围绕广州国际商贸中心建设这一选题,开展了"全球视野下广州建设新型国际商贸中心的战略研究""全球视野下新型国际商贸中心指数研究——广州的地位评价与提升对策"等一系列重大课题和专项课题研究,取得了较为丰富的成果。作为前期研究的阶段性总结,并为今后继续深化广州建设国际商贸中心研究夯实基础,课题组系统整理了上述研究成果,正式编撰集结成书。国际商贸中心建设对于广州来说意义重大,今后课题组将继续深化这一重大课题研究,希望本书能够成为迈向更高研究水准的新起点和新开始。

本书尝试回答以下几个问题：未来国际商贸中心将向什么方向发展？新型国际商贸中心的特征有哪些？在全球城市体系中，广州作为国际商贸中心的地位如何以及应该怎样评价？广州的优势有哪些，短板在哪里？巩固与提升广州国际商贸中心地位的对策是什么？为了回答上述问题，课题组首先对相关研究文献进行了认真梳理和研读，充分借鉴参考了其他学者的研究成果，从而使本书能够在较高的起点上展开。接着，为了构筑本书分析所用的理论基础和分析框架，我们系统阐述了国际商贸中心的概念内涵、功能特征，以及国际商贸中心发展的影响因素及其作用机理，进而围绕技术、制度、产业、功能等因素，对国际商贸中心的演进历史进行了实证分析和阶段划分。本书第二部分从功能视角分析了近年来国际商贸中心的发展趋势，进而提炼出了新型国际商贸中心的一般性特征。第三部分分析归纳了近年来国内外商贸业的发展趋势，据此对商贸业，特别是国际商贸中心商贸业的未来发展进行了展望。第四部分选取了伦敦、新加坡、东京、迪拜、上海、米兰、芝加哥等知名国际商贸中心城市，聚焦商贸功能进行了案例分析，为广州提升国际商贸中心功能，建设引领型全球城市提供借鉴与启发。第五部分梳理了改革开放以来广州商贸业的发展历程和探索实践，并对发展现状做了全面系统的分析。第六部分，根据新型国际商贸中心的功能特征，借鉴现有的指数编制理论、方法及案例，通过合理选择评价指标和评价方法，构建了新型国际商贸中心指数。第七部分使用新型国际商贸中心指数，在全球城市坐标系中对广州的地位进行综合研判，揭示了广州的优势和劣势所在，借以找到当前问题所在和今后努力方向。在上述研究的基础上，第八部分和第九部分，分别提出了广州建设新型国际商贸中心的战略思路和相应的对策建议。

本书综合采用理论与实证、定性与定量相结合的方法，方法特色主要体现在以下几个方面：

第一，本书从商贸视角考察全球城市发展，实际上是商贸视角的广州建设全球城市研究。全球城市与国际商贸中心这两个概念密切相关，国际排名靠前的全球城市都是国际商贸中心，强大的商贸功能为这些城市发挥全球影响力提供了重要的凭借。本书把全球城市与国际商贸中心这两个概念紧密结合在一起，这样的研究视角能够使研究成果更加契合广州市城市发展现状，更具决策服务价值。

第二，注重理论分析对实证分析的指导作用，是本书的方法论特色之一。本书主要以现代流通经济学、空间经济学、产业经济学等为理论基础，运用这些理论解释国内外知名国际商贸中心的发展演变，厘清国际商贸中心发展演变的主要影响因素，据此为国际商贸中心的历史分析、案例分析、趋势研判、指数编制等提供坚实的理论基础。

第三，坚持长跨度、宽视野的研究取向，从历史分析中探寻发展规律性和未来发展趋势，从横向比较中评价广州的优劣势和在全球城市体系中的地位。本书沿用历史分析方法，坚持追根溯源，在摸清历史背景的条件下，考察国际商贸中心的发展脉络和演进阶段，总结不同发展阶段的技术、制度、经济等特点，分析归纳国际商贸中心的未来发展趋势。在横向比较方面，分别选取了11个国内大城市和21个全球城市进行比较，在国内和全球城市坐标系中进行考察与评价。

第四，坚持点面结合，把典型案例分析和一般性概括有机结合在一起。本书大量使用了国际商贸中心城市发展的经验事实，并选择了7个有代表性城市进行案例分析，充分利用典型事例所具有的内容直观、具体、丰富等特点，详细深入地揭示了不同国际商贸中心的功能特征及差异性；同时，综合运用理论分析和综合统计方法，归纳概括国际商贸中心的一般性和整体性特征。通过点面结合，争取使分析既有广度又有深度，达到较好的研究效果。

第五，使用综合指数评价方法来编制新型国际商贸中心指数，但绝不是简单地就指数而论指数。如果仅仅进行选择指标、合成指数、进行比较等综合评价方法的既定程序，研究的决策价值就非常有限。而本书特别注重研究国际商贸中心发展的新趋势、新特征，一方面为合理编制指数提供支撑，另一方面还有助于今后的趋势研判和发展取向分析，使研究结果更具政策前瞻性、启发性和洞察性。

本书由何江设计编写大纲，并负责统稿工作。全书共分九部分，各部分的撰写人员如下：第一部分，何江；第二部分，何江；第三部分，何江；第四部分，张小英；第五部分，何江、张小英；第六部分，何江、张小英、魏颖；第七部分，魏颖、张小英；第八部分，何江；第九部分，何江、张小英、魏颖。由于作者水平有限，书中不当、错误和疏漏之处在所难免，敬请读者批评指正。

本书能够成稿，首先要感谢广州市社会科学院党组书记张跃国先生，他倡导和推动形成的重大课题研究制度，使本书有了所需的研究积累。感谢杨再高副院长，近两年他深度参与了广州建设国际商贸中心的系列课题研究，提供了重要的指导和建议。感谢许鹏副院长和科研处的同事，是他们的鼓励和支持促成了本书。还要感谢现代市场研究所的同事赖长强，他为前期研究做了许多贡献。此外，广州市商务委员会的杨勇副主任和多个处室也提供了重要帮助，在此一并向他们表示衷心的感谢。

作　者

2018 年 11 月 30 日

目　录

一　国际商贸中心概述 …………………………………… (1)
　　(一) 概念和类型 ………………………………… (1)
　　(二) 功能特征 …………………………………… (4)
　　(三) 影响因素 …………………………………… (12)
　　(四) 发展历史 …………………………………… (17)

二　国际商贸中心发展的新趋势 ………………………… (21)
　　(一) 基于区位熵的实证分析 …………………… (21)
　　(二) 城市商贸功能演进新趋势 ………………… (28)
　　(三) 新型国际商贸中心的一般特征 …………… (47)

三　国内外商贸业发展的新趋势 ………………………… (51)
　　(一) 近年来的新趋势 …………………………… (51)
　　(二) 未来展望 …………………………………… (69)

四　国际商贸中心的案例分析 …………………………… (72)
　　(一) 国际商贸中心与全球城市 ………………… (72)
　　(二) 典型城市案例 ……………………………… (73)
　　(三) 经验启示 …………………………………… (92)

五 广州商贸业发展与国际商贸中心建设 (98)
  （一）改革开放以来商贸业发展历程 (98)
  （二）近年来商贸功能的变动特征 (107)
  （三）商贸功能变动的产业经济学分析 (117)
  （四）国际商贸中心建设探索 (120)
  （五）国际商贸中心建设的基础条件 (122)

六 国际商贸中心指数编制思路与方法 (141)
  （一）相关研究述评 (141)
  （二）指数编制原则 (149)
  （三）指标选择思路 (150)
  （四）评价指标体系 (151)
  （五）指数合成方法 (163)

七 广州国际商贸中心的地位研判 (165)
  （一）国内城市综合指数排名 (165)
  （二）分项功能的国内比较 (169)
  （三）基于国内比较的广州优劣势评价 (194)
  （四）全球城市综合指数排名 (195)
  （五）分项功能的国际比较 (200)
  （六）基于国际比较的广州优劣势评价 (214)

八 广州建设新型国际商贸中心的战略思路 (216)
  （一）机遇、挑战和战略意义 (216)
  （二）发展理念 (222)
  （三）战略定位 (225)
  （四）战略任务 (226)

九 广州建设新型国际商贸中心的对策建议 …………… (232)
 （一）充分认识新型国际商贸中心建设的
   重要性 ………………………………………… (232)
 （二）加大对外贸易的拓展力度，打造
   贸易强市 ……………………………………… (233)
 （三）提升综合体验功能，打造国际消费中心 ……… (234)
 （四）补齐短板，再创优势，打造全球会展之都 …… (237)
 （五）发展互联网交易平台，打造现代
   "网络商都" …………………………………… (239)
 （六）增强互联互通能力，提升国际枢纽地位 ……… (242)
 （七）争取设立期货交易所，增强全球资源配置
   能力 …………………………………………… (243)
 （八）进一步提升贸易的自由化、便利化水平 ……… (244)

附录 1   国内比较数据 …………………………………… (246)

附录 2   国际比较数据 …………………………………… (250)

参考文献 ………………………………………………………… (253)

一 国际商贸中心概述

（一）概念和类型

1. 什么是国际商贸中心？

国际商贸中心是一个内涵和外延十分丰富的概念，目前国内尚未对这一概念形成统一认识和清晰界定。现有的国内相关研究和政府文件，主要从产业、功能、地位和作用等视角对国际商贸中心概念进行了阐释，下面列举几个有代表性的看法或观点。

黄国雄、宋丕丞（2010）认为，国际商贸中心城市指城市商业随辐射能力的增强，能够超出国内界限在世界范围内形成较大的吸引力和凝聚力，聚集众多国际性商贸活动，包括金融保险业务、批零业务、物流运输业务、信息咨询业务和国际大型会展会议业务等；国际商贸活动聚集度高，对国内外居民生活、全球商贸业发展和全球商贸要素资源配置具有显著影响力的国际化大都市。《北京市"十二五"时期国际商贸中心建设发展规划》（2011）提出，"国际商贸中心是商贸流通、购物消费的国际化枢纽，是世界城市在经济领域的重要体现"。汪亮（2011）认为，国际商贸中心是国家参与全球竞争的主要载体，承担了国家战略任务，服务于国家战略目标的实现；建设国际商贸中心城市，要发挥中心城市对国内外两种资源、两个市场的综合配置和利用作用，不仅要成为国际贸易的战略高地，还要成为国际消费高地。何明珂等（2012）认为，对国际商贸中心的认识不能局限在商贸流通、购物消费层面上，应该跨越"贸易"的职能范围，覆盖与"贸易"具有密切关系的"商务"活动，进而认为"国际商贸中心是世界范围内大规模贸易及相关商务活动的集聚和辐射中心"。

从上述有关国际商贸中心的阐述来看，虽然不同的学者或机构关于国际商贸中心内涵存在一定的差异，但基本认识是相同的。国际商贸中心的功能十分丰富，不仅包括国际贸易，还包含国内贸易；不仅涵盖商贸流通，还覆盖购物消费；不仅囊括贸易功能，还包括部分商务功能。国际商贸中心城市，上述功能及其产业载体表现出很高的聚集度，因此才成为全球性的中心、枢纽或高地，能够在世界范围内发挥影响力。综合来看，国际商贸中心是世界范围内大规模商贸及相关商务活动的集聚和辐射中心，商贸业集聚度高，资源配置能力强，辐射带动范围广，作为商流、物流、人流、资金流和信息流的国际枢纽，对全球商贸业发展有着显著的影响力。

2. 国际商贸中心的类型

国际商贸中心概念中的"中心"这个词，实际上反映的是一种空间分布模式，经济活动集中在中心地区，向外围地区提供产品或服务，著名的空间经济学中心——外围模型（Krugman，1991）分析了这种空间分布模式的形成机理。从这种意义上讲，如果一个城市是国际商贸中心，那么承载商贸服务功能的核心产业和商业资源会在该城市高度集聚，向周边区域甚至所在国家乃至世界提供服务，从而具有跨区域甚至全球性的辐射影响力。

按照辐射范围大小，可以把国际商贸中心划分为三种类型：国家或地区性商贸中心、区域性国际商贸中心和全球性国际商贸中心。目前，世界公认的全球性国际商贸中心以纽约、伦敦、巴黎、东京等为代表。我国的香港、北京、上海、广州，以及国外的新加坡、首尔、芝加哥、洛杉矶、多伦多、悉尼、米兰、法兰克福、阿姆斯特丹、布鲁塞尔等城市，也是世界著名的国际商贸中心。至于这些城市究竟属于全球性国际商贸中心，还是区域性国际商贸中心，学术界对此尚存在争议，但不可否认的是，这些城市都拥有较为突出的商贸功能，能够发挥跨越国界的辐射影响力。此外还有不少国家或地区性国际商贸中心，它们的辐射影响范围主要体现在一个国家或更小的区域内。从国际商贸中心空间分布格局来看，同一个国家或同一个区域范围内，可以存在多个不同等级或层次的国际商贸中心，发挥着各自的优势，承担不同的功能角色，实现错位发展。

3. 国际商贸中心与国际贸易中心的区别

国际贸易中心是与国际商贸中心密切相关的一个概念。一般认为，国际贸易中心的内涵和外延相对较为狭窄。很多学术论文把国际贸易视为对外贸易，主要从贸易内容、贸易方式、货物运输、贸易便利化等方面进行分析。一些政府文件，例如《"十三五"时期上海国际贸易中心建设规划》，所使用的国际贸易概念具有更宽广的内涵，不仅包括外贸，还包括内贸和个人购物消费，但仍然偏重对外贸易。从伦敦、纽约、东京、巴黎、香港等城市的发展历程看，国际商贸中心往往是在国际贸易中心的基础上发展起来的；甚至可以说，没有国际贸易中心的形成和发展，就没有国际商贸中心。因此，国际商贸中心与国际贸易中心都是商品交易的国际枢纽，但从发展阶段或发展趋势来看，国际商贸中心是国际贸易中心发展的更高阶段。首先，国际商贸中心对商贸资源，特别是高端商贸资源的集聚力和配置力更为强大。其次，国际商贸中心是新商业思想、新商业模式、新商业技术和消费时尚的发源地，引领全球商贸业创新与发展方向。再次，国际商贸中心不仅是国际贸易枢纽，而且还是国际商品服务的消费中心，能够吸引来自世界各地的消费者来此购物与体验。

虽然国际商贸中心在学术上可以看作国际贸易中心更高的发展阶段，要比国际贸易中心拥有更加丰富的内涵，但是从我国的情况来看，主要城市在政策层面并未对这两个概念做严格区分。目前我国不少城市提出了建设国际商贸中心或国际贸易中心的目标或规划，主要有上海、北京、广州，以及郑州、青岛、乌鲁木齐等城市。例如，2010年，北京市在世界城市的总体构想框架下，提出建设国际商贸中心，2011年北京市发改委发布了《北京市"十二五"时期国际商贸中心建设发展规划》。上海于2009年正式提出建设国际贸易中心，2012年和2016年先后出台了《上海建设国际贸易中心"十二五"规划》《"十三五"时期上海国际贸易中心建设规划》。2010年广州市委九届九次全会正式提出以建设国际商贸中心为战略重点，2012年出台了《广州市委市政府关于建设国际商贸中心的实施意见》。从《广州市委市政府关于建设国际商贸中心的实施意见》（2012年10月）、《上海建设国际贸易中心"十二五"规划》（2011年11月）、《"十三五"时期上海国际贸易中心建设规划》（2016年8月）等政策文件来看，国际商贸中心与国际贸易中心所涉及的建设领域基本相同。综合考虑，本书采用国际商贸中心这个概念，一方面符合广州市的历史传统，以及近年来政府文件相关内容的表述习惯，另一方面强调国际商贸中心建设内容更加丰富，涉及领域更加广泛，更加契合当前广州市建设引领性全球城市的要求。

（二）功能特征

1. 核心功能和辅助功能

国际商贸中心的地位和影响力大小，取决于城市功能类型及其强弱。根据城市功能与商品交易联系的密切程度，可以把国际商贸中心的功能分为核心功能和辅助功能两类（见表1-1）。核心功能代表了主要商贸功能，主要包括国际贸易中心、国际消费中心、国际会展中心、国际航运中心、国际物流中心和商贸创新中心等功能；辅助功能主要包括金融中心、信息服务中心、商务服务中心、文化旅游中心等功能。从横向看，同一核心功能，在不同的国际商贸中心城市，其重要性或地位可能是不同的。从纵向看，同一个国际商贸中心城市，不同核心功能的重要性或地位可能发生较大的变化。另外，需要强调的是，每一项核心功能的具体内容也是随时代的发展而发展的，在不同的发展阶段往往存在较大的差异。

表1-1　　　　　　　　　　国际商贸中心的功能

核心功能	辅助功能
国际贸易中心	金融中心
国际消费中心	商务服务中心
国际会展中心	信息服务中心
国际航运中心	文化旅游中心
国际物流中心	总部经济中心
商贸创新中心	……

国际贸易中心。国际商贸中心首先是商品交易中心，具备一流的商品流通功能，贸易便利化水平较高，国际国内贸易规模大，不仅货物贸易规模大，而且随着城市服务业发展，服务贸易规模不断扩大，从而实现货物贸易与服务贸易的共同繁荣。另外，国际商贸中心一般拥有国际影响力的大宗商品或者特色商品交易市场，具有很强的影响力和辐射力，商品信息集聚并辐射各地，掌握行业的定价权和话语权，往往成为大宗商品和要素的价格发现与形成中心、指数发布中心，同时也是商品交易结算中心。国际商贸中心建设离不开商务服务、金融、信息、律师、广告咨询等现代服务业的支撑。伦敦不仅是知名的全球

金融中心，还是全球最重要的会计服务中心、法律服务中心和全球最大的海事服务提供基地，其发达的现代服务体系为国际商贸中心提供了有力支撑。纽约也是全球金融、服务及管理中心，拥有极为发达的现代服务业，金融保险、专业和科技服务、信息服务等高端服务业在城市产业体系中的地位非常突出。

国际消费中心。国际消费中心功能是全球化时代国际商贸中心重要的核心功能。国际商贸中心一般都拥有具有全球影响力和美誉度的标志性商圈，特色商业街繁华，知名品牌云集，零售业态丰富，特色餐饮和休闲娱乐场所引人入胜，吸引着全球消费者和旅游者光顾。凭借丰富的商业资源和舒适、安全、便利、现代化的购物环境，国际商贸中心城市吸引来自世界各地的消费者来此购物和体验，能够满足多元化、国际化、高端化、时尚化的消费需求。国际商贸中心还是时尚之都，往往引领本国甚至全球消费潮流。需要强调的是，在这里不能把消费简单地看作购物，消费不仅包括购物，还包括餐饮、旅游、休闲娱乐、康体健身等诸多活动；消费的不仅有有形的产品，还有无形的服务。

国际会展中心。国际商贸中心城市还是国际知名的会展中心城市，拥有世界一流的展馆设施和配套服务体系，具备丰富的国际会展功能，会展水平高规模大，会展品牌知名度享誉全球，每年吸引大量境外参展商和境外观众，极具国际影响力和辐射力。由于国际知名展会云集，汇集了全球最有价值的市场信息，反映了市场发展的最新动态及趋势，成为行业发展的风向标和晴雨表。另外，国际商贸中心城市还是国际会议之都，对全球会议活动有着强大的吸引力，纽约、伦敦、巴黎、东京、新加坡、香港等城市每年举办的国际会议数量名列前茅。

国际航运中心。基于优越水运条件的航运优势是早期国际商贸中心形成与发展的必要条件。虽然当代国际商贸中心对于航运优势的依赖性减弱，但其中很多仍然拥有完善的港口设施、发达的航运市场、丰沛的物流、众多的航线航班。目前国际商贸中心主要包括三种类型：一是以市场交易和提供航运服务为主，例如伦敦作为老牌国际航运中心，具有航运交易、保险、航运信息、海事等服务功能；二是以货物中转为主，例如香港和新加坡，以海外腹地作为其主要的经济腹地，将其他国家或地区的国际贸易货物作为其服务的主要对象；三是以为腹地货物集散服务为主，例如鹿特丹和纽约的腹地市场广大，港口的外贸运输量很大，在国际或区域运输网络中占有重要地位。

国际物流中心。国际商贸中心的人口规模大，经济实力强，自身的物流服务需求就非常大，因此城市正常运转离不开发达的物流功能。而且，国际商贸中心一般还拥有雄厚的腹地经济优势，还向周边和其他区域提供物流服务。因此，国际商贸中心一般也是国际物流中心，成为国际物流活动的商品集散枢纽，与重要国际运输网络紧密相连，国际物流运营商云集，高标准物流仓储空间充足。国际物流中心的主要功能包括运输、仓储、装卸搬运、包装、流通加工、物流信息处理等，所涉及的物流种类包括国际物流、空港物流、保税物流、城乡物流、智慧物流、绿色物流、冷链物流等。

商贸创新中心。国际商贸中心常常是新商业思想、新商业技术、新商业经营组织模式、新交易方式和消费时尚的发源地及溢出中心，具备研究开发、品牌培育、创意发明、创新创业的巨大动能，引导商贸创新方向及发展方向。国际商贸中心的创新力不仅因为人才在国际商贸中心城市高度集聚，还来源于知识与信息的传播优势，此外还与鼓励创新的文化氛围密不可分。另外，商贸创新还能拉动其他行业创新，例如随着商品交易规模的扩大，要求金融中心具有更强的服务能力；同时商品交易方式的创新，要求金融服务方式也随之创新。

2. 功能实现主体——产业

产业是国际商贸中心功能的实现主体，正是产业发展及其结构演进带动了国际商贸中心功能发展。表 1-2、表 1-3 和表 1-4 列出了纽约、伦敦、东京、新加坡、中国香港五个城市主要行业增加值占地区生产总值的比重，其中批发零售、运输仓储、住宿餐饮、信息与通讯、金融、商务和专业服务等行业与商贸服务联系最为密切。从近十几年来这些行业增加值占比的变动情况来看，这五个城市的商贸服务功能变化不大，整体上比较稳定，最明显的变化是贸易功能相对弱化，而专业或商务服务功能趋于增强。各项细分功能的特点及其具体变动情况如下所述：

（1）批发零售业是商贸业的核心产业，而上述五个城市批发零售业的增加值占比都比较高（香港批发零售业增加值等于批发、零售和进出口贸易三个行业增加值之和），其中东京的批发零售业增加值占比高达 20%，表明全球城市仍然保有强大的贸易功能。不过，考察期间这些城市的批发零售业占比都有所下降，反映出城市贸易功能相对弱化。

（2）上述城市运输仓储业的增加值占比整体上呈下降趋势，考察期间纽约运输仓储业占比没有发生变化，东京小幅上升，伦敦、新加坡和香港都有所下降，其中新加坡运输仓储业占比下降的幅度较大，由 2005 年的 9.9% 下跌至 2015 年的 6.9%，降幅超过 30%。

（3）纽约、伦敦、新加坡、香港四个城市住宿餐饮业的增加值占比都比较低（伦敦和香港占比较高，但也就 3% 左右，东京的数据缺失），考察期间所占比例变化幅度不大。住宿餐饮业更多与城市的消费功能相联系，因此相对于其他城市功能而言，住宿餐饮业所反映的消费功能的重要性没有显著减弱。

（4）上述全球城市信息通讯业增加值占比的变化幅度也比

较小，表示信息服务功能的重要性较为稳定，以信息技术为代表的新一代科技革命似乎并未对这几个城市的产业结构产生较大的影响。

（5）金融保险业在知名全球城市的产业体系中占有重要地位，是名副其实的支柱产业。上述城市金融保险业的增加值占比在考察期间没有表现出共同的变化趋势，伦敦和新加坡有所上升，而纽约、东京、香港则是小幅下降，整体上维持在一个较为稳定的水平。

（6）纽约和伦敦的专业、科学和技术服务，以及新加坡的商务服务业的增加值占比都有所上升，香港的专业及商用服务业略微下降，整体上看这些全球城市的商务服务功能变得更加重要。其中，纽约和伦敦的专业、科学和技术服务，与新加坡、香港的商务服务业所包含的产业活动范围是不同的，但都包含了律师、会计、税务等商务服务，可以据此考察城市商务服务功能的变化情况。

表1-2 纽约、伦敦、东京部分行业增加值占比

行业 城市、年份	纽约 2005	纽约 2015	伦敦 2005	伦敦 2011	东京 2010	东京 2014
制造	5.9%	4.4%	3.7%	2.6%	7.2%	6.9%
建筑	3.3%	2.4%	4.9%	4.7%	4.9%	4.4%
批发与零售	11.5%	10.5%	9.8%	7.5%	20.0%	19.8%
运输与仓储	3.6%	3.6%	5.2%	4.6%	3.9%	4.1%
信息	7.7%	8.0%	11.2%	10.3%	11.4%	12.2%
金融与保险	16.3%	16.1%	17.7%	18.9%	9.9%	9.5%
房地产与租赁	15.9%	17.1%	8.0%	12.6%	12.6%	12.9%
专业、科学和技术服务	8.4%	9.9%	10.7%	11.2%	—	—
管理及支持性服务	4.7%	5.7%	5.2%	5.5%	—	—
教育	1.2%	1.5%	4.9%	4.7%	—	—

续表

城市、年份 行业	纽约 2005	纽约 2015	伦敦 2005	伦敦 2011	东京 2010	东京 2014
卫生保健和社会援助	6.3%	6.7%	4.9%	4.6%	—	—
艺术、娱乐和消遣	1.1%	1.3%	2.7%	2.0%	—	—
住宿与餐饮	2.0%	2.4%	3.1%	3.0%	—	—

注：纽约是纽约都市统计区（New York-Newark-Jersey City, NY-NJ-PA）的数据，NY-NJ-PA陆地面积约21569平方公里，2015年人口约2000万。

表1–3　　2005—2015年新加坡主要行业增加值占比

年份 行业	2005	2010	2015
制造	25.4%	20.2%	18.6%
建筑	3.6%	4.4%	4.9%
批发与零售	16.9%	18.1%	14.7%
运输与仓储	9.9%	7.9%	6.9%
住宿与餐饮	1.9%	1.8%	2.0%
信息与通讯	3.9%	3.4%	4.0%
金融与保险	10.9%	10.3%	11.9%
商务服务	11.3%	13.1%	14.6%
其他服务业	10.1%	10.1%	11.0%

表1–4　　2000—2015年香港主要行业增加值占比

年份 行业	2005	2010	2015
制造	2.9%	1.8%	4.8%
电力、燃气和自来水供应及废弃物管理	3.0%	2.0%	2.9%
建造	2.8%	3.3%	4.9%
进出口贸易	22.5%	19.7%	18.3%
批发	0.9%	0.9%	0.9%

续表

年份 行业	2005	2010	2015
零售业	2.7%	3.2%	2.4%
住宿服务	0.9%	1.1%	0.8%
餐饮服务	1.8%	2.2%	2.2%
运输、仓库、邮政及速递服务	8.4%	7.9%	7.6%
资讯及通讯	3.3%	3.2%	3.3%
金融及保险	13.8%	16.3%	12.8%
地产	4.4%	5.1%	5.0%
楼宇业权	10.1%	10.6%	10.8%
专业及商用服务	4.4%	5.7%	4.2%
公共、行政、社会及个人服务	18.0%	17.0%	19.0%

如表1-5所示，考察期间国内大城市的商贸功能发生了较大的变化，主要表现为与商贸活动密切联系的几个行业，产值比重的变动幅度整体上明显大于纽约、伦敦等知名全球城市同类产业的变动幅度。作为新兴经济体，国内大城市的产业结构变动较为剧烈，城市功能也随之快速演进。具体来看，2004—2014年，北京、上海、广州批发零售业占服务业增加值的比重都有所上升，只有深圳批发零售业的占比略微下降。除了广州的信息传输软件和信息技术服务业、深圳的租赁和商务服务业的增加值占比下降外，四个城市的金融业、租赁和商务服务业、信息传输软件和信息技术服务业的增加值占比基本上都在上升，其中金融业的上升趋势最为明显。而在考察期间，四个城市的住宿餐饮业、交通运输仓储和邮政业的增加值占比都明显下降。从国内四个一线城市产业结构的变动情况来看，近年来国内商贸中心城市的金融、信息和商务服务功能更加突出，贸易和消费服务功能整体上有所提升，而航运和物流功能的重要性则明显下降。

表 1-5　北京、上海、广州、深圳服务业行业门类的增加值比重

城市、年份 行业	北京 2004	北京 2014	上海 2004	上海 2014	广州 2004	广州 2014	深圳 2005	深圳 2014
批发与零售业	14.4%	14.6%	18.2%	23.9%	18.2%	23.1%	22.6%	21.4%
交通运输、仓储和邮政业	8.7%	5.7%	12.0%	6.8%	18.8%	10.5%	9.4%	5.5%
住宿和餐饮业	4.0%	2.2%	3.7%	2.4%	4.6%	4.1%	4.2%	3.5%
金融业	17.4%	20.3%	14.9%	22.3%	6.9%	13.1%	13.3%	23.9%
租赁和商务服务业	6.8%	10.3%	6.2%	9.0%	10.5%	10.7%	6.3%	5.2%
信息传输、软件和信息技术服务业	11.0%	12.6%	7.4%	7.9%	7.8%	4.6%	7.3%	10.0%
房地产业	10.7%	8.0%	16.3%	10.0%	10.5%	12.6%	19.4%	14.4%
科学研究和技术服务业	6.8%	10.1%	4.2%	5.0%	2.7%	3.9%	2.5%	4.5%
水利、环境和公共设施管理业	0.8%	0.8%	1.3%	0.5%	1.0%	0.9%	1.5%	0.7%
居民服务、修理和其他服务业	1.9%	0.9%	1.8%	1.8%	3.2%	1.7%	2.9%	2.0%
教育	6.5%	5.2%	5.5%	3.6%	5.3%	5.1%	2.6%	2.8%
卫生和社会工作	2.6%	2.8%	3.0%	2.7%	3.1%	3.9%	2.2%	2.0%
文化、体育与娱乐业	3.5%	2.8%	1.6%	0.9%	2.2%	2.3%	1.5%	0.8%
公共管理、社会保障和社会组织	4.9%	3.5%	3.8%	3.2%	5.1%	3.7%	4.3%	3.2%

（三）影响因素

在全球视野下，国际商贸中心本质上是一种集聚现象，国际商贸资源在有限数量的中心城市集聚，起到引领与带动世界商贸流通活动的作用。在空间经济学理论中，最终决定产业集聚状况的基本力量有两种：一种是向心力，就是导致产业活动向某一区域集中的力量，如区位优势（自然禀赋）、物流成本降

低、市场规模扩大等；另一种是离心力，这种力量促使产业活动在空间上均匀分布，如不可移动的要素（高昂的土地租金）、外部不经济（拥挤）等。正是这两种力量的相对强弱，决定了产业经济活动的空间分布状况及其演变。国际商贸中心也是在向心力与离心力的相互作用下形成和发展的。在技术、制度、经济、区位等多种因素综合作用下，向心力和离心力相对强弱发生改变，国际商贸中心的出现、发展、更替乃至消亡是各种影响因素或力量相互均衡的结果。下面主要依据空间经济学、城市经济学和国际贸易理论，梳理出国际商贸中心形成与发展的几个主要影响因素，并简要说明作用对象、作用机理和经验事实（见表 1-6）。

表 1-6　　　　国际商贸中心发展的影响因素和作用机理

影响因素	作用对象	作用机理	经验事实
区位	港口条件	拥有优越的区位条件和岸线资源是早期国际商贸中心形成与发展的重要条件	阿姆斯特丹、伦敦、纽约、东京、香港、新加坡、上海、广州
技术	港口条件	陆路和航空运输发展、信息技术进步，降低了国际商贸中心对水路运输的依赖	巴黎、北京等内陆城市成为国际商贸中心，杭州凭借电子商务也开始进入国际商贸中心的行列
经济	港口条件	服务贸易的发展，以及电子商务的兴起，同样降低了国际商贸中心对水路运输的依赖	
经济	市场潜力与区域经济发展	城市自身和腹地经济发展扩大了市场规模，吸引商贸活动在城市集聚，为国际商贸中心的发展提供了支撑	工业革命使世界经济中心转移到英国，推动伦敦成为世界级国际商贸中心
制度	贸易成本	贸易自由化降低了关税和非关税壁垒，推动了市场一体化，促使商贸资源向国际商贸中心集聚，提升了国际商贸中心的服务能级	20世纪70年代以来的全球贸易增长在很大程度上归功于贸易自由化，以及航运、通信技术进步。另外，新一代信息技术使得世界更紧密地连接在一起，国际商贸中心的地位更加突出
技术	贸易成本	航运、通信、新一代信息等技术进步带来了贸易成本降低，促使商贸资源向国际商贸中心集聚，辐射影响力增强	

续表

影响因素	作用对象	作用机理	经验事实
经济	土地与不可移动要素	当人口或经济活动过于拥挤时，会产生外部不经济，例如交通拥堵、污染严重、犯罪率高等	随着国际商贸中心的商务成本，特别是土地使用成本的上升，出现了产业空心化现象
技术		交通、建筑和城市管理等技术进步在一定程度上抵消了城市病的负面影响	国际商贸中心，特别是国内商贸中心的城市规模仍在扩张，集聚能力持续增强
经济	劳动供给	大城市所能提供的工作机会、生活便利和丰富体验，以及与同行之间知识和经验交流的便利性，对各种人才有着巨大的吸引力	知识型密集型企业一般选择在国际商贸中心建立办公和经营场所，很大程度上就是为了获得相关人才
经济	产业前后向关联	商贸业为制造业等行业提供服务，同时拉动金融、商务和信息等专业服务的发展	纽约、伦敦等城市不仅是国际商贸中心，还是国际金融和商务服务中心
区位	城市之间的竞争	国际商贸中心提供的服务，具有广阔的空间辐射范围，如果两个商贸中心之间的距离较近，就会产生激烈的竞争。① 而且，交通、信息技术进步扩大了服务范围，竞争也随之加剧	不同国际商贸中心之间往往距离较远，如果距离较近，就会制约这些城市成为更高能级的国际商贸中心，如香港、广州、深圳的例子

区位与港口条件。良好的港口是早期国际商贸中心形成与发展的重要条件，随着服务贸易的发展，以及电子商务的兴起，国际商贸中心对港口和水路运输的依赖性减弱。早期国际商贸中心的一个明显特征，就是与航海贸易密切相关。从阿姆斯特丹、伦敦、纽约、东京、香港等城市的历史来看，基于优越的水路运输条件而形成的国际航运中心，为国际商贸中心的形成

---

① 藤田、克鲁格曼建立了一个关于集聚阴影（agglomeration shadow）的模型，说明了这种竞争的形成机理。Fujita M., Krugman P., "When is the Economy Monocentric? Von Thunen and Chamberlin Unified", *Regional Science and Urban Economics*, Vol. 25, 1995.

与发展提供了必要的条件；而国际商贸中心的发展又持续带动了国际航运中心的发展。在国际贸易发展的早期，内陆城市很难发展成为国际贸易枢纽。然而，随着陆路和航空运输的发展、通信技术的革新，特别是服务贸易的发展，以及电子商务的兴起，国际商贸中心对于港口和水路运输的依赖性减弱，部分内陆城市也可能发展成为国际商贸中心，例如巴黎、北京就是位于内陆的国际商贸中心，杭州凭借电子商务也开始进入国际商贸中心的行列。

市场潜力与区域经济发展。本地市场放大效应是空间经济学模型的关键特征之一，意味着企业随着需求的空间分布变化，向需求增大的区域集中。本地市场放大效应与"市场潜力""厚的市场"等概念具有类似的含义，是促使微观个体进行区位选择的基本力量之一。如果一个城市在空间上接近国内和海外主要市场，就享有靠近市场的便利，拥有较大的市场潜力，从而有助于节约物流成本，吸引商贸活动在该城市集聚。历史上看，市场潜力曾经是国际商贸中心更替及地位变化的重要因素。英国是世界上最先完成工业革命的国家，机器大工业的发展使英国经济空前繁荣，有力推动了伦敦国际航运贸易的发展和国际商贸中心的形成，清楚昭示了市场潜力和经济发展之于国际商贸中心的支撑作用。

贸易成本。贸易成本主要包括运输成本、通信成本，以及关税壁垒和非关税壁垒导致的附加成本。贸易成本反映了空间距离给贸易带来的不利影响，要求生产接近生产要素的来源地，同时接近产品或服务的市场需求地。一般来说，贸易成本越低，越有利于国际商贸中心集聚各种商贸资源，发挥更加重要的作用。历史上，随着交通运输技术进步（例如集装箱技术），贸易自由化、贸易便利化制度创新，以及基础设施不断完善，贸易成本呈现出不断下降的趋势,① 促使商贸资源向国际商贸中心集聚。交通运输和信息技术进步,能够使货物运输成本、通信成本大大下降;贸易自由化的制度创新,直接降低了关税和非关税壁垒;基础设施对物流成本也有着重要的影响,良好的港口、机场和铁路等大型交通运输设施、邮电通信设施、物流仓储设施等,能够有效降低贸易成本,进而促进本地商贸流通业的发展。

土地与不可移动要素。土地为不可移动要素,因此城市会受土地供给的限制。当人口或经济活动过于拥挤时,会产生外部不经济,例如交通拥堵、污染严重、犯罪率高等。随着国际商贸中心的商务成本,特别是土地使用成本的上升,制造企业、低端运输企业纷纷迁离。工业化早期促使国际商贸中心发展的种种理由,如靠近市场、公共设施完善、运输便利等,已无法支持国际商贸中心的进一步发展。而商贸流通业的高端部分属于知识密集型产业,处于价值链高端,能够适应国际商贸中心的环境。土地等不可移动要素是制约城市规模扩张和集聚资源的离心力,而交通、建筑和城市管理等技术进步在一定程度上抵消了城市病的负面影响。近年来国际商贸中心的城市规模仍在扩张,集聚能力持续增强。

劳动供给。尽管国际商贸中心城市的生活成本高昂,并有着各种各样的城市病,但是国际商贸中心城市所能提供的工作机会、生活便利和丰富体验,以及与同行之间知识和经验交流的便利性,对各种人才有着巨大的吸引力。知识密集型企业一般选择在国际商贸中心建立办公和经营场所,很大程度上就是为了获得具备相关知识的人才。因此,知识密集型服务业往往

---

① Venables 认为今后运输成本进一步下降的空间已很小,有些甚至会上升,因为货物运输是高油耗,对安全的要求也越来越高,这两项投入倾向于提高货运成本。"Infrastructure, Trade Costs and the Gains from International Trade", Transport & International Trade Report of the One Hundred & Inirtieth Round Table on Transport Economics, 2006.

在国际商贸中心城市集聚发展，进而决定了国际商贸中心功能的演变方向。

产业的前后向关联。从纽约、伦敦等城市的发展历史来看，随着国际贸易的繁荣，形成了批发市场和较大规模的物流仓储业，进而吸引制造业向中心城市集中，这就产生了产业前向关联；同时诱发金融、商务和信息等服务业的发展，产生后向关联。随着国际商贸中心迈向更高发展阶段，制造业退出商贸中心城市，就本地来看前向关联效应有所减弱，但后向关联有强化的趋势。目前知名国际商贸中心城市不仅拥有国际一流的商贸流通业，还拥有高度发达的金融业和商务服务业。前后向关联的启发意义在于，促进产业发展要关注前后向关联，争取实现协同发展。

城市之间的竞争。国际商贸中心所提供的服务，绝大部分可以进行跨地域的贸易，能够向更大区域范围内的客户提供服务，具有非常广阔的空间辐射范围。事实上，当前纽约、伦敦、东京等国际商务中心的服务范围已经覆盖全球。在这种情况下，如果两个国际商贸中心之间的距离较近，就会产生激烈的竞争，最终会制约两个城市成为更高服务能级的国际商贸中心。因此，谋划发展一个城市的国际商贸功能，除了立足于该城市的自身特点之外，还应该关注空间相邻关系，特别是邻近大城市的发展情况。

（四）发展历史

从历史上看，国际商贸中心在技术、制度、经济等因素的作用下不断演变，国际地位和影响力也随之改变。纵观国际商贸中心的发展历史，技术进步与制度创新是推动国际商贸中心发展的基本动力。从以航海贸易主导的早期国际商贸中心（巴塞罗那、里斯本、阿姆斯特丹等），到以金融、商务服务等为主导的现代国际商贸中心（纽约、伦敦、东京等），再到目前尚未定型却以信息与服务为主导的发展阶段；技术进步和制度创新及其所带来的经济变化，使得不同阶段的国际商贸中心表现出了技术、制度、经济和功能特征等方面的明显差异。总的来看，国际商贸中心大体上经历了五个发展阶段（见表1-7）。

表1-7 国际商贸中心发展的阶段性特征

阶段名称	航海贸易主导阶段	贸易与制造主导阶段	贸易与物流主导阶段	金融与商务服务主导阶段	信息与综合服务主导阶段
形成时间	"地理大发现"之后，工业革命之前	18世纪60年代以后，"二战"前	"二战"之后，20世纪70年代	20世纪80年代，21世纪初	21世纪以后
代表城市	巴塞罗那、里斯本、阿姆斯特丹	伦敦、纽约、鹿特丹	东京、香港、新加坡	伦敦、纽约、芝加哥	尚未形成
技术制度经济	航海技术 重商主义 工场手工业	工业革命 自由贸易主义 机器大工业 流水线生产	集装箱技术 贸易自由化 关贸总协定	计算机、通讯 世界贸易组织 衍生市场 经济全球化	信息技术 互联网 电子商务 服务贸易
功能特点	航海贸易	商品集散	加工增值 商品集散	综合资源配置 生产服务中心	网络枢纽 综合服务中心

从15世纪末到16世纪初的"地理大发现"，使得欧洲原有的区域性市场同其他各大洲的地方性市场连接起来，真正意义上的国际分工、世界市场和国际贸易开始出现，世界经济的全球化进程开始启动。随着新航线的开辟，在大西洋沿岸形成了许多新的国际贸易港和国际商贸中心，如巴塞罗那、里斯本、阿姆斯特丹、伦敦、利物浦等，这也是西方世界开始兴起的重要基础（诺斯、托马斯，1973）。早期国际商贸中心有一个显明特征，就是与航海贸易和港口城市密切相关。

18世纪60年代，英国发生了工业革命，并在19世纪先后扩散至欧洲其他国家以及美国和日本，标志着开始由这些国家主导的世界经济正式迈上工业化的历史进程。经过工业革命，英国等国不仅建立了大机器工业，而且发展起了交通运输、通信、商业、金融业等较为先进的服务业。近代意义上的国际商贸中心——伦敦、纽约、鹿特丹等纷纷崛起，这个时期国际商贸中心的功能比较单一，主要是商品与货物集散。从19世纪一直到"二战"前夕，随着西欧与北美因工业革命促成的技术与经济上的进步，更多欧美港口城市凭借优越地理位置和港口条件，通过航运直达和中转，成为商品货物集散型国际商贸中心。

"二战"之后，又有一批国际商贸中心陆续出现，例如东京、香港、新加坡。这些城市在不断改善港口、交通、物流等硬件设施的同时，大力推行贸易便利化政策，设立自由港或自由贸易区，优化政府工作效率及管理水平等"软环境"，使得商品集散功能更加强大。随着国际贸易的快速发展，这个时期的国际商贸中心呈现"贸易加工增值型"的显著特征。在商品货物集散的基础上，实现工业加工、商品分拣、大件分类、二次包装以及商业销售等，以提升产品价值，更好地满足市场需求。贸易自由化和集装箱技术进步，有力地推动了这个时期国际贸易的发展。东京、新加坡成为这一时代商贸中心的创新者，纽约、伦敦、鹿特丹等也顺利完成功能转型。

进入20世纪80年代，国际商贸中心又向第三代"综合资源配置型"转型。除了继续保持商品集散功能之外，国际商贸中心城市的金融保险、信息服务、法律、咨询、中介服务、专业技术等服务业继续发展壮大，在对外贸易中的地位逐步上升，进一步发展成为国际金融中心、国际航运服务中心及国际商业中心，如伦敦、东京、纽约等全球性国际商贸中心都是著名的国际金融中心。这个时期的国际商贸中心有效参与了各项资源和各项要素在国际上的配置，成为世界经济的中枢和发动机。

进入21世纪，以计算机与互联网为基础的信息技术，极大地降低了商务成本、运输成本和通信成本，国际商贸中心的信息服务功能变得更加重要。目前国际商贸中心进入了信息与综合服务主导阶段,网络连接和综合服务功能更加凸显出来,然而新型国际商贸中心的功能正处于发展当中,特征还没有完全定型,也没有形成一个有代表性的城市。在互联网时代,老牌国际商贸中心城市的优势有所缩小,国内商贸中心城市有可能凭借自身优势实现超越,成为建设新型国际商贸中心的领跑者。

二 国际商贸中心发展的新趋势

（一）基于区位熵的实证分析

本部分从产业经济学视角，对国内外商贸中心城市的功能特征进行实证分析：一是分析城市产业结构（增加值比重）的特征及变化趋势，二是分析产业辐射影响力（区位熵）的特征及变化趋势。其中，区位熵分析方法主要用来考察国际商贸中心城市的功能特征及影响辐射力。区位熵又称专门化率，其大小可以用来测度行业的地区专业化程度，也可以反映某一地区考察产业发展的相对优势，以及产业集聚情况。区位熵的计算公式如下：

$$LQ_i = \frac{(d_i/d)}{(D_i/D)}$$

上式中，LQ_i 为 i 城市某一服务行业的区位熵，d_i 和 d 分别是 i 城市和全国该行业的产值或增加值，D_i 和 D 则分别为 i 城市和全国服务业的产值或增加值。LQ_i 越大，表示 i 城市该行业的专业化程度越高。如果该城市考察行业的区位熵大于1，就表示该城市考察行业的产值占比高于全国的平均水平，意味着该城市的这个行业具有比较发展优势，能够向外部区域提供服务。一般来说，一个城市某一行业的区位熵越大，该城市这个行业的辐射影响力就越强。

1. 国内部分大城市

如表2-1所示，2014年，北京、上海、广州、深圳四个城市批发零售业的区位熵都不高，相对于全国平均水平而言，优势并不明显，北京批发零售业的区位熵甚至显著小于1。一般来说，批发零售业中的很大一部分属于本地化服务业，难以提供跨区域的服务，因此集聚程度不高，虽然表现出一定的辐射力，但辐射强度不大。高端零售业态和能够向外地客户提供服务的批发企业，具有较强的辐射力，但批发零售业的合并数据掩盖了这部分批发零售业的集聚特点。广州交通运输仓储和邮政业的区位熵大于1，而其他三个一线城市运输、仓储和邮政业的区位熵都显著小于1。只有广州住宿餐饮业的区位熵大于1，反映了"食在广州"的餐饮业发展优势。北京、上海、深圳三个城市金融业的区位熵都比较高，只有广州金融业的区位熵小于1，说明广州金融业的辐射力相对较弱。北京、上海、广州三个城市商务服务业的区位熵比较高，这三个城市作为商务服务中心的地位较为突出，而深圳向其他地区提供商务服务的功能相对较弱。北京的信息传输软件和信息技术服务业的区位熵最高，深圳和上海的区位熵也明显大于1，只有广州的区位熵小于1，表明广州还没有真正确立起信息服务中心的地位。

从2004—2014年四个城市考察服务行业区位熵的变化来看，情况比较复杂，不同城市表现出了不同的功能变动特点。整体上看：（1）国内一线城市批发零售业、住宿餐饮业区位熵变化幅度不大，也没有表现出明显的变化趋势，其中只有广州这两个行业的区位熵都有所上升，反映出广州贸易和消费中心的地位有所强化。（2）国内一线城市航运和物流中心的地位普遍削弱，特别是拥有港口的上海、广州、深圳等城市的交通运输、仓储和邮政业区位熵都有所下降，表明这些城市的航运中心功能有所弱化。（3）金融服务功能的空间集中程度有所降低，出现了由高能级中心城市向低能级中心城市转移的迹象，考察期间北京、上海金融业的区位熵明显下降，而广州、深圳金融业的区位熵却小幅升高。(4) 商务服务功能有向能级更高中心城市集中的趋势，北京、上海租赁和商务服务业的区位熵显著上升，而广州、深圳却显著下降。(5) 国内一线城市信息服务中心的地位明显增强，北京、上海、深圳信息传输软件和信息技术服务业的区位熵都大幅上升，只有广州信息传输软件和信息技术服务业的区位熵是下降的。

表2-1　北京、上海、广州、深圳部分服务业行业的区位熵

城市、年份 行业	北京 2004	北京 2014	上海 2004	上海 2014	广州 2004	广州 2014	深圳 2005	深圳 2014
批发和零售业	0.74	0.72	0.94	1.18	0.94	1.14	1.23	1.06
交通运输、仓储和邮政业	0.60	0.61	0.84	0.73	1.31	1.12	0.64	0.58
住宿和餐饮业	0.70	0.61	0.65	0.65	0.81	1.13	0.74	0.95
金融业	2.09	1.34	1.79	1.47	0.82	0.87	1.55	1.58
租赁和商务服务业	1.66	1.99	1.52	1.74	2.58	2.06	1.59	1.00
信息传输、软件和信息技术服务业	1.67	2.35	1.13	1.48	1.19	0.86	1.12	1.87
房地产业	0.96	0.65	1.46	0.81	0.95	1.02	1.72	1.17
科学研究和技术服务业	2.48	2.75	1.54	1.35	0.98	1.06	0.89	1.23
水利、环境和公共设施管理业	0.71	0.72	1.08	0.42	0.86	0.79	1.31	0.65
居民服务、修理和其他服务业	0.51	0.29	0.47	0.55	0.84	0.54	0.68	0.63
教育	0.86	0.76	0.73	0.53	0.70	0.74	0.34	0.41
卫生和社会工作	0.64	0.67	0.75	0.64	0.77	0.92	0.55	0.48
文化、体育和娱乐业	2.16	1.97	0.98	0.65	1.36	1.57	0.90	0.56
公共管理、社会保障和社会组织	0.52	0.42	0.40	0.39	0.54	0.44	0.47	0.39

2. 国外部分全球城市

如表2-2所示,从纽约、伦敦、东京部分服务业区位熵的大小来看:(1)信息通信、金融保险、商务服务等行业的区位熵都大于1,而且在考察期间都有所上升,表明这些城市作为信息中心、金融中心和商务服务中心的地位都进一步强化。全球性国际商贸中心的功能仍然在朝着知识密集型、较少依赖土地等有形要素的方向演变,这种趋势将会延续下去。(2)纽约、伦敦批发零售业的区位熵都比较低,都小于1,而且在考察期间有所下降,反映出贸易中心的地位趋于弱化。就纽约的情况来看,批发业的区位熵大于零售业,反映出批发业要比零售业更倾向于在大城市集聚发展,具有更强的辐射力。(3)纽约、伦敦运输仓储业的都小于1,而且呈下降趋势,显示出纽约、伦敦航运物流中心的地位有所弱化。

表2-2 纽约、伦敦、东京部分服务行业的区位熵

城市、年份 行业名称	纽约 2005	纽约 2015	伦敦 2005	伦敦 2011	东京 2012
批发零售	0.88	0.81	0.69	0.64	1.12
批发	1.03	0.92	—	—	—
零售	0.74	0.71	—	—	—
运输仓储	0.86	0.83	0.99	0.84	0.67
住宿餐饮	0.57	0.60	0.91	0.84	—
信息通信	1.24	1.27	1.47	1.54	1.64
金融保险	1.62	1.74	1.83	1.98	1.77
专业、科学和技术服务	1.13	1.16	1.39	1.40	—

3. 小结

从纽约、伦敦以及国内一线城市区位熵的分析结果来看,

与商贸服务联系较为密切的几个行业中，上述城市的批发零售、住宿餐饮、运输仓储等行业的区位熵基本上都小于1，表明这些行业在大都市的集聚程度相对较低，辐射影响力相应也较低；而金融保险、专业与商务服务、信息服务等行业的区位熵基本上都大于1，说明这些知识密集型行业适合在大都市集聚发展，具有较强的辐射影响力。这种产业在都市集聚特性差异，在很大程度上决定了城市功能的取向性。

从纽约、伦敦等国外城市，以及国内四个一线城市部分服务行业的区位熵中，可以看出这些行业与商贸服务功能之间联系密切。从近年来这几个行业的区位熵变动情况来看，国内外商贸中心的功能演变具有以下几个新动向：

第一，国内商贸中心的功能结构变动剧烈。通过比较表2-3和表2-4可以看出，纽约、伦敦等国际商贸中心已经进入了非常成熟的发展阶段，近年来产业结构、城市功能比较稳定，没有发生剧烈变动，仍然牢牢占据着世界一流国际金融中心、国际商务服务中心的地位。与国外商贸中心城市形成鲜明对照的是，国内商贸中心的功能结构变动更加剧烈。如果用行业区位熵来考察城市商贸服务功能的变化程度，可以发现国内一线城市商贸服务功能的变动程度，明显大于纽约和伦敦这样的老牌全球性商贸服务中心城市。很多国内一线城市商贸服务行业的区位熵变动幅度要远大于20%，而伦敦、纽约没有一个商贸服务行业在考察期间大于20%。目前我国商贸中心城市的功能分工格局仍然处于激烈的变动期，还没有完全定型。在未来商业版图重构过程中，现有国际商贸中心城市能否继续占据有利的地位，面临着严峻的竞争与挑战。

表2-3　纽约、伦敦部分服务行业增加值占比与区位熵的变动幅度

城市	纽约		伦敦	
行业＼项目	比重	区位熵	比重	区位熵
批发零售	-11.0%	-8.0%	-13.3%	-7.2%
运输仓储	-2.5%	-3.5%	-23.0%	-15.2%
住宿餐饮	13.6%	5.3%	-17.1%	-7.7%
信息通信	1.2%	2.4%	-2.3%	4.8%
金融保险	-3.4%	7.4%	10.2%	8.2%
专业、科学和技术服务	6.5%	2.7%	4.9%	0.7%

注：纽约的考察时期是2005—2015年，伦敦的考察时期是2005—2011年。

表2-4　国内一线城市部分服务行业增加值占比与区位熵的变动幅度

城市	北京		上海		广州		深圳	
行业＼项目	比重	区位熵	比重	区位熵	比重	区位熵	比重	区位熵
批发零售	1.4%	-2.7%	31.3%	25.5%	26.9%	21.3%	-5.3%	-13.8%
交通运输	-34.5%	1.7%	-43.3%	-13.1%	-44.1%	-14.5%	-41.5%	-9.4%
住宿餐饮	-45.0%	-12.9%	-35.1%	0.0%	-10.9%	39.5%	-16.7%	28.4%
金融保险	16.7%	-35.9%	49.2%	-17.9%	89.9%	6.1%	79.7%	1.9%
商务服务	51.5%	19.9%	45.2%	14.5%	1.9%	-20.2%	-17.5%	-37.1%
信息服务	14.5%	40.7%	6.8%	31.0%	-41.0%	-27.7%	37.0%	67.0%

第二，上海与广州的贸易枢纽地位仍在强化。纽约、伦敦批发零售业的区位熵都比较低（都小于1），而且在考察期间有所下降，反映出贸易中心的地位趋于弱化。就纽约的情况来看，批发业的区位熵大于零售业，批发业要比零售业更倾向于在大城市集聚发展，具有更强的辐射力。2014年，国内四个一线城市批发零售业的区位熵也不高，相对于全国平均水平而言，优势并不明显，北京批发零售业的区位熵甚至显著小于1。一般来

说，批发零售业中的很大一部分属于本地化服务业，难以提供跨区域的服务，因此集聚程度不高，辐射强度不大。国内一线城市批发零售业、住宿餐饮业区位熵变化幅度不大，其中上海和广州批发零售业的区位熵取得上升，这两个城市贸易中心的地位有所强化。

第三，航运与物流中心的地位明显降低。纽约、伦敦运输仓储业的区位熵都小于1，而且呈下降趋势，显示纽约、伦敦航运物流中心的地位有所弱化。国内拥有港口的上海、广州、深圳等城市的交通运输、仓储和邮政业区位熵都有所下降，航运和物流中心的地位普遍削弱。在国际商贸中心形成的早期，航运服务功能往往发挥着决定性的作用，老牌国际商贸中心城市所具备的国际航运中心地位逐渐弱化。改革开放以来，随着对外贸易的快速发展，上海、广州、深圳等城市的航运功能迎来了高速发展期，先后确立了国际航运中心的地位。然而，近些年来在全球贸易放缓的背景下，这些城市已经过了或正在经过航运发展的巅峰期，再加上其他港口城市的竞争，国际航运中心的地位也开始明显弱化。未来上海、广州、深圳等城市的航运规模将维持低速增长趋势，航运服务功能在城市综合服务功能中的重要性也会相应降低。

第四，商贸服务功能趋向知识密集化。纽约和伦敦的金融保险、信息通信、专业服务等行业的区位熵都大于1，表现出了较强的辐射影响力，而且在考察期间这些城市作为信息中心、金融中心和商务服务中心的地位得到进一步强化。全球性国际商贸中心的功能仍然在朝着知识密集型、较少依赖土地等有形要素的方向演变，这种趋势有望延续。国内一线城市的金融、商务和信息服务功能的变化比较复杂，金融出现了由高能级中心城市向低能级中心城市转移的迹象，商务服务功能则出现了向能级更高级中心城市集中的趋势；而除了广州之外，其他三个一线城市信息服务中心的地位明显增强。整体上看，国内一线城市的商贸服务功能也趋向知识密集化。

第五，国内贸易的发展前景看好。从批发零售业的区位熵大小来看，目前国际商贸中心城市贸易功能，特别是零售和消费功能的辐射力不强。但是，这种状况未来可能会明显改观，我国北京、上海、广州等城市的消费中心地位可能会大幅提升。这主要是因为：首先，随着航空、高铁、高速公路等基础设施越来越完善，以及私家轿车的普及，城市之间的往来更加便捷，这就扩大了零售、餐饮等行业的空间辐射范围，而这些行业原来是本地化服务业代表，难以提供跨地区的服务。其次，目前个体消费行为正在发生改变，已经不再局限于简单的购物，而是日益迈向集购物、休闲、文化、娱乐于一体的综合式体验消费。而能够提供这种综合式体验消费的零售业态一般位于大都市，只有这样选址才能达到实现规模经济所需的市场规模。对于我国商贸中心城市来说，未来国内贸易的表现仍然会好于国际贸易。这是因为国内贸易增长主要受国内经济发展状况的影响，抗外部冲击的能力要明显强于对外贸易，这是近年来我国国内贸易的表现好于对外贸易的主要原因。近年来随着电子商务的快速增长，虽然国内实体商业受到了一定的冲击，但最坏的时期已经过去。实际上，电子商务带来的更多是机遇。目前基于电子商务的商业模式创新，已经成为传统商贸业转型升级的主要动力。近年来，纽约、伦敦等城市的贸易枢纽地位有所弱化，而我国上海、广州等城市的贸易枢纽地位却大幅度提升，造成这种差异的原因之一就是近年来我国电子商务取得了更好的发展。

（二）城市商贸功能演进新趋势

国际商贸中心从早期航海贸易主导阶段，到目前尚未定型的信息与综合服务主导阶段，在不同的发展阶段存在较大的功能差异。纵观国际商贸中心的发展历史，技术进步、制度创新和经济发展是推动国际商贸中心功能演进的基本动力，近年来特别是在信息技术革命的推动下，国际商贸中心核心功能的具体内容、实现形式、重要程度都发生了较大变化，使得国际商贸中心发展呈现出一些新趋势。如图2-1所示，在多种有利因素和条件的推动下，国际商贸中心已进入新的发展阶段，新型国际商贸中心正在形成，集聚全球商贸资源的能力持续提升，服务功能更加强大，服务内容更加丰富。

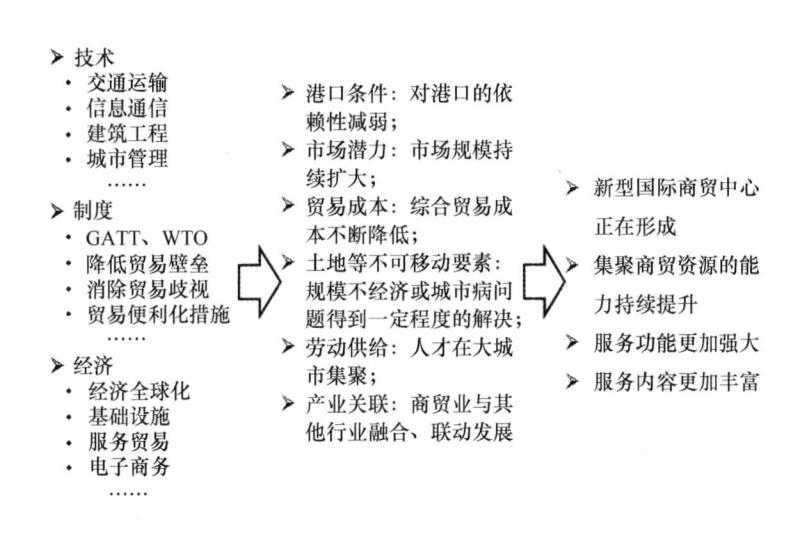

```
➢ 技术
  · 交通运输             ➢ 港口条件：对港口的依
  · 信息通信               赖性减弱；
  · 建筑工程             ➢ 市场潜力：市场规模持       ➢ 新型国际商贸中心
  · 城市管理               续扩大；                     正在形成
  ……                   ➢ 贸易成本：综合贸易成       ➢ 集聚商贸资源的能
➢ 制度                     本不断降低；                 力持续提升
  · GATT、WTO          ➢ 土地等不可移动要素：       ➢ 服务功能更加强大
  · 降低贸易壁垒           规模不经济或城市病问       ➢ 服务内容更加丰富
  · 消除贸易歧视           题得到一定程度的解决；
  · 贸易便利化措施       ➢ 劳动供给：人才在大城
  ……                     市集聚；
➢ 经济                   ➢ 产业关联：商贸业与其
  · 经济全球化             他行业融合、联动发展
  · 基础设施
  · 服务贸易
  · 电子商务
  ……
```

图2-1 新型国际商贸中心正在形成的有利因素和条件

1. 越来越成为综合和高端服务输出者

随着经济全球化进程的不断加深，信息通信技术的快速发展，以及铁路、航空等交通工具的持续进步，服务的可贸易性得以显著提高，服务贸易领域和范围不断拓展。在这种背景下，近年来国际商贸中心城市的服务业比重整体上仍然呈上升趋势（见表2-5），服务经济特征更加突出。在全球分工与交换格局中，国际商贸中心城市越来越成为服务贸易的输出者。

表2-5　　　部分国内外城市服务业增加值占GDP的比例

指标＼城市、年份	纽约 2005	纽约 2015	伦敦 2005	伦敦 2014	东京 2010	东京 2014	新加坡 2005	新加坡 2015
服务业占GDP的比例（%）	90.8	93.2	91.4	92.7	87.9	88.7	71.0	76.5

指标＼城市、年份	北京 2005	北京 2015	上海 2005	上海 2015	广州 2005	广州 2015	深圳 2005	深圳 2015
服务业占GDP的比例（%）	69.2	79.7	50.0	67.8	57.8	66.7	46.4	58.7

注：纽约是纽约都市统计区（New York-Newark-Jersey City, NY-NJ-PA）的数据，NY-NJ-PA陆地面积约21569平方公里，2015年人口约2000万。

首先，通过分析国内外商贸中心城市的产业结构变动趋势可以看出，国际商贸中心的主导产业呈现出向上游服务部门发展的趋势，不断占据产业制高点，越来越成为高端服务的提供者（见图2-2）。国际商贸中心城市的主导部门持续向产业链上游演进，朝着知识技术密集化方向发展，不断占据世界产业制高点，表现为城市经济总量中，金融、商务、信息等知识密集型服务行业的比重普遍提高（见表2-6）。全球性国际商贸中心的功能仍然在朝着知识密集型、较少依赖土地等有形要素的方向演变，这种趋势有望延续。从表2-7中可以看出，近年来国内商贸中心城市，知识密集型服务业的占比也普遍提高。这里需要特别强调一下广州的信息传输、计算机服务和软件服务业。这个行业占广州GDP的比重，由2005年的4.5%下降为2015年的3.2%；而国内其他4个城市这一比例都是上升的，杭州更是从2.9%大幅上升到12.7%。广州这一产业的产值占比在5个城市中是最低的，而且还在下降，反映出广州信息服务的发展短板非常明显。

二　国际商贸中心发展的新趋势

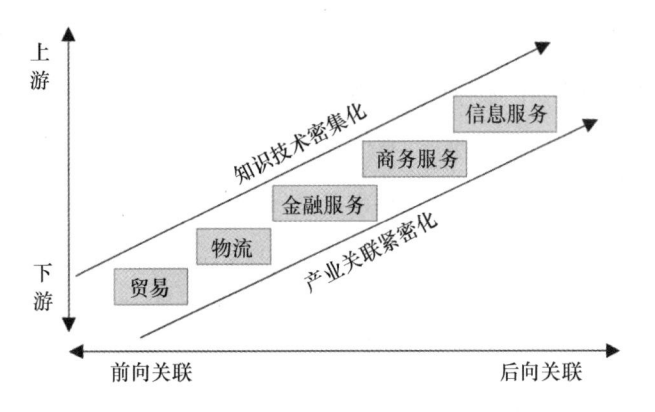

图 2-2　国际商贸中心主导产业的发展方向

表 2-6　知识技术密集型服务业占城市 GDP 的比重（%）

行业 \ 城市、年份	纽约 2005	纽约 2015	伦敦 2005	伦敦 2014	行业 \ 城市、年份	新加坡 2005	新加坡 2015
金融与保险	16.3	16.1	17.7	18.9	金融与保险	10.9	11.9
信息	7.7	8.0	11.2	10.3	信息通信	3.9	4.0
专业、科学和技术服务	8.4	9.9	10.7	11.2	商务服务	11.3	14.6
管理及支持性服务	4.7	5.7	5.2	5.5	—	—	—

表 2-7　知识技术密集型服务业占城市 GDP 的比重（%）

行业 \ 城市、年份	北京 2005	北京 2015	上海 2005	上海 2015	广州 2005	广州 2015	深圳 2005	深圳 2015	杭州 2005	杭州 2015
金融	12.0	17.2	7.3	16.6	3.9	9.0	6.2	14.3	6.6	9.4
租赁和商务服务	5.1	7.7	3.1	5.9	6.0	7.6	2.9	2.8	2.0	3.1
信息传输、计算机服务和软件	8.4	10.4	3.9	5.5	4.5	3.2	3.4	6.2	2.9	12.7
科学研究和技术服务	5.0	8.0	2.3	2.8	1.3	2.5	1.2	2.8	1.6	2.5

其次，产业前后向关联使不同产业部门之间的联系更加紧密，城市产业呈现出联动发展、融合发展、跨界发展的趋势，

国际商贸中心的服务功能更加丰富、更加综合。从纽约、伦敦等城市的发展历史来看，随着国际贸易的繁荣，形成了大型购物场所、批发市场和较大规模的物流仓储业，进而吸引制造业向中心城市集中，这就产生了产业前向关联；同时诱发其他金融、商务服务和信息服务产业的发展，产生后向关联。目前知名国际商贸中心不仅拥有一流的商贸业，还是金融中心、商务服务中心、信息服务中心、旅游中心、文化创意中心等。

2. 依托现代市场体系，贸易功能实现转型升级

市场对资源配置起基础性的作用。知名国际商贸中心之所以具有较强的全球资源配置能力，就是因为拥有以专业服务市场、期货市场、互联网交易平台等为代表的新型市场体系，从而有效参与了各项资源和要素的全球配置，国际商贸中心的贸易功能实现了向"综合资源配置型"转变的转型升级，全球资源配置中心的地位大幅提升，成为世界经济的中枢和发动机。

国际商贸中心城市拥有发达的专业服务市场。进入20世纪80年代，国际商贸中心城市的金融、保险、法律、咨询、中介、信息、专业技术等服务业快速发展。随着专业服务市场发展壮大，这些国际商贸中心进一步发展成为国际金融中心、国际商务服务中心及国际信息服务中心，如伦敦、纽约等全球性国际商贸中心，既是著名的国际金融中心，还是著名的商务服务中心。以商务服务业的典型行业——法律服务业为例，纽约和伦敦拥有全球最为发达的法律服务市场，城市人口中每100个人就有1个法律服务从业者，[①] 世界上排名前50位的国际律师事务所中，约有一半在这两个城市。伦敦还是全球最为发达的航运交易市场和航运服务市场，是世界公认的第一航运中心。

---

① 2012年纽约法律服务业从业人员77100人，伦敦法律服务业从业人员约80000人。

二 国际商贸中心发展的新趋势

知名国际商贸中心一般都拥有期货交易所,从而成为全球定价、采购和交易中心,芝加哥是其中的典型代表。与服务贸易比较,国际商贸中心货物贸易功能的重要程度不断下降,这种趋势目前仍在延续。批发零售业是承载货物贸易功能的核心产业,而近年来纽约、伦敦、东京、新加坡、香港等城市的批发零售业或进出口贸易行业占经济总量的比重都有所下降,在一定程度上反映出这些城市的货物贸易功能相对弱化。例如,伦敦批发零售业的比重由 2005 年的 9.8% 下降为 2014 年的 7.5%,香港的进出口贸易、批发零售业的比重由 2005 年的 26.1% 下降为 2015 年的 21.6%。除了专业服务市场,金融市场和商品期货市场的发展(见表 2-8),也极大地强化了伦敦、纽约、芝加哥等城市的贸易功能和全球资源配置能力。

表 2-8　　部分国际商贸中心的著名证券和期货交易所

城市	交易所名称	主要交易品种
伦敦	伦敦证券交易所(LSE)	重要指数有 FTSE100(富时 100 指数);FTSE250(富时 250 指数);FTSE350(富时 350 指数)
	伦敦金属交易所(lme)	铜、铝、锌、镍、铅、锡
	伦敦国际金融期货期权交易所(LIFFE)	英镑、德国马克、美元、日元、瑞士法郎等货币期货和期权合约,以及 70 种英国股票、金融时报 100 种股票指数、金融时报 250 种股票指数等期货或期权合约
	伦敦洲际期货交易所(ICE)	布伦特原油、柴油、WTI(美国西德克萨斯轻质原油)、燃油等
	波罗的海航运交易所	波罗的海国际运费期货。波罗的海干散货运价指数(BDI)是国际干散货运输市场的晴雨表

续表

城市	交易所名称	主要交易品种
纽约	纽约商业交易所（NYMEX）	原油、燃油、天然气、汽油、煤炭、电力、铂金、钯金等期货和期权合约
	纽约商品交易所 COMEX	铜、黄金、白银等期货和期权合约
	纽约期货交易所（NYBOT）	糖、棉花、可可、咖啡、橙汁、美元指数等期货和期权合约
	纽约证券交易所（NYSE）	全球最具影响力的证券交易市场，交易量世界第二
	纳斯达克（NASDAQ）	首家电子化的股票市场，交易量世界第一
	美国证券交易所（AMEX）	美国第三大股票市场，中小企业股票交易市场
芝加哥	芝加哥期货交易所（CBOT）	大豆、玉米、豆粕、豆油、小麦、燕麦、稻米等
	芝加哥商业交易所（CME）	股票或股指、利率、外汇、肥牛、瘦肉猪、活牛、木材等期货期权合约
	芝加哥期权交易所（CBOE）	股票期权、指数期权、利率期权、长期期权（中长期个股和指数期权合约）
	芝加哥气候交易所（CCX）	二氧化碳、甲烷、氧化亚氮、氢氟碳化物、全氟化物、六氟化硫等温室气体减排交易的市场
东京	东京证券交易所	东京证券交易所是日本最大的证券交易所，也是世界上最大的证券交易中心之一
	东京商品交易所（TOCOM）	橡胶、原油、煤油、汽油、黄金、白银、铂金、钯金等
新加坡	新加坡交易所（SGX）	股票，以及新华富时 A50 指数、日经指数股指、印度 NIFTY 指数等期货期权合约
	新加坡商品交易所（SICOM）	天然橡胶

以芝加哥为例，19 世纪中叶随着美国西部大开发，芝加哥

成为连接美国东西部的重要交通枢纽、商贸重镇和工业基地。这个时期的芝加哥，城市的商品集散功能非常突出，是美国谷物、猪肉、牛肉等农产品和工业品的集散中心，保持了长达一个多世纪的商业繁荣。随着传统货物贸易在城市经济中的地位逐渐下降，以及20世纪60年代末以来经济衰退和工业外迁，芝加哥经济经历了30多年的低迷徘徊。

20世纪80年代，芝加哥确定并贯彻执行了"以服务业为主导的多元化经济"的发展目标，产业转型效果明显。芝加哥金融及商业服务、房地产、批发零售、医疗保健、休闲娱乐及旅游业、交通运输及物流等行业逐步成为城市产业主体，近年来信息服务业也呈现出较快的增长势头。目前芝加哥已成为美国最重要的铁路和航空枢纽、世界金融中心、高端商务服务中心、跨国企业总部基地，发达的服务业推动芝加哥实现了由传统货物贸易中心向现代服务贸易中心的转型升级。

芝加哥城市贸易功能转型升级的另一个重要体现就是金融和商品期货市场的发展，使芝加哥成为全球资源配置中心。18世纪中期，芝加哥成为了美国谷物的集散地，为了为市场交易者提供套期保值和发现价格的场所，芝加哥期货交易所（CBOT）于1848年成立，其后通过一系列改革不断完善交易机制。目前CBOT是全球最大的农产品期货市场，也是美国成交额最大的期货交易所。芝加哥商业交易所（CME）也是举世闻名的期货交易所，是世界上最大的一个易损货物交易市场。CME还于20世纪70年代推出金融期货并获得了巨大的成功，市场参与者得以对冲汇率及利率浮动风险。芝加哥期权交易所（CBOE）成立于1973年，是世界上第一家以期权产品为主的交易所，先后推出了股票期权、利率期权、指数期权、长期期权等合约。

在发展碳排放交易市场方面，芝加哥也走在了全球前列。芝加哥气候交易所（CCX）成立于2003年，是全球第一个自愿性参与温室气体减排交易并对减排量承担法律约束力的先驱组织和交易市场。芝加哥气候交易所的核心理念是"用市场机制来解决环境问题",曾经被当作用市场驱动方式解决气候变化的典范。但由于美国气候变化政策的不确定性,现在 CCX 的减排交易活动低迷,但气候交易所所具有的创新意义和发展前景不可低估。

除了专业服务市场、金融市场和商品期货市场之外,另外一个需要说明的是新型交易平台。近年来随着新一代信息技术和互联网的快速发展,电子商务交易平台正在并将继续对国际商贸中心的发展格局产生重要影响。以杭州市为例,在阿里巴巴、网易等互联网企业的带动下,杭州市信息传输、计算机服务和软件业高速发展,按当年价格核算,2005—2015 年行业增加值年均增长 31.1%,这一增速不仅远高于同期杭州 GDP 增长率(13.1%),也高于北京(15.1%)、上海(14.4%)、广州(9.7%)、深圳(20.7%)等国内其他大城市。2015 年杭州市信息传输、计算机服务和软件业的增加值达 1278 亿元,在国内大城市中位列第三,仅低于北京(2384 亿元)和上海(1377 亿元)。正是由于电子商务的飞速发展,杭州被称为"电子商务之都",并凭借新型交易平台开始进入国际商贸中心的行列。

3. 国际消费功能日趋体验化、融合化、时尚化、便利化

在消费全球化背景下,国际商贸中心的消费功能将会更加重要、更加突出。随着全球消费向个性化、多样化、高端化、服务性消费等更高层次发展,跨国家、跨地区消费越来越普遍。而且,航空、高铁、高速公路等交通方式的发展,使得个人的活动范围越来越大,原来服务范围有限的零售、餐饮、休闲娱乐等本地化消费服务业,能够向更大区域范围内的顾客提供服务,从而促进了消费全球化发展。而且国际商贸中心一般都是综合性交通枢纽,便于吸引周边地区的消费者,消费类服务业

在这些城市的集聚程度将会提高，也进一步强化了消费中心功能。近年来全球城市的消费功能越来越突出，作为国际消费中心的辐射影响力持续增强。伦敦、巴黎、纽约、东京、新加坡、迪拜、首尔等国际消费中心凭借时尚繁华的商业街，丰富的消费业态，良好的购物环境，便捷的交通网络等优势，吸引了大量来自世界各地的消费者前去购物和体验，成为汇集全球消费资源的中心和引领全球消费潮流的前沿，国际消费中心日益成为各国参与全球消费市场竞争、集聚全球消费资源、吸引全球消费的新载体。

当今时代，消费者已经不再满足于从产品或服务本身获得效用，而是更加看重消费过程中的感受和体验。消费越来越个性化，仅仅是保证质量、优质服务这些传统意义上的元素，已经不能满足消费者的需求。只有注重顾客的亲身参与和体验，抓好消费体验这一中心环节，才可能获得顾客青睐。为了适应这一变化趋势，国际商贸中心的消费功能呈现出体验化、时尚化、融合化、便利化的发展特征，辐射影响力越来越强。事实上，不论是城市整体消费环境，还是商业街，以至单个的零售业态，都表现出这种发展趋势。

第一，城市整体消费环境日趋体验化、时尚化、融合化。纽约、伦敦、巴黎、东京、米兰、迪拜等城市是世界公认的购物胜地，这些城市通过强化国际航空枢纽功能，优化城市环境，实施旅游消费免税政策，提供优雅、舒适、安全、便利的购物环境等措施，全方位地提升顾客体验，还大力发展各具特色的时尚文化和时尚经济，推动零售与会展、旅游、住宿、餐饮等行业融合发展，极大地提升了城市人气。例如，纽约、伦敦、巴黎、米兰四大著名时装周被公认为世界时尚设计和消费的"晴雨表"，引领全球时尚，成为世界时尚潮流的发源地与传播中心。又如，东京动漫展（TAF）是全球最具影响力的动漫展，吸引着全世界的动漫爱好者来东京参与动漫交流、体验动漫文化,时尚化氛围浓厚。再如,迪拜打造了世界上第一家七星级酒店(帆船酒店)、世界最高的摩天大楼(哈利法塔)、全球最大的购物中心(迪拜贸)、世界最大的室内滑雪场(阿联酋贸)等标志性建筑,积极举办迪拜购物节、迪拜惊喜之夏,以及各类会议和展览、文艺表演、体育赛事等多种活动,并提供丰富多样的休闲娱乐、儿童游乐项目,迪拜作为购物天堂的吸引力显著增强。

第二,商业街日趋体验化、时尚化、融合化。近些年来在传统商圈发展放缓的背景下,一些商圈朝着体验化、时尚化、融合化方向发展,因此保持了较为旺盛的人气。以东京涩谷商圈为例,涩谷商圈以时尚闻名,是日本著名的时尚文化发源地。近些年来银座、新宿等传统商圈发展速度放缓,而涩谷在时尚化浪潮的推动下日益繁荣。涩谷是创造和传播时尚的最前线,也是世界上屈指可数的城市青年新文化发祥地,汇集了东京现代时尚元素,展现时尚潮流前沿风尚的店铺多位于109大楼、中心街、西班牙坡道等地。涩谷不仅是购物天堂,还与文化深度融合。涩谷文化村(Bunkamura)是集音乐厅、剧场、美术馆、小剧场、电影院,以及咖啡店、艺术类商店于一体的综合型文化设施,可以在此体验各种文化和艺术,享受悠闲时光,这里还是东京国际电影节的主会场。此外,涩谷还有上演日本传统戏剧的观世能乐堂、介绍烟草和食盐文化的博物馆、NHK电视台放送主题乐园等。再以秋叶原商圈为例,秋叶原是世界知名的电器街,集聚了Softmap、友都八喜、石丸电器等多家以销售电器为主的大型店铺。进入21世纪初以来,秋叶原集聚了一批销售游戏机、游戏软件、漫画杂志及周边衍生产品的店铺,如Gamers、Gachapon、K-BOOKS等,秋叶原成为了动漫街,时尚化色彩浓厚,吸引了大量年轻消费者。此外,在秋叶原随处可见的cosplay、卡丁车等体验性活动项目,还加重了秋叶原的时尚化色彩。

第三，购物中心向体验化、时尚化、融合化转型。从我国的情况来看，目前全国大型购物中心数量仍在快速增长，截至2016年年底，全国大中型购物中心项目数量已超过4000家。在购物中心之间竞争加剧和网上购物日益流行的情况下，大城市知名购物中心整体上仍然保持了一定的增长动力（见表2-9），这是大型购物中心适应时代要求，向体验化、时尚化、融合化转型的结果。国内大型购物中心更加追求品质与个性，更加强调顾客体验、时尚氛围和融合发展。广州正佳广场是其中的典型代表。近年来正佳广场通过增加餐饮、休闲、娱乐、旅游等体验式业态，创立Hi百货店，引进走心生活馆，建设海洋馆，举办广州国际购物节，体验化、时尚化、融合化的特点更加突出，成为集零售、餐饮、休闲、娱乐、文化、旅游、会展、康体等于一体的国内顶级购物天堂。目前正佳广场的购物业态、餐饮业态与其他体验业态的比例为4:3:3，餐饮等体验业态的占比已经超过了购物业态。

表2-9　　　　　　　　国内部分大型购物中心销售额

城市	购物中心名称	2014年销售额（亿元）	2016年销售额（亿元）
北京	SKP（原新光天地）	75	96
	国贸商城	54	56.5
	西单大悦城	36	41.1
上海	IFC国际金融中心	43.5	60
	青浦百联奥特莱斯	31.5	43.2
	港汇广场	39	36
	恒隆广场	30	38.5
广州	正佳广场	64	66
	天河城	55	55
	太古汇	31	39.6

续表

城市	购物中心名称	2014年销售额（亿元）	2016年销售额（亿元）
深圳	万象城	62	66.3
	海岸城	24	30.5
南京	德基广场	66.4	76.6
	中央百货	42.1	43.8
	金鹰（新街口店）	36	40.2
杭州	杭州大厦	59	66
	武林银泰	28.5	38

国际商贸中心消费功能的另一个重要发展趋势是便利化。大城市的生活节奏较快，消费者更倾向于节省购物、外出就餐的时间，而将节省的时间用于休闲和娱乐上，而便利店业态正契合了这一需求。从国内的情况看，便利店业态的发展明显好于其他业态。中国商务部数据显示，2016年中国传统零售业态的销售额同比增长了1.6%，其中专业店、超市、大型超市分别增长了2.9%、1.9%、1.8%，而便利店增速连续几年居零售业之首，达到8%。尼尔森《2016年度中国卖场超市购物者趋势报告》显示，2016年国内便利店的渗透率上升到38%，比网购高3个百分点。2016年日本便利店与超市的市场份额比例约为54%：46%，而中国这一比例目前大约为8%：92%，便利店仍有很大发展空间。

4. 国际会展中心的地位越来越突出

近年来随着会展实务与理论的发展，会展的概念范畴不断扩大，展览、会议、论坛、节庆、赛事、奖励旅游等越来越多的活动被归到会展的范畴之内，发展会展业意义也越来越重要。大会展不仅仅指的是会展的概念范畴的扩大和会展内容的不断丰富，表现出的趋势之一是会议和节事活动越来越重要；大会展的另一个趋势是会展与零售、餐饮、住宿、旅游、休闲娱乐、艺术表演等行业融合发展。实际上，会展业的服务功能非常丰富，能够提供的不仅仅是商贸功能，会展在对外交往、旅游休闲、增长见识等方面的功能将会更加重要。东京国际会展中心的英文名称为Tokyo Big Sight，直译过来就是东京大视野，这个英文名称明确体现了会展的开阔视野、增长见识的功能。可见，全球城市的会展功能更加突出，会展之于城市的意义更加重要。会展不仅具有促进贸易的作用，会展经济，犹如城市经济发展的"晴雨表"，同时还是城市经济发展的"助推器"，能够有效拉动住宿餐饮、交通运输、批发零售、旅游、广告等相关服务产业的发展，还是城市经济发展的助推器。更为重要的是，会展还是展示城市形象的窗口、连接世界的桥梁、对外交往的平台、集聚资源的高地，而这些恰恰都是全球城市不可或缺的功能，有助于扩大对外交流合作，增强对外交往功能，激发城市活力和发展动能。

知名国际商贸中心城市基本上都是国际展览中心，如纽约、伦敦、巴黎、东京、新加坡、香港、米兰、芝加哥、法兰克福等。例如，米兰拥有世界最大的国际展览中心，米兰国际家具展、米兰三年展、米兰时装周、米兰设计周、米兰建筑设计展等一系列世界级展会均在此举行。芝加哥是全球最大的会展中心城市之一，举办过两次世界博览会，每年举办国际五金展、机床展、家庭用品展等知名专业展览，会展对城市发展起到了重要的推动作用。法兰克福拥有全球知名的展会有国际汽车展、图书展和全球最大的消费品展，其中法兰克福图书展是世界上规模最大，享有最高声誉的专业图书盛会。这些城市能够跻身全球知名国际商贸中心行列，发达的会展业起到了重要作用。

国际商贸中心城市一般还是国际会议之都，对全球会议活动有着强大的吸引力，纽约、伦敦、巴黎、东京、新加坡、香港等城市每年举办的国际会议数量名列前茅（见表2-10）。例如，巴黎是全球著名会议中心，2016年巴黎ICCA国际会议196场，数量排名第一；伦敦和新加坡分别举办了153场和151场ICCA国际会议，排名第五和第六；香港、东京接近100场，排名也比较靠前。虽然纽约举办的ICCA国际会议相对较少，仅有53场，但由于联合国的总部就设在纽约，纽约每年举办的国际会议级别很高，都有着广泛影响。

表2-10　2016年部分中国和国外城市ICCA国际会议数量

城市	ICCA国际会议数量（场）	国际排名（位）
北京	113	15
香港	99	19
上海	79	25
巴黎	196	1
伦敦	153	5
新加坡	151	6
阿姆斯特丹	144	7
首尔	137	10
东京	95	21
纽约	61	41
米兰	59	43
迪拜	52	49
芝加哥	42	62

注：ICCA国际会议是指至少3个国家轮流举行且与会人数至少50人的固定性会议，数据来自《2016年度国际会议市场年度报告》，国际大会与会议协会（ICCA）。

近年来国际商贸中心城市认识到会展的重要意义，普遍给予了会展业政策支持和倾斜，采取各种措施继续强化城市会展功能。例如，法兰克福市政府长期资助会展企业做宣传推广，协助和配合展览公司推广本地会展活动。新加坡将会展业作为拉动本国经济的引擎，采取政府搭台模式，由会议展览局和贸易发展局负责推广本地会展项目，连续多年被评为亚洲首选会展举办地城市。芝加哥则是通过完善会展场馆设施来促进会展业发展，芝加哥麦克米会议展览中心（McCormick Place）由市政府投资兴建，经过了多次扩建和改造，公共服务功能不断完善。

从国内情况看，2011—2016年国内城市会展业大都保持增长态势，其中上海、重庆、南京、青岛、武汉等城市还取得了两位数增长（见表2-11），国内会展业仍具有较大发展潜力。各主要城市政府也清楚地认识到发展会展业的重大意义，纷纷采取措施扶持会展业发展，特别是近年来国内城市为了争取优质会展资源，纷纷斥巨资建设会展场馆（见表2-12）。2014年上海国家会展中心建成投入使用后，产生了较强的虹吸作用，吸引了不少大型展会落户上海。深圳规划50万平方米的国际会展中心项目已完成主体结构，预计2019年将正式运营，也将对全国展会格局产生较大影响。

表2-11　　　　　　　2011年和2016年国内部分城市办展面积

序号	城市	展览面积（万平方米）2011年	展览面积（万平方米）2016年	年均增长率
1	上海	953.00	1604.80	11.0%
2	广州	735.00	896.48	4.1%
3	重庆	382.80	787.80	15.5%
4	北京	836.98	634.14	-5.4%
5	南京	175.00	431.00	19.8%
6	成都	233.13	344.10	8.1%
7	深圳	256.00	325.17	4.9%
8	青岛	117.00	298.30	20.6%
9	武汉	139.59	267.00	13.8%
10	杭州	200.61	197.00	-0.4%

续表

序号	城市	展览面积（万平方米）		年均增长率
		2011年	2016年	
11	天津	220.00	191.03	-2.8%

注：数据来自《2011年中国展览数据统计报告》《2016年中国展览数据统计报告》，中国会展经济研究会。

表2-12　　　　国内部分建成、在建和待建会展场馆

场馆名称	城市	室内展览面积（万平方米）	建设状态
国家会展中心（上海）	上海	40	建成
深圳国际会展中心	深圳	50	在建
长沙国际会展中心	长沙	30	在建
昆明滇池国际会展中心	昆明	30	在建
西安丝绸之路国际会展中心	西安	30	待建
中国西部国际博览城	成都	20	在建
郑州新国际会展中心	郑州	18	在建

注：数据来自《2016年中国展览数据统计报告》，中国会展经济研究会。

5. 货物集散功能相对弱化，客运枢纽功能越发重要

工业革命之后，伦敦、纽约、鹿特丹等国际商贸中心城市纷纷崛起，这些城市凭借优越地理位置和港口条件，成为商品货物集散型国际商贸中心。第二次世界大战之后，又有一批国际商贸中心陆续出现，例如东京、香港、新加坡，商品集散功能更加强大，并呈现出"贸易加工增值型"的显著特征，即在商品货物集散的基础上实现工业加工、商品分拣、大件分类、二次包装以及分销等功能。20世纪末以来，随着服务贸易和电子商务的兴起，国际商贸中心对港口的依赖性减弱，货物集散功能的重要程度有所下降。例如，伦敦运输仓储业在城市经济中的占比呈下降趋势，作为转口贸易中心的新加坡和香港显示出更加明显的下降趋势（见表2-13）。

表 2–13　部分国际商贸中心城市运输仓储业增加值占比

城市、年份 行业	伦敦 2005	伦敦 2015	新加坡 2005	新加坡 2015	香港 2005	香港 2015
运输、仓储、邮政、速递	5.3%	4.9%	9.9%	6.9%	8.4%	6.5%

需要说明的是，运输仓储业的占比降低，并非意味着国际商贸中心物流功能的绝对弱化；相反，国际商贸中心城市的实物流量并没有下降，即使是港口物流量，整体上也处于轻微的上升趋势（见图 2–3）。另外，传统国际货物贸易以航海运输为主，目前全球货物贸易 85% 以上都是通过海上运输完成的。但是近年来随着商业领域对交货期的要求越来越高，国际商贸中心城市的物流结构发生了较大改变，航空物流占比提高，特别是货物总额占比越来越高，这种趋势有望延续。

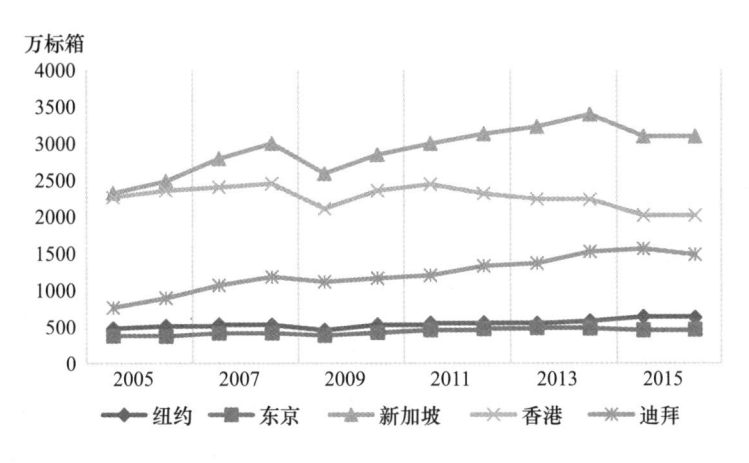

图 2–3　2005—2016 年部分国际商贸中心城市港口集装箱吞吐量

国际商贸中心城市既是各类人群从事商务活动的场所，也是进行消费活动的场所。客流不仅能够拉动经济增长，还能带来各种理念、知识、信息、商业机会、文化多样性等，而这些正是国际商贸中心城市永葆活力的重要因素。货物贸易更多地与城市物流相联系，而服务贸易、消费、会展等则主要与客流相联系。随着国际商贸中心的服务贸易、消费、会展等城市功能越来越突出，客流对于国际商贸中心的重要性越来越凸显出来。与此同时，航空运输条件的不断改进，使得越来越多旅客选择乘坐飞机出行，国际航空枢纽成为集散客流能力的重要体现。在这样的背景下，为了为客流往来提供便利，吸引更多客流，国际商贸中心普遍加强了国际航空枢纽建设，打造航空旅行目的地或中转地城市。通过完善机场设施、扩展国际航线、提高机场综合服务水平等措施，知名国际商贸中心城市作为客运枢纽的地位得到了巩固与加强。近些年来，知名国际商贸中心城市的机场旅客吞吐量仍在增长，其中迪拜等城市的增速非常快（见表2-14）。

表2-14　　部分国际商贸中心城市机场旅客吞吐量（万人次）

城市 年份	伦敦	纽约	东京	新加坡	香港	迪拜
2006	10170.5	9050	10106.5	3503.3	4385.8	2171
2016	11879.1	11149.5	11890.6	5869.8	7050.2	8365.4

注：2016年机场旅客吞吐量数据来源于民航数据分析系统（CADAS）的2016年国际机场统计数据，2006年机场旅客吞吐量数据来源于国际机场协会（ACI）的2006年度统计数据。

从国内的情况看，改革开放以来，随着对外贸易的快速发展，上海、广州、深圳等港口城市的航运功能迎来了高速发展期，先后确立了国际航运中心的地位。然而，近些年这些城市已经过了航运发展的巅峰期，在全球贸易放缓的背景下，再加上其他港口城市的竞争，航运物流业在城市经济中的地位相应降低，一个具体表现就是这些城市交通运输、仓储和邮政业的产值比重都有所下降（见表2-15）。未来上海、广州、深圳等国内商贸中心城市的航运物流规模将维持低速增长趋势，但对城市物流的要求会越来越高。一方面城市中频繁而小规模的递送业务规模越来越大，顾客对交货期的要求也越来越严格；另一方面，物流配送车辆挤占城市内部稀缺的行车和停车空间，加剧了城市交通拥堵的问题，并造成了排放、噪声等环境污染问题。这就要求城市物流功能更加高效、更加智慧，以满足城市发展对物流的需要。

表 2-15　　　　　　国内部分城市快递业务量（亿件）

年份 城市	2013	2014	2015	2016	2013—2016年 年均增长率
北京	8.20	11.10	14.14	19.60	33.7%
上海	9.50	12.84	17.08	26.03	39.9%
广州	7.90	13.90	19.52	28.67	53.7%
深圳	6.60	9.53	14.01	20.45	45.8%
杭州	4.70	8.46	12.57	18.05	56.6%

注：数据来自国家邮政局公布的2013—2016年《中国各城市快递业务量排行榜》。

（三）新型国际商贸中心的一般特征

在技术、制度、经济等因素的推动下，国际商贸中心的功能在历史上一直处于演变之中，特别是近年来各项功能的具体内容、实现形式、重要程度都发生了较大变化，使得新型与传统国际商贸中心的核心功能呈现出较大差异（见表2-16）。在归纳总结新型国际商贸中心的特征之前，先把"传统"与"新型"做一个比较。这张表格从贸易、消费、会展、物流、客流五个方面对"传统"和"新型"进行了比较。可以看出，新型国际商贸中心的元素包括：服务贸易、新型市场体系、体验型消费、强大的会展、航空枢纽等。

表2-16　　　　　　国际商贸中心的比较：新型与传统

类别 功能	传统国际商贸中心	新型国际商贸中心
国际贸易中心	货物贸易 传统市场体系，以传统批发市场为代表	服务贸易 专业服务市场、金融和期货市场 互联网交易平台
国际消费中心	购物型消费 零售业态相对独立	体验型消费 与其他行业深度融合
国际会展中心	功能偏重促进贸易 会展的地位不甚突出	功能更加丰富、重要 会展的地位非常突出
国际物流中心	航运中心地位突出 港口物流	航运中心地位相对弱化航空物流 城市物流
国际客流中心	客流的重要性还未凸显	客运航空枢纽地位突出

通过与传统国际商贸中心比较，新型国际商贸中心的特征可以归纳总结为"六个者"：一是服务贸易输出者，二是综合资源配置者，三是体验消费引领者，四是会展活动创办者，五是航空枢纽拥有者，六是智慧物流践行者。

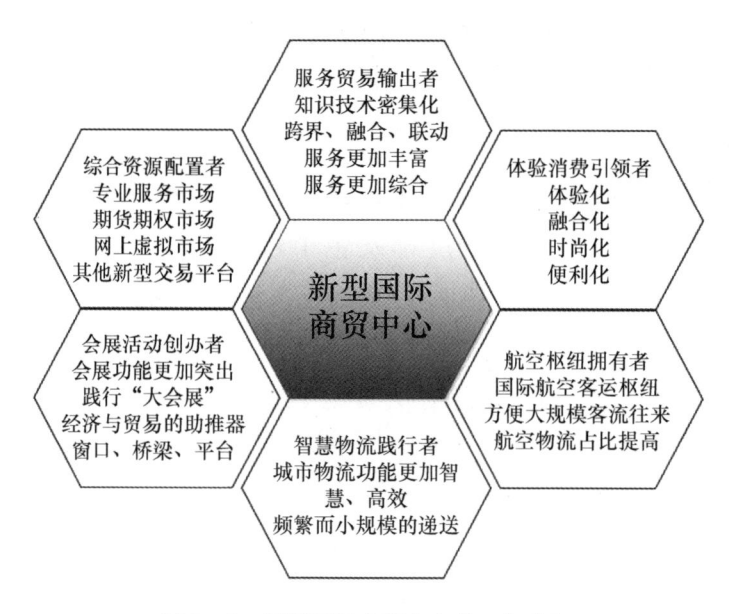

图2-4　新型国际商贸中心的一般特征

1. 服务贸易输出者

在全球分工与交换格局中,新型国际商贸中心城市成为高端和综合服务输出者。主导部门持续向产业链上游演进,朝着知识技术密集化方向发展,不断占据世界产业制高点。产业间的关联更加紧密,产业发展呈现出跨界、融合、协同、联动的趋势,城市服务功能更加丰富、更加综合。而传统国际商贸中心偏重货物贸易,在城市贸易总额中货物贸易仍占较大份额。

2. 综合资源配置者

新型国际商贸中心贸易功能主要依托专业服务市场、金融和期货市场、网上虚拟市场等更加现代的市场形式或交易平台,不仅成为商品交易与定价中心、国际采购中心,更是综合资源配置中心,从而实现了由传统商品集散中心向综合资源配置中心的转变。

3. 体验消费引领者

新型国际商贸中心的消费功能将会更加突出。新型国际商贸中心的消费功能趋向体验化、融合化、时尚化、便利化,越来越注重顾客体验,购物与文化、旅游、体育、娱乐等活动深度融合,成为创造与传播时尚的前线,大型购物中心和便利店构成城市零售业态的主体。

4. 会展活动创办者

新型国际商贸中心一般也是国际会展中心,会展活动的内容更加丰富,不仅包括展览和会议,还包括论坛、节庆、赛事、奖励旅游等活动,城市会展功能更加突出。会展之于城市的意义更加重要,不仅是城市经济与贸易增长的助推器,更是对外开放的窗口、连接世界的桥梁、国际交往的平台、集聚资源的高地。

5. 航空枢纽拥有者

服务贸易、消费、会展等功能更多地与客流相联系，大规模客流是新型国际商贸中心城市永葆活力和发展动能的重要因素。新型国际商贸中心一定是国际航空枢纽，以适应客流越来越重要的趋势。航空枢纽拥有者还意味着，城市物流结构中航空物流占比，特别是货物总额占比会逐渐提高。

6. 智慧物流践行者

新型国际商贸中心货物集散功能的重要性下降，航运中心地位相对弱化，甚至可以不依赖航运中心地位。然而，城市的实物物流量并没有下降，特别是频繁而小规模的递送业务规模越来越大，要求城市物流功能更加智慧、高效，以更好地满足城市发展要求。

三　国内外商贸业发展的新趋势

近年来，国内外商贸领域出现的新趋势和新发展，将不可避免地对世界商贸版图产生重大而深远的影响。尽管影响深度和广度目前还难以预测和精确评估，但对于国际商贸中心的未来发展来说，其功能演进和特征变化必定在很大程度上受这些新趋势和新形势的影响。这就要求国际商贸中心建设要顺应全球商贸业发展的新形势、新趋势，审时度势，因利乘便，有所为有所不为，牢牢把握住战略机遇期和窗口期，有效应对各种风险和挑战。

（一）近年来的新趋势

1. 全球贸易增速放缓，低速增长趋势仍将延续

2006—2008年全球贸易增长较快，各年增速都保持在15%以上（见图3-1）。2008年金融危机导致全球贸易增速大幅下跌，2010年和2011年强劲回升。此后全球贸易增长速度明显放缓，2012—2014年年均增速仅为1.1%。2015年世界贸易总额转为负增长，大幅下降13.2%。全球贸易经过20世纪70年代的高速增长之后，贸易增速总体上呈下降趋势，近年来增速放缓的态势更加明显。20世纪70年代以来的全球贸易增长在很大程度上归功于贸易自由化，以及航运、通信等技术进步所带来的贸易成本降低，但这些有利因素的潜力基本上已经释放。另

外,从历史经验来看,全球性经济危机之后,全球贸易会经历一段较长时期的调整。2008年、2009年世界金融危机之后,全球贸易的低迷状态极有可能再持续10—20年,甚至更长的时间。如果没有革命性的技术创新或制度创新,全球贸易持续低迷的态势就很难逆转。在这样的背景下,国际商贸中心的对外贸易枢纽功能可能会继续弱化。

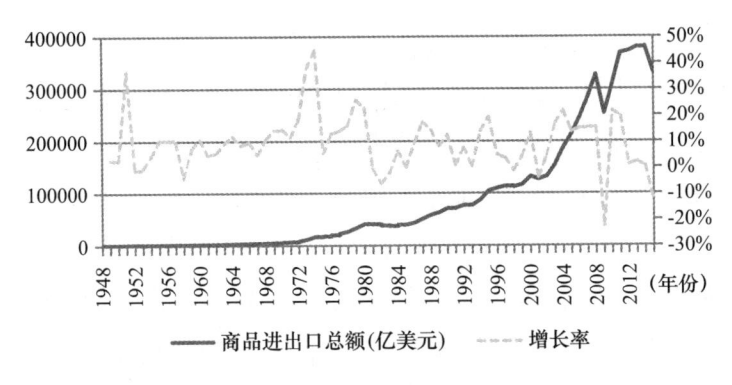

图3-1 全球贸易规模增长趋势

注:数据来源于WTO。全球贸易规模用世界商品进出口总额代表。

2. 服务贸易增长较快,并向知识密集化方向发展

从全球贸易结构来看,近年来服务贸易增长较快,服务贸易比重趋于上升,服务贸易占比从2005年的23.9%上升为2015年的28.2%,特别是2011年以来的上升趋势更加明显(见图3-2)。与此同时,随着全球信息技术革命的不断发展,增强了服务活动的可贸易性,信息、金融、商务等知识密集型服务行业的服务贸易占比逐渐提高。如表3-1所示,全球服务贸易结构正在向知识技术密集型方向发展。2005—2015年通信、计算机与信息服务、其他商业服务、金融服务等服务贸易类别增长较快,年均增速分别为8.6%、7.3%和6.8%,在全球服务贸易中的比重逐渐提高;而运输等传统服务贸易增长较慢,年均增速仅为4.2%,占比显著下降。

三 国内外商贸业发展的新趋势 53

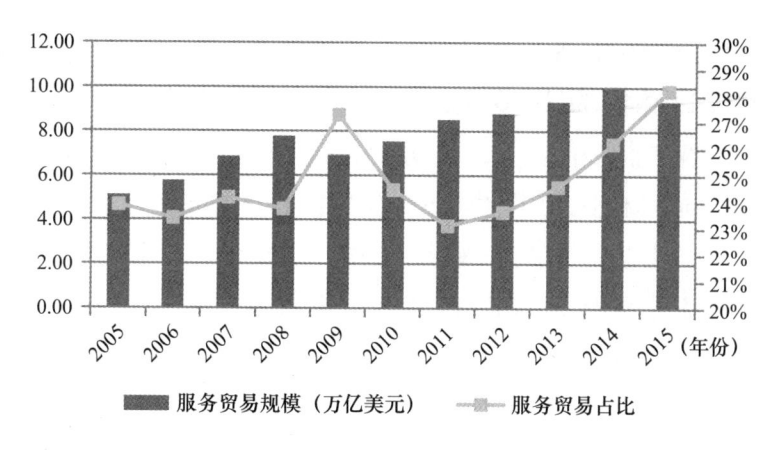

图 3-2 全球服务贸易进出口总额及服务贸易占比

注：数据来自 WTO。全球服务贸易规模用商业性服务进出口总额代表。

表 3-1　　2005—2015 年全球商业性服务贸易出口情况

服务贸易类别	年均增长率	2005 年占比	2015 年占比
货物相关服务	5.9%	3.3%	3.2%
运输	4.2%	22.4%	18.4%
旅游	6.0%	26.5%	25.9%
建筑	6.9%	1.8%	1.9%
保险和养老金服务	6.7%	2.5%	2.6%
金融服务	6.8%	8.3%	8.8%
知识产权使用费	6.0%	6.4%	6.3%
通信、计算机和信息服务	8.6%	8.0%	10.0%
其他商务服务	7.3%	19.9%	22.0%
个人、文化与娱乐服务	4.9%	1.0%	0.8%
合计	6.2%	100%	100%

注：数据来自 WTO。

与全球贸易增长态势类似，近年来中国对外贸易增速也明显放缓。2010 年以后货物进出口总额快速下降，2015 年转为负增长。而近年来中国服务贸易却保持较快的增长速度，2005—2015 年服务贸易进出口总额年均增长 16.6%，明显高于货物贸易进出口总额增长速度（7.7%）（见图3-3）。2015年中国服务贸易出口总额为2850亿美元，占全球服务贸易出口总额的6.0%，世界排名第三位，仅次于美国和英国（见表3-2）。但是与发达国家相比，中国服务贸易存在较大发展差距，未来仍具较大发展潜力。首先，服务贸易占比较低，2015年中国贸易出口总额中服务出口仅占12.5%，不仅低于同期世界平均水平的28.8%，更低于美国的45.9%。其次，与美国和世界平均水平比较，中国服务出口中知识密集型服务出口占比明显较低，知识产权使用费、金融服务的占比仅分别为0.8%和0.4%，远低于世界平均水平的8.8%和6.3%。

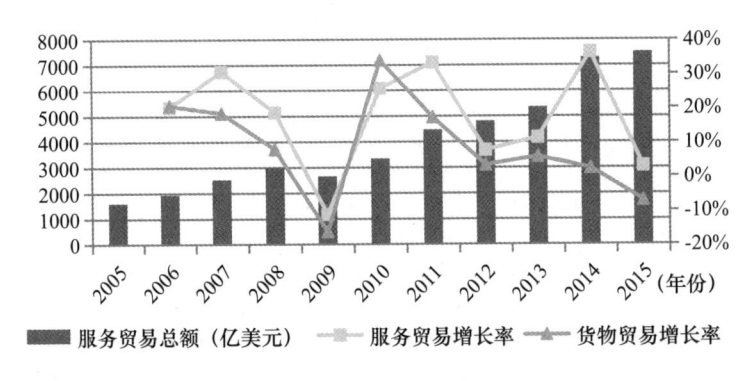

图3-3 中国服务贸易总额及增长率

注：数据来自WTO数据库和中国统计年鉴。

表3-2　　　　　　　　2015年世界部分国家服务贸易出口总额

国家名称	出口额（亿美元）	占全球份额（%）	排名
美国	6900	14.5	1
英国	3450	7.3	2
中国	2850	6.0	3
德国	2470	5.2	4
法国	2400	5.0	5
荷兰	1780	3.7	6

续表

国家名称	出口额（亿美元）	占全球份额（%）	排名
日本	1580	3.3	7
印度	1560	3.3	8
新加坡	1390	2.9	9
爱尔兰	1280	2.7	10

注：数据来自 WTO。

3. 新技术推动商贸流通向网络化、数字化、虚拟化、智慧化方向发展

新一代信息技术为商贸业发展提供了新动力。进入21世纪以来，以互联网技术为代表的新一代信息技术迅速向商贸流通领域渗透与推广，为现代商贸业发展注入了新的活力，深刻改变了传统商贸业面貌。一方面，信息技术促进了供应链管理、客户关系管理、商业智能等现代企业管理方法的应用，成为传统商贸企业提高效率、优化流程、提升服务质量与决策水平的重要手段。另一方面，新一代信息技术与传统商贸业深度融合，衍生出新型商业模式和商业业态，通过开辟新型销售渠道、提高交易便捷性、减少搜寻成本等途径为顾客创造新的价值，极大地拓展了贸易网络。当前移动互联网以前所未有的传播速度，云计算以超强的存储和计算能力，大数据以快速准确的挖掘能力和人工智能，正在联袂向商贸流通领域深度渗透，成为推动商贸业继续转型升级的新引擎。未来随着物联网、云计算、大数据、虚拟现实、人工智能和区块链等技术的广泛应用，将进一步促进商贸流通向网络化、数字化、虚拟化、智慧化方向发展。

万物互联的时代即将到来。物联网是借助互联技术和各类平台，在物（包括产品、服务与地点等）与人之间建立起来的一种关系，是连接物理应用与数字应用的重要桥梁和纽带。传

感器以及其他可将物理世界中的物品与虚拟网络连接起来的各种方式，正在以惊人的速度传播开来。住房、服饰、城市、交通、能源网络以及生产制造过程都可以安装上体积更小、成本更低、更为智能的传感器。这一过程会给各行各业带来革命性影响，不管是商贸流通业，还是制造业、居民服务业、教育和医疗等公共服务业，所有行业都不能排除在外。以在物联网中广泛应用的远程监控为例，目前所有包裹、货盘、集装箱都可以安装传感器——信号发射器或射频识别标签，有了它们，企业便可以对物品在供应链中的移动情况进行追踪，包括追踪其实际性能和使用情况等信息。

　　大数据技术的商业价值凸显。随着大数据、云计算等新技术的不断突破，近年来越来越多的商家利用大数据进行商业模式创新，把数据转为商业价值。例如，美国 GoodRx 利用大数据技术，为美国处方药市场提供更好的价格信息服务，让消费者能够方便地搜索药品价格和折扣。美国 ThinkNear 使用大数据技术捕捉商户生意繁忙和不景气的时间信息，以及天气、交通等环境信息，进而帮助商家在正确的时间里找到合适的消费者。唯品会正在研究利用大数据技术改善移动端的购物体验，消费者看到喜欢的商品，只要拍照并上传至唯品会，平台将立即自动识别并展示唯品会售卖的同款商品或类似商品。在零售业，目前大数据技术已经应用于促销、定价、门店选址、市场营销，例如根据用户的行为轨迹实时预测用户需求，并实时将个性化的关联信息展示到用户面前。在金融业，目前已有大数据机构与金融机构合作，运用大数据与云计算技术创建了客户信用实时监控与评价系统。大数据应用前景和领域非常广阔，未来很多商贸企业都会演变为数字企业。用户数据将成为企业的核心资产，数据分析将成为核心能力，并逐渐向人工智能方向发展。

　　区块链技术有望掀起第二次互联网革命。区块链诞生自中本聪的比特币。区块链技术主要解决交易信任和安全问题，有针对性地提出了四项技术创新：分布式账本、对称加密和授权技术、共识机制、智能合约。这一脱胎于比特币的底层技术，以 7 年多的稳定运行证明了其高度安全可靠的架构和算法设计，同时凭借分布式账本和智能合约等创新性技术，为多个行业的产业应用打开了巨大的想象空间，甚至有业内专家预言区块链技术将掀起第二次互联网革命。区块链技术应用领域非常广阔，涵盖了智能合约、证券交易、电子商务、物联网、社交通讯、文件存储、存在性证明、身份验证、股权众筹等众多领域，具有非常好的发展与应用前景。例如，美国纳斯达克证券交易所推出的 Linq 区块链股权交易所已经于 2015 年年底开始发行测试；全球 43 家跨国银行结成的 R3 CEV 联盟，也是一直在测试和改进银行间的跨行清算联盟链；Ascribe 使用区块链技术让艺术家可以在网上声明所有权，发行限量版的作品，并进行交易，而无须任何中介服务；法律服务领域，BitProof 基于区块链技术推出了目前最为先进的文档时间戳，将彻底改变传统公证方式。

4. 商业模式创新推动商贸业持续升级

商业模式成为决定企业成败的关键因素。商业模式创新起源于 20 世纪 90 年代中期，互联网使大量新的商业实践成为可能，Yahoo、Amazon 及 eBay 等一批基于互联网的新型企业应运而生。这些企业的营利模式，明显有别于传统模式，并显示出强大的生命力与竞争力。2001 年互联网泡沫破裂，许多互联网企业虽然拥有很好的技术，但由于缺乏良好的商业模式而破产倒闭。而另一些企业尽管技术不是最先进的，但由于好的商业模式，却保持着良好发展。在技术变革加快及商业环境更加不确定的环境，决定企业成败的关键因素，不是技术，而是商业模式。近年来越来越多企业致力于商业模式创新，以获取战略性竞争优势。商业模式创新的具体表现主要包括：生产模式从大批量、低成本转变为小批量、多品种、快速反应，销售模式从工厂—分销商—用户转变为工厂—用户，库存模式从大量库存转变为零库存，广告模式从狂轰滥炸转变为精确制导、口碑传递，管理模式从传统管理转变为数字化管理。

基于电子商务的商业模式创新不断涌现。近些年来随着新一轮信息技术发展，传统商业模式发生了天翻地覆的变化。由传统商务到电子商务，B2C、B2B、O2O、C2B、P2P等新型商业模式快速发展，推动整体商贸业转型升级。例如，C2B模式是大数据背景下的定制电子商务，成功案例之一是尚品宅配。尚品宅配提供一站式全屋家居整体解决方案，客户可以获得家具摆放效果的个性化购买体验，并在全国布局600个线下店面，打造出本地化服务网络体系。又如，产业互联网B2B具有巨大的发展潜力，B2B的案例包括建品汇、车品e库、十三行买手——酷有拿货网等网络采购交易平台。再如，当前O2O商业模式快速发展，线上与线下融合成为主流。沃尔玛提出"One Customer, One Walmart"的战略，无论顾客在实体店、网店还是移动商店、社交商店或微店，都能获得一致性的购物体验。需要强调的是，随着电子商务发展速度逐步放缓，目前基于电子商务的商业模式创新正在回归商业的本质，更加聚焦供应链管理和客户体验。基于顾客视角开发产品和服务，优化供应链管理和提升客户体验成为中国电商竞争的新焦点。

5. 电子商务持续拓展线上贸易网络

电子商务快速发展。电子商务具有诸多优势，使得传统销售方式向电子商务倾斜成为必然趋势。1993年电子商务概念被引入中国，1999年电子商务在中国开始了从概念向实践的转变，至2001年中国网络购物交易额仅6亿元。2003年中国电子商务大发展，彻底走出互联网泡沫的寒冬，此后电子商务走上了高速发展的轨道。中国城市内人口分布的集聚程度较高，有利于实现城市物流配送（特别是最后一公里物流）的规模经济，这在很大程

三 国内外商贸业发展的新趋势 59

度上促进了电子商务的发展。近年来消费者越来越倾向于网络购物，网络购物占全社会消费品零售总额的比重逐步上升。至 2013 年，中国超过美国，成为全世界最大的网络市场，其网购体量、占社会消费品零售总额比重，均远远高于美国。2014 年中国网购份额占社会消费品零售总额的比重达 10.3%，首次超过 10%。2015 年，中国电子商务交易额达到 21.8 万亿元，其中网上零售额达到 3.8 万亿元，居世界第一位，约为美国的 1.8 倍；网络购物在社会消费品零售总额中的占比为 12.6%，远高于美国的 6.7%。未来基于网络的无形市场规模将接近传统有形市场规模，中国有望获取全球电子商务发展的主导权（见图 3-4）。

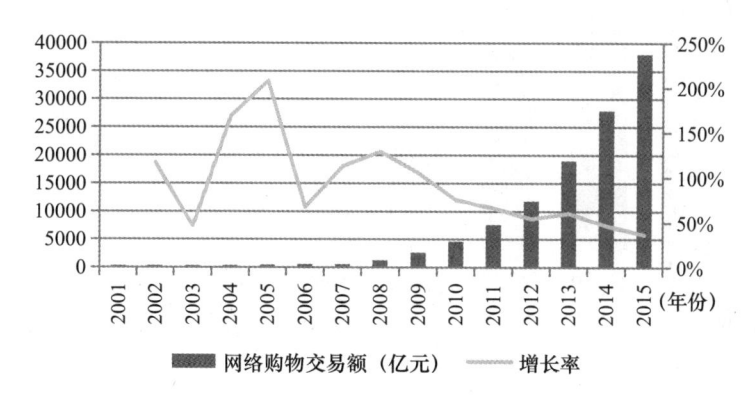

图 3-4 2001—2015 年中国网络购物交易规模

注：数据来自艾瑞咨询（http://www.iresearch.com.cn）。网络购物市场交易规模为 C2C 和 B2C 市场交易规模之和。

移动电子商务成为电商 2.0 时代的新亮点。截至 2014 年 6 月，我国网民上网设备中，手机使用率达 83.4%，首次超越传统 PC 整体使用率（80.9%），手机网民达 5.27 亿，手机作为第一大上网终端设备的地位更加巩固。[1] 2015 年中国移动网购交易规模达 2.1 万亿元，在全部网络购物交易规模中占比达到

---

[1] 数据来源：中国互联网络信息中心（CNNIC）：《第 34 次中国互联网络发展状况统计报告》，2014 年 7 月。

55.5%，较 2014 年上升 21.7 个百分点，移动端已超过 PC 端成为网购市场更主要的端口。未来移动网购将继续高速发展，预计 2018 年网络购物移动端占比将达到 73.8%。① 从近几年"双十一"网络购物情况来看，各电商平台在移动端持续发力，移动端购物占比不断攀升。2015 年，移动端占比首超 PC 端，便捷购物成为网购主流选择。双十一期间，天猫交易额突破 912 亿元，其中移动端交易额占比 68%，京东移动端下单量占比达到 74%，其余各大电商平台移动端的支付比例也在 60%—80% 之间（见图 3-5）。

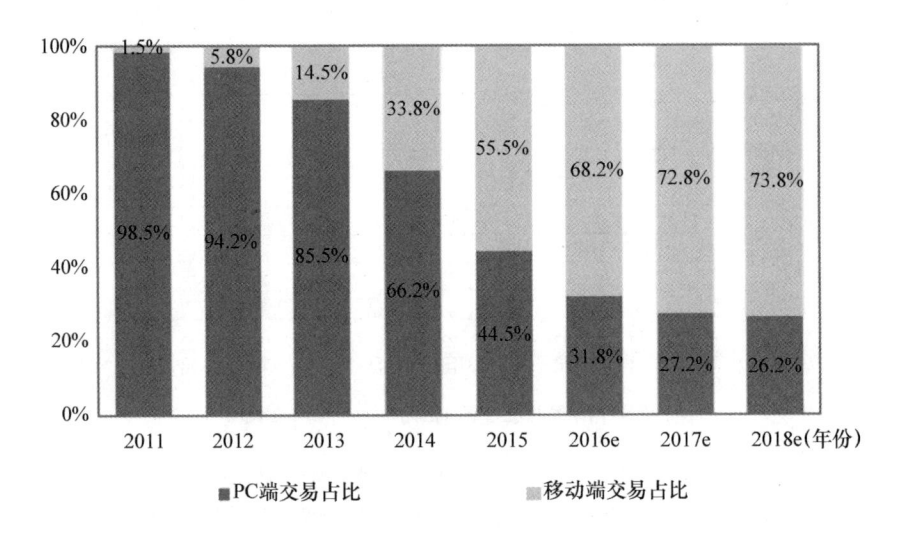

图 3-5 中国网购交易额 PC 端与移动端占比

跨境电商成为电子商务的新蓝海。2011—2015 年中国跨境电商交易规模年均增长高达 34.1%，2015 年达到 5.5 万亿元（见图 3-6）。跨境电商已经成为中国电子商务的新蓝海，也是大力培育外贸新增长点、拓展外贸新渠道的重要贸易方式。根据中国电子商务研究中心发布的《2015 年（上）中国电子商务

---

① 预测数据来自艾瑞咨询。

市场数据监测报告》显示，2015年上半年，中国跨境电商交易规模为2万亿元，同比增长42.8%，占我国进出口总值的17.3%。跨境电商具有巨大的市场空间，占进出口贸易总额比例将会不断提高。2016年，跨境电商交易规模已达6.8万亿元，占进出口贸易总额的比重将会达到19%。未来会有更多企业加入跨境电子商务行列，中国跨境电子商务规模和质量都会有大幅度提升，在国际市场的影响力会进一步增强。

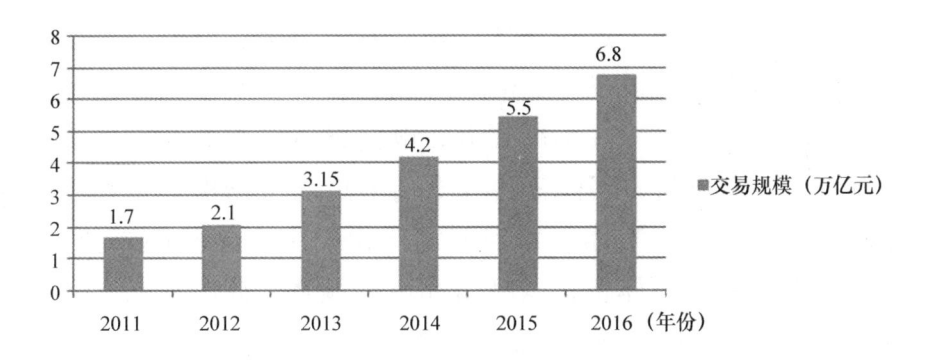

图3-6 2011—2016年中国跨境电商交易规模

从中国跨境电商的进出口结构来看，中国出口电商仍为跨境电商的主角，2015年上半年，中国跨境电商的进出口结构出口占比达到84.8%，进口比例15.2%。从交易模式来看，跨境电商B2B交易占比达到91.9%，跨境电商B2B交易占据绝对优势，跨境电商B2C交易占比8.1%。B2C模式下订单趋向碎片化和小额化，但需求强劲，未来几年B2C占比也将会逐步提升。《购物无边界》的报告指出，2015年，跨境零售电商占中国网络购物交易总额（包括B2C和C2C）的比例已经超过3%，2018年达到7%。

6. 实体商业发展面临新契机

网络购物增速放缓。至2015年，中国网络购物市场交易额达到3.8万亿元，占社会消费品零售总额比重达到12.6%。未来中国这一比例将会继续提升，肯定会超过美国、欧盟等发达国家和地区。但应该认识到，网购商品质量和服务日益暴露出一系列问题，较差的体验、物流瓶颈等因素也将制约网络购物的增长，目前电子商务的爆发式成长时代已经结束，网络购物交易额增长速度已开始逐步放缓。2016年，虽然网络零售占社会消费品零售总额比重继续增加，但整体增速仍然持续走低，由2015年的33.3%下降为2016年的26.2%，"双十一"网购的增长势头也出现了放缓迹象。现在看来，电子商务的价格优势正在逐渐丧失，很多企业的线下和线上价格趋于一致，而电子商务的获客成本却在不断提升，电商渠道原有的获客优势也被削弱。此消彼长，实体零售和电商零售的市场份额正在趋于平衡。与此同时，实体零售商普遍认识到用户体验的重要性，开始努力提升用户体验，以吸引和留住顾客。此消彼长，实体零售和电商零售的竞争正在趋于平衡。

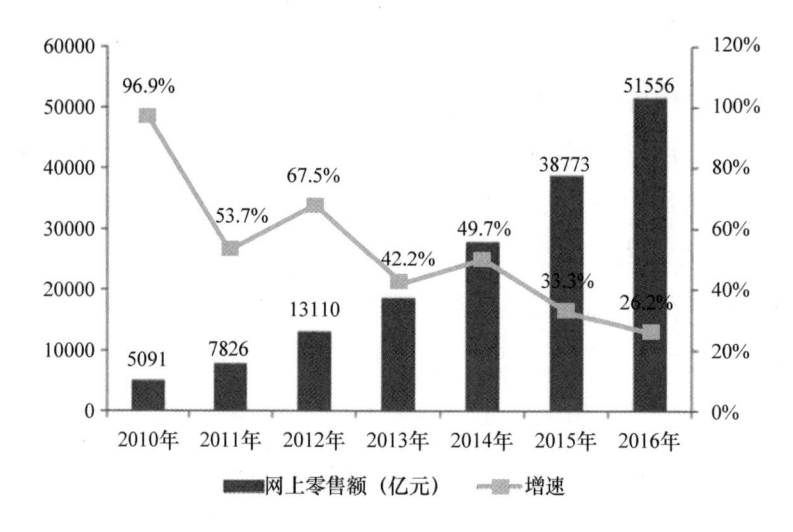

图3-7 2010—2016年网络零售交易额增长情况
数据来源：国家统计局、中国互联网络信息中心。

实体商业开始回暖。与网络购物增速放缓形成鲜明对照，实体零售发展呈现良好态势。据商务部重点流通企业监测数据，2017年商务部重点监测的2700家典型零售企业销售额同比增长4.6%，增速较上年同期加快3个百分点，专卖店、专业店、超市和百货店销售额增速分别为8.3%、6.2%、3.8%和2.4%，较上年同期分别加快6.6、3.3、1.9和2.7个百分点。网购对实体商业的冲击正逐步减轻，而且线上零售更加积极地拥抱线下实体，实体零售面临新的发展契机。近年来电商开始大规模转向线下实体商业，实体零售转型升级步伐加快，特别是新零售概念提出之后，品牌体验店、无人商业、生鲜超市、快时尚餐饮、连锁小吃等新的零售业态开始大量涌现。另外，零售企业推进渠道下沉，加快向中小城市、新型城镇和农村市场推进渠道扩张。如京东推行"京东超市百城行"活动，苏宁计划在农村开设1000家苏宁易购直销店。这都表明国内实体零售最艰难的时期已经过去，实体商业回暖已成事实。其实，实体零售具有电商无法比拟的优势，例如，美国、日本等国家的电子商务也比较发达，但零售实体店仍然大量存在，凭借良好的服务和品牌效应吸引顾客。再以国内专业批发市场为例，电子商务节省了流通的中间环节，专业批发市场虽然受到了一定的影响，但目前来看影响相对较小，而传统零售店铺或卖场遭到的冲击要大得多。这是因为电商也需要货源的支撑，而货源的支撑很大一部分就来自批发市场。以广州市的服装批发市场为例，益民服装城是广州较为著名的一个服装批发市场，共有3000多个商铺，其中拥有品牌的厂家的店铺，占到了全部商铺的80%以上。受电子商务冲击、其他地区竞争以及消费者偏好变化的影响，从2013年开始，益民服装城的交易额开始显著下降；而2018年经营情况则明显好转，目前出租率较高，商铺空置率仅5%左右。专业批发市场具有较强的货物集散功能，在促进商品流通方面仍然发挥着难以替代的作用。据了解，经营情况好转的一个重要原因是，现在服装城的商户越来越注重品牌培育，开发能力增强，使得服装档次明显提高，而以前很多商户并不重视品牌培育。可见，未来实体零售仍然拥有很大的发展空间，发展的关键在于找到适合自己发展的路子，加快转型升级，在此基础上不断提升服务品质。

城市综合体发展前景看好。与此同时，大型购物中心或城市综合体成为近年来实体商业发展的又一亮点。各种不同定位的城市综合体在一、二线大城市应运而生，起到了引领新时代消费升级、消费方式转型的作用。从传统百货店到大型购物中心，消费不再表现为简单的"商品售卖"，体验式消费已成为现在的主流方式，购物与餐饮、休闲娱乐、文化旅游、儿童亲子等体验业态融为一体。城市综合体更多地成为生活方式的载体，表现出了良好的发展前景。例如，近年来广州市正佳广场大力发展体验业态，促进商旅文融合发展，它不仅是一个大型购物中心，还是一个国家4A级旅游景区，目前正在推进广正街、自然科学博物馆、正佳极地海洋世界、正佳雨林生态植物园"三馆一街"建设，努力从"购物中心"向"旅游目的地"转型。正佳广场保持了很旺的人气，工作日每天有十二三万的客流，周末休息日每天的客流能达到20万。目前，商业地产业界依然看好城市综合体的发展前景，不断出现大型投资项目。例如徐家汇国贸中心项目，该项目投资400亿港元，成为新鸿基集团有史以来最大的投资。徐家汇国贸中心位于徐汇区商圈核心地段，是集高端商场、优质写字楼及豪华酒店于一身的大型城市综合体项目，其ITC商场将成为上海体量最大的世界级一站式购物场所，建成营业后有望刷新上海购物中心的客流量纪录。

7. 跨界与融合催生新经济、新产业、新业态

互联网与传统产业加速融合。近年来随着信息技术进步，

产业发展呈现出跨界与融合的态势，产业之间、企业之间的界限越来越模糊，催生新经济和新业态。首先，随着"互联网+"深入推进，平台经济、分享经济、协同经济、体验经济等新经济快速发展，极大提升了商贸流通效率，形成更广泛的以互联网为基础设施和创新要素的经济社会发展新形态。其次，互联网与传统商贸业相融合，催生了各种新兴商贸业态。例如，出现了各种网购平台，以及大量的网店、移动商店、社交商店、微店等，推动了我国网购市场高速发展。又如，互联网与会展相融合，推动线上数字会展蓬勃发展，突破了传统实体会展的时间和地域限制，并形成线上线下互动的会展新模式。另外，互联网正在向金融、娱乐、通信、教育、医疗等产业领域渗透，互联网金融、互联网娱乐、互联网电视、互联网教育、互联网医疗等跨界产品不断涌现，互联网企业的边界变得更加模糊。例如，从2012年进入电商领域起，顺丰就已不再是单纯的物流企业，目前顺丰的业务范围涉及物流、电子商务、实体零售、金融，已很难把顺丰归入哪一个行业。

产业跨界融合发展的趋势明显。产业跨界融合发展的一个典型代表是会奖旅游，即会展业与旅游业融合发展。近年来会展业越来越表现出与关联产业融合发展的趋势，形成了互动共赢局面，有效拉动了住宿餐饮、交通运输、批发零售、旅游、广告等相关产业的发展，显示出较强的拉动效应。国际会展业中流传着一句话，"如果一个城市召开一个国际会议，就好比有一架飞机在城市上空撒美元"。2010年，上海世博会共接待游客7308万人次，仅门票收入就达73.55亿元。2011年，西安世园会举办期间共接待参观者1572万人次，拉动当年西安市接待国内外游客增长44.5%。2014年，广州市举办的会展活动共接待外地人员788.8万人次，全年会展业拉动旅游消费241.22亿元，拉动旅游外汇收入15.26亿美元。产业跨界融合的另一个典型代表是旅游产业。随着我国旅游产业的快速发展，旅游产业与其他产业的融合趋势日益明显，文化产业、房地产业、农业、工业等融入旅游产业的发展进程，形成了文化旅游、景观房产、农业旅游、工业旅游等新型产业形态。最后，商贸业内部不同业态之间跨界趋势更加明显，单一购物功能的商业业态快速向融购物、餐饮、文化、娱乐等功能为一体的商业综合体业态转变。

互联网金融热度持续攀升。互联网金融不仅改变了人们的支付习惯，使日常支付更加方便快捷，而且还改变了人们的理财方式，对传统金融业产生了很大的冲击。2014年2月支付宝推出余额宝，引发互联网金融热潮，腾讯、百度等互联网巨头纷纷加入战局，蚂蚁微贷、P2P网贷平台、众筹等平台悉数登场，互联网金融呈现出多种模式蓬勃发展的局面。目前互联网金融正在覆盖生活、消费场景的各个方面，未来可能会对传统金融产生颠覆性的影响，其影响的深度和广度可能超出人们的想象。马化腾曾预测，"未来五到十年现金和信用卡会消失一半"，"二十年内，银行或者是大部分的银行营业网点的前台将消失，后台也将消失，保留中台（即服务，因为服务的核心是中台），前后都可以外包出去"。

近几年，大数据的运用与互联网金融的出现，加快了供应链金融产品的创新速度，发展线上供应链金融成为不可阻挡的时代潮流。不同电商时代的金融创新方向是不同的，B2C时代是第三方网络支付、网上银行服务，而B2B时代则是线上供应链金融。早在2009年，平安银行就推出了线上供应链金融，目前产品已经涵盖预付融资、现货线上融资、核心企业协同、增值信息服务、反向保理、电子仓单质押线上融资等多种业务。此后，浦发银行、招商银行、平安银行等都推出了自己的在线供应链金融产品。目前线上供应链金融的解决方案提供者已不局限于商业银行，信托公司、电商平台、第三方支付公司、P2P平台、供应链专业化服务公司均纷纷参与到供应链金融业务当中，结合自身业务特性和行业优势，在不同业务场景下为各行业提供线上的供应链金融解决方案。随之诞生出电商供应链融资、P2P＋供应链融资、大宗商品供应链融资等多种业态，甚至少数行业龙头开始主动打造在线供应链融资平台。在"互联网＋供应链金融"的推动下，2015年我国供应链金融市场规模已超10万亿元，预计到2020年可以达到约15万亿元，在线供应链金融具有极大的发展空间。

8. 消费在商贸领域中的地位越来越重要

消费对经济增长的贡献稳步提升。从我国的情况看，经济增长动力将逐步从投资切换到消费，今后消费对经济增长的贡献将越来越大。2005—2015年中国社会消费品零售总额稳步增长，年均增长速度达15.6%（见图3-8）。2008年以来，虽然增速趋于下降，但各年增速都保持在10%以上。在我国经济下行压力增大的形势下，内贸发展对稳增长意义重大。2010年以来最终消费对经济增长拉动作用稳步增强，对GDP的贡献率从2008年的48.5%稳步提升至2014年的50.6%（见图3-9）。随着经济发展水平和居民收入水平的不断提高，我国进入新一轮消费升级阶段，居民的消费能级正从日常生活消费品向个性化、多样化、高端化、服务性消费等更高层次跨越。新常态下我国经济增长动力将逐步从投资切换到消费，可以预计今后消费对经济增长的贡献将越来越大。而且航空、高铁等交通方式快速进步，使得跨境消费越来越普遍，个体的活动地理范围会越来越大，跨地区以及跨境消费的人会越来越多，从而促进了消费全球化。在这样的背景下，吸引境外消费也成为促进经济增长的一条重要途径。然而我国现阶段低端同质商品和服务供给相对过剩，改善型、享受型商品和服务的有效供给却明显不足，导致大量中高端和新兴服务消费外流，出现了较大规模的出境游、境外购物等消费输出现象。未来提升消费服务供给品质吸引境外消费回流，对于深化供给侧结构性改革、促进增长动能转换、参与全球消费市场竞争具有重要的意义，是今后我国消费服务业发展和努力的重要方向。

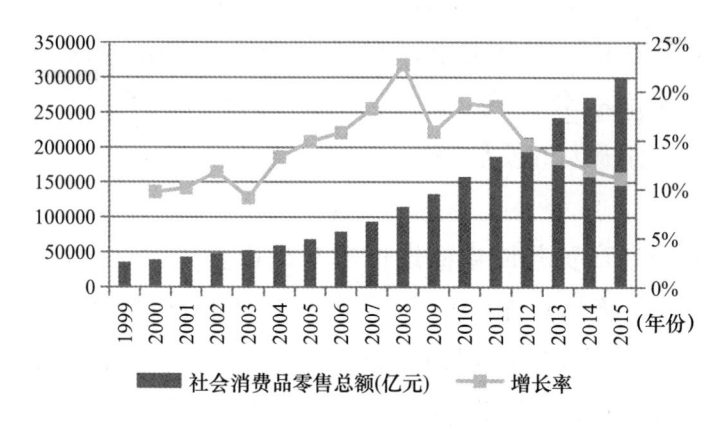

图 3-8　中国社会消费品零售总额

图 3-9　消费对中国经济的贡献率

消费者体验越来越得到重视。《哈佛商业评论》曾刊文提出："体验经济时代已经来临，体验经济将取代服务经济，企业应以服务为舞台，以商品为道具，以消费者为中心，创造能够使消费者参与，值得消费者回忆的活动。"[①] 体验经济可以认为就是一种变被动为主动，变主动为互动的新型经济形态。相对

---

① 作者是美国学者 B. Joseph Pine II 和 James H. Gilmare，"Welcome to the Experience Economy"，1998 年。

于产品经济和服务经济,体验经济更强调顾客的参与和亲身体验,通过体验而获得美妙而深刻的印象,并达到自我提升的高层境界。现今时代,消费越来越个性化,仅仅是保证质量、优质服务这些传统意义上的元素,已经不能满足消费者的需求。商业活动如果离开了体验这个中心环节,消费者的潜在需求则无法激发,深度需求也无法满足。只有注重用户体验的产品才能受到消费者的青睐,企业才能在激烈的竞争中立于不败之地。实际上,许多成功企业都在践行体验经济的理念和智慧。美国戴尔公司提出了"顾客体验:把握它","在我们服务的市场传递最佳顾客体验"。微软公司在2001年专门推出了以强调客户体验来命名的新产品WindowsXP。惠普公司更是在"客户体验"的基础上提出了"整体客户体验",其核心便是"让用户成功",使他们享受到"自我实现"境界的最高审美体验。一个企业不能仅仅停留在满足用户需求的基础上,还要让消费者有全新的用户体验,这才是企业的成功之道。

(二) 未来展望

结合上述国内外商贸领域出现的新趋势、新动向,对未来商贸业发展前景进行简要的分析展望,并据此预测国际商贸中心可能出现的功能变化。

第一,未来全球货物贸易将延续低速增长趋势,甚至有可能长期低迷。在这样的背景下,国际商贸中心的货物贸易枢纽功能将会减弱。从我国的情况看,国内贸易增长主要受国内因素影响,抗外部冲击的能力要明显强于对外贸易,未来国内贸易的表现会好于对外贸易。

第二,未来服务贸易的表现要好于货物贸易,并将继续向知识和技术密集化方向发展。与发达国家相比,中国服务贸易存在较大发展差距,未来的发展潜力较大。国际商贸中心作为现代服务业的聚集地，服务贸易中心功能将变得更加重要。

第三，随着物联网、大数据、云计算、人工智能、虚拟现实和区块链等技术的发展和应用，商贸流通业将继续向网络化、数字化、虚拟化、智慧化方向发展，国际商贸中心的网络枢纽功能也将随之加强。

第四，商业模式创新还将继续快速发展，推动物流、信息流、资金流的流通效率不断提高，客户体验会变得越来越好。国际商贸中心城市一般是商贸创新的策源地，未来商贸新业态新模式将在城市中大量涌现，传统商贸业会面临巨大的转型升级压力。

第五，未来电子商务仍将保持较高的增长速度，网络购物占社会消费品零售总额的比重还会稳步提高，但电子商务的爆发式成长时代已经过去。未来纯电商难以具备竞争优势，线上与线下必将紧密地结合在一起。在外贸领域，跨境电商将继续保持快速增长态势，仍是拓展对外贸易的重要渠道。

第六，随着网络购物交易额增速放缓，以及电商大规模转向线下实体商业，实体商业开始逐步回暖，不仅品牌体验店、无人商业、生鲜超市、快时尚餐饮等新的零售业态发展看好，城市商业综合体也表现出了良好的发展前景。要提升国际商贸中心的辐射影响力，促进实体商业高质量发展是重中之重。

第七，跨界融合发展是大势所趋，未来商贸业跨界融合的深度和广度将不断拓展，不仅包括商贸业与其他产业的跨界融合，还包括商贸业内部不同行业、不同业态之间的跨界融合。商旅文融合发展趋势更加明显，零售业态将向融购物、餐饮、文化、娱乐等功能为一体的商业综合体业态转变。从城市层面看，国际商贸中心的功能将更加丰富、更加综合。

第八，消费基本上属于内贸范畴。从我国情况看，面对全球贸易不景气的客观条件，消费对稳增长意义重大。可以预见，未来消费对经济增长的贡献将会越来越大,同时在消费升级的背景下,消费者越来越重视自身体验,这就要求国际商贸中心必须强化消费功能,全方位地提升消费者体验。

四 国际商贸中心的案例分析

(一) 国际商贸中心与全球城市

一般来说,知名全球城市都是国际商贸中心。然而,二者之间究竟存在什么样的关系,目前还没有相关研究对此做过深入和清晰的分析阐释。全球城市研究的代表作《全球城市:纽约、伦敦、东京》,主要关注的是生产服务业,即金融业以及法律、会计、广告、管理咨询等专业服务业,几乎忽视了商贸业。权威的全球城市研究机构 GaWC,使用会计、金融、广告、法律、管理咨询企业总部与分支机构的数据,对全球城市进行评级和排名,也没有考虑商贸业。现有的全球城市研究没有给予商贸业足够的重视,是否意味着商贸功能真的不重要,还是重要性已经降低到了没必要进行深入分析的程度?本部分采用案例分析方法,对全球城市的商贸功能特征、商贸功能之于全球城市的重要性,以及强大的商贸功能是不是全球城市形成的必要条件等问题进行研究,以厘清全球城市建设与国际商贸中心建设之间的关系。

根据全球化与世界级城市研究小组(Globalization and World Cities Study Group and Network,GaWC)公布的 2018 年全球城市分级排名,伦敦、纽约入围特级全球城市(Alpah + +);新加坡、东京、迪拜、上海等城市入围一线强全球城市(Alpah +);米兰、芝加哥等城市入围一线全球城市(Alpah)。其中,广州于2016年首次入围一线弱全球城市（Alpah-），位居全球第40位，2018年位次未变。本部分选取伦敦、新加坡、东京、迪拜、上海、米兰、芝加哥七个入围Alpah级的全球城市作为案例分析对象，分析国际贸易、国际消费、国际会展、国际航运物流等核心商贸功能的发展现状，评价城市发展中商贸业所起的作用，并对不同城市商贸功能差异和形成机理进行初步的分析，进而总结全球城市商贸功能发展的经验启示，为广州增强国际商贸中心功能，建设引领型全球城市提供启示。新的形势下，广州面临着如何巩固与提升"千年商都"地位的严峻挑战，同时正在致力于建设中国特色社会主义引领型全球城市。本部分把商贸发展与全球城市建设有机结合在一起，聚焦全球城市的商贸功能，这种研究视角更加契合广州城市发展实际，所得的研究结论也更具决策服务价值。

（二）典型城市案例

1. 伦敦

伦敦被公认为国际化程度最高的世界级城市，在GaWC2018年全球城市分级排名中入围特级全球城市（Alpah++），位居首位。伦敦是英国的首都，是英国的政治、经济、文化中心和交通枢纽。伦敦是欧洲第一大城以及第一大港，是欧洲最大的经济中心，也是世界最重要的经济中心之一。伦敦位于英格兰东南部，由"伦敦市"和32个自治市组成"大伦敦"，面积1605平方公里，是欧洲最大的都会区之一。作为综合性全球城市，伦敦是世界知名的国际金融保险中心、国际贸易中心、国际航运中心、全球创意产业中心、国际消费中心。

（1）国际消费中心

伦敦是知名的国际消费中心。伦敦拥有多个全球知名的商圈，如牛津街、邦德街、摄政街等商业街区。从高纬环球发布的2016—2017年全球主要商业街租金情况来看，伦敦新邦德街（New Bond Street）年租金1283美元/平方英尺，位居全球前列。国际知名品牌云集，根据知名咨询公司仲量联行2016年5月发布的"2016年全球跨境奢侈品零售商吸引力指数"显示，伦敦位居首位，成为全球最受奢侈品零售商青睐的城市。

伦敦是享誉全球的国际旅游目的地，拥有伦敦塔、威斯敏斯特宫等世界著名的文物古迹，拥有大英博物馆、维多利亚与阿尔伯特博物馆等历史悠久的博物馆，以及音乐歌舞秀、各类剧场、音乐会、新兴朋克艺术等多元文化元素。伦敦时装周是国际四大著名时装周之一，成为世界时装设计和消费的"晴雨表"，引领着全球时尚。诸多有利因素使伦敦成为吸引全球消费者的旅游目的地。根据世界旅游组织（UNWTO）发布的"全球入境旅游城市20强排名"数据显示，2016年伦敦接待入境旅客规模达到1869万人次，旅游收入193亿美元，两项指标均位列全球入境旅游城市首位，入境旅客人均花费达1032.6美元。

（2）国际航运中心

作为欧洲第一大港的伦敦，在18世纪就已经是当时众多世界大港的成员之一。到19世纪，伦敦更是一跃成为首屈一指的世界航运中心。伦敦依托其发达的航运市场，形成具有全球影响力的高端航运服务业，具备全球航运资源配置能力以及主导全球航运"话语权"，促使其在国际航运激烈的竞争中，依然保持着强有力的垄断地位。伦敦是国际航运信息枢纽，作为世界海运专业媒体最为集中的地方，伦敦拥有著名的国际航运权威机构、造船业机构、国际海事机构等，这些国际机构发布的行业研究报告和相应的行业数据，如《劳氏航运经济学家》《国际集装箱化年鉴》等，都成为全球的航运交易与市场运行的"晴雨表"。伦敦是国际上最大的租船市场，成交量占世界1/3。伦敦是航运融资及海上保险中心。航运保险市场很发达，有劳埃德保险社等世界著名的海上保险机构。伦敦的船舶贷款总额及船舶保险费收入约占世界总量的1/5。伦敦拥有悠久历史的波罗的海航运交易所,时至今日仍保持着旺盛的生命力,在国际航运市场中占据着重要地位。交易所定期公布的BFI波罗的海海运费率和"统一杂货租船合同",更是世界各地市场制定运价的依据和国际租船合同的标准形式。波罗的海航运交易所拥有众多公司,这些公司所经营的干散货运输业务占世界相关总量的3/4。伦敦完成了世界50%的油轮运输量和30%—40%的干散货运输的洽谈合同。伦敦是世界国际海事法律服务中心,在解决海事纠纷方面,其法律的应用比世界上任何一个国家的法律都要广泛,伦敦成为很多国际海事机构的官方和非官方集聚地,联合国更是把其唯一下属的海事机构总部设在伦敦。世界上最大的国际航运经纪人公司也设在伦敦。根据"2017新华·波罗的海国际航运中心发展指数"发布的国际航运中心综合评价结果显示,伦敦国际航运中心综合实力位居全球第二位。

(3) 国际商务服务中心

作为世界级的专业服务和商业服务的中心,伦敦在咨询、法律、会计等生产性服务业方面高度发达。伦敦无论是在公私联营、私人财富管理和养老金改革,还是在审计、税收咨询、公司理财和破产管理等方面都走在世界的前列,仅在2007年,伦敦在会计相关服务方面的贸易顺差就有1亿多英镑。[①] 同时,伦敦也是世界两大国际法律服务中心之一,世界著名的律师事务所都会优先在伦敦设置总部,其每年处理的案宗多达1万多件。不仅如此,伦敦也是全球三大广告产业中心之一,全球2/3的国际广告公司在欧洲设置总部时,都会优先选择伦敦。

2. 东京

东京作为全球城市的典型代表,在2018年GaWC全球城市

---

① 梁曦:《伦敦和纽约国际金融中心对北京金融街的启示》,《经济研究导刊》2013年第12期,第69—71页。

分级排名中位居第 7 位，入围 Alpah + 级全球城市。东京位于日本本州岛关东平原（Kanto plain）南端，又称为东京都区部，面积约为 2163 平方公里。东京是日本政治、经济、文化中心，根据 2016 年世界银行公布的 GDP 数据，东京以 9473 亿美元的总量赶超美国纽约，一举成为世界经济总量最大国际大都市。2016 年东京人口 1350 万，东京都市圈总人口 3700 万，是日本最大的工业城市群和最大的国际金融中心、交通中心、商贸中心和消费中心。

（1）国际消费中心

东京是著名的国际旅游消费中心。根据世界旅游组织（UNWTO）发布的"全球入境旅游城市 20 强排名"数据显示，2016 年东京接待入境旅客规模 538 万人次，位列全球入境旅游城市第 19 位，旅游收入 74 亿美元，入境旅客人均花费 1375.5 美元，人均消费水平略低于纽约，高于伦敦、巴黎等城市。东京拥有丰富的旅游资源，著名景点如日本皇宫、东京塔、迪士尼公园、彩虹大桥等，还有一些著名博物馆，如江户东京博物馆、国立科学博物馆、国立西洋美术馆等。东京传统文化氛围浓厚，日本民族特色的文化元素众多，如茶道、花道、和服、空手道、能剧等，此外还有动漫文化等新生代文化。兼顾传统文化与现代新兴文化，配套完善的交通和住宿条件，免征消费税等优惠政策，便利的购物环境，使东京成为具有强大竞争力的国际旅游消费城市。免税制度是东京国际消费中心吸引外国旅客消费的重要举措。与欧美国家不同，日本退税并不是在机场办理，而是在每次购物完成后在该商场内的退税专柜办理，或在付款时出示护照，便可以享受商品税前价格。日本的消费税免税制度将免税对象商品分为两类，一类是家电产品和服装等"一般物品"，另一类是化妆品和食品等"消耗品"，外国游客每次购物须同类商品超过 5000 日元，方可享受免除消费税待遇。近两年来，日本外国游客的人均消费额处于递减状态，日本政府从

2018年7月1日起，进一步放宽以外国旅客为对象的免税政策，取消分为两类的做法，改为无论什么商品，只要一次购物金额总数超过5000日元，就可以享受免税待遇，旨在通过出台新的免税政策来刺激外国游客消费。

能在一定活动范围内满足众多消费者多样化需求，是国际消费中心的一个特点。战后，随着全球经济的复苏，东京的经济和人口也在不断增长，东京大都市圈开始形成，城市结构由单中心向多中心发展，西部郊外和多摩地区住宅大规模建设使城市人口中心向西部转移，城市铁路系统不断完善，使城市居民的活动半径加大。依托便捷的交通区位条件，沿线的池袋、新宿、涩谷等副都心地区商业日益繁荣，成为城市新的商业中心区。山手环线沿线的上野、六本木等地区新建大型商业设施，商业氛围日益浓厚，逐渐发展成商业中心区。目前，东京都商业空间分布以皇宫为中心，以山手环线为连接线，串联起银座、涩谷、新宿、池袋、秋叶原、六本木等城市主要商圈，形成了各具特色、错位发展的多中心城市商业空间格局，满足了消费者多样化的消费需求，为东京跃升为国际消费中心奠定了基础。作为东京最著名商业区的银座，与巴黎香榭丽舍大街、纽约第五大道齐名。根据高纬环球《2016—2017全球主要商业街租金报告》数据显示，银座商圈年租金为1249.1美元，租金水平在全球主要商业街租金排名第五。银座商圈以高级购物商店而闻名，商圈汇聚了三越、松坂、松屋、和光等大型百货公司，汇聚了CHANEL、Louis Vuitton、Gucci、Coach、Tiffany等众多国际一线品牌旗舰店，以及优衣库、Gap、H&M等时尚品牌旗舰店，还保留有许多传统老店，如以出售纸工艺品为代表的鸠居堂、经营各式文具及纪念品的伊东屋等，多达500多家的品牌专卖店和1600多家的酒吧、舞厅、夜总会，数量众多的画廊和各类影院，为多样化的消费需求提供了保障。东京还是国际知名品牌青睐的目的地城市，根据知名咨询公司仲量联行2016年

5月发布的"2016年全球跨境奢侈品零售商吸引力指数"显示，东京位居第四，入围全球奢侈品零售商目的地城市前10名。

（2）国际贸易中心

日本有很多大企业和财团都优先在东京这个日本最大的制造业中心和国际贸易中心设置总部。在东京，许多商品的进出口贸易额超全国比重的一半，甚至有些商品的这个比重高达90%。1990—2010年期间，东京的出口额和进口额同日本全国的国际货物贸易量相比较，始终保持在23%和27%上下，高峰时达30%。[①] 东京以极小的国土面积和12%左右的人口规模，创造了占日本25%的贸易额，充分彰显了东京作为日本国际商贸中心的地位。不仅如此，东京还拥有多个全球知名交易所，如日本东京国际金融期货交易所、日本东京工业品交易所等大宗商品或期货交易平台，对全球资源配置起着重要作用。

（3）国际会展之都

东京办展数量与面积均占据日本半壁江山。日本POP株式会社出版的《商品交易展览会总览》显示，东京办展数量约占日本全国办展总数（大约有600个）的55%，其展会面积占日本全国展览总面积（超过3000万平方米）的60%以上，也就是说东京每年办展数量在330个左右，展览总面积超过1800万平方米。从参展规模、参观人数、专业水平、业界影响看，主要国际性展会包括东京国际服装展览会、东京国际礼品展览会、东京国际食品饮料展、东京电玩展、东京车展等。东京拥有多个大型的会展场馆设施，展览面积20余万平方米，占全国展馆总面积的1/5，位居第一。东京的展览场地主要包括，以举办大型国际性展会为主的"东京国际会展中心"和"幕张国际会展中心"，这两个场馆同时也是日本最大的会展场馆；以举办中型展会及企业个展为主的池袋阳光城展馆、东京国际会议中心和

---

① 孙浩：《基于国际货物贸易发展视角的上海国际贸易中心建设研究》，《国际商务研究》2012年第6期，第13—21页。

"东京DOME"等。这些场馆的设施完善，展会运营、安保、清扫、电力、通信等各方面的服务非常到位，周边交通、酒店等各项设施便利。东京拥有日本最大的国际会议中心——东京国际会议中心，占地面积为2.7万平方米，建筑面积14.5万平方米，设有A、B、C、D共4个主会议厅，分别为5012席的剧场式大会堂、1502席的剧场式中会堂、1400平方米和340平方米的平地会议厅，以及600平方米的招待厅、34个会议室以及5000平方米的展厅、信息中心、地下停车场等。根据2016年ICCA国际会议统计数量，东京全年共举办国际会议95个，居日本首位。

日本展览面积排名前五位的城市如表4-1所示：

表4-1 日本展览面积排名前5位的城市

排名	城市	展览面积（平方米）	占比（%）
1	东京都	207776	19.5
2	大阪市	124447	11.7
3	千叶市	75752	7.1
4	名古屋市	73844	6.9
5	札幌市	41631	3.9

资料来源：张保罗：《日本展览业：突出重围》，《中国市场（会展财富）》2005年第8期，第48—51页。

3. 新加坡

新加坡也是全球城市的代表，在GaWC2018年全球城市分级排名中入围Alpah+级，全球城市排名从1999年的第10位跃升至第3位，在全球城市网络中的地位不断提升。新加坡是马来半岛南端的城市岛国，北隔柔佛海峡与马来西亚为邻，南隔新加坡海峡与印度尼西亚相望，毗邻马六甲海峡南口，国土面积719.1平方公里，2017年人口规模561.23万，地区生产总值

3239.07亿美元，经济以转口贸易、金融、航运为主。根据2018年的全球金融中心指数（GFCI）排名报告显示，新加坡是继纽约、伦敦、香港之后的第四大国际金融中心，也是亚洲地区重要的国际贸易和国际航运中心。

（1）国际消费旅游中心

新加坡是著名的国际旅游目的地。根据世界旅游组织（UNWTO）发布的"全球入境旅游城市20强排名"数据显示，2016年新加坡接待入境旅客规模达到1247万人次，仅次于巴黎，位列全球入境旅游城市第4位，旅游收入143亿美元，入境旅客人均花费1146.8美元，人均消费水平略高于伦敦、巴黎等城市。根据万事达卡和消费者付款解决方案Mastercard 2016年"全球目的地城市指数"（Global Destination Cities Index）报告显示，新加坡排名第六，其中休闲旅游是主要驱动力，休闲游占77.3%，商务游占22.7%。新加坡旅游景点众多。新加坡拥有世界上首个夜间野生动物园（Singapore Night Safar），还有鱼尾狮公园、圣安德烈教堂、新加坡美术馆（Singapore Art Museum）、滨海艺术中心、哈芝巷等知名景点。乌节路是新加坡最繁华的商业街。乌节路集聚了购物中心、百货店、专卖店、保龄球馆、电影院、酒店等商业设施，汇聚了ION ORCHARD购物中心、邵氏大厦、董氏大厦等知名商业建筑体，世界品牌云集，充满着时尚潮流气息，成为世界知名的商圈。根据高纬环球发布的2016—2017年全球主要商业街租金情况来看，乌节路年租金为328.3美元/平方英尺，略高于北京王府井的298.7美元/平方英尺。根据知名咨询公司仲量联行2016年5月发布的"2016年全球跨境奢侈品零售商吸引力指数"显示，新加坡和迪拜并列第7位，入围全球奢侈品零售商目的地城市前10名。

（2）国际贸易中心

新加坡是亚洲地区重要的国际贸易中心。从商品进出口总额来看，新加坡货物进出口总额规模较大，2016年规模达

8640.53亿美元，其中转口贸易占重要地位，占比达27.5%，体现了新加坡作为国际贸易中心的转口城市地位。新加坡在20世纪60年代，其出口总额中的转口贸易一度高达93.8%。[①] 直到20世纪80年代，新加坡才从贸易为主逐渐过渡到服务业为主。其服务贸易方面的业务增长很快，平均年增长率为9.5%，占新加坡全国GDP的1/3。这一转变让新加坡的制造业和服务业成为了经济增长的双引擎，以通信、金融、信息及技术等为代表的新兴服务业为主的政策导向，使新加坡成长为国际著名的航运中心和亚洲金融中心。

（3）国际航运中心

新加坡依托独特的马六甲海峡地理区位优势，良好的港口条件，开放的自由贸易政策，配备大型的机械设备及先进管理技术，高素质的人才，成为亚洲地区重要的国际航运中心。2017新华·波罗的海国际航运中心发展指数显示，新加坡国际航运中心综合实力位居全球首位，其港口发展规模、航运服务、物流和运输等方面指标评价表现突出。2017年新加坡港集装箱吞吐量3367万标箱，仅次于上海港，位居全球第二，成为亚太地区最重要的集装箱转运港。根据挪威Menon Economic发布的"世界领先海事之都"评价结果显示，新加坡在2012年、2015年、2017年三次位居榜首。新加坡建造的海上钻井平台及海工服务船分别占全球市场份额的70%和65%，是航运企业区域总部和航运高附加值产业综合服务商的集聚地。依托管理和技术优势，PSA成为著名全球码头运营商，2016年权益吞吐量5240万标箱列世界首位。结合石化产业优势，新加坡开辟了裕廊岛吸引大型炼化、制造企业入驻，并实现与航运服务的融合发展，使新加坡成为全球第一大海上加油港，2015年船舶燃料供油达到4520万吨。从20世纪90年代起，新加坡抓住世界产业、航

[①] 黄丙志：《新加坡国际贸易中心转型及其贸易发展与便利化政策研究》，《经济师》2011年第3期，第83—84页。

运向亚洲转移机遇,通过制定自由港政策、优惠航运融资政策和税收政策,使航运要素向新加坡集聚。得益于政策吸引力,新加坡运力规模虽然不大,但2016年注册运力规模达到1.27亿载重吨、8449万总吨,居世界第五位。波交所、Intercargo和Inmarsat在新加坡设立了办公室(新加坡交易所2016年8月22日以8700万英镑成功收购波罗的海航运交易所)、FASA、ASF和亚洲货主协会总部、BIMCO全球第三个仲裁地、Intertanko亚洲总部也设在新加坡。世界前20大国际班轮公司亚洲区域总部有12家在新加坡。Shipowners' P&I Club、经纪公司Clarksons、瑞士再保险公司、Rolls Royce、Howe Robinson等国际知名公司将航运业务或者区域总部设在新加坡。

4. 上海

上海在GaWC 2018年全球城市分级排名中位居第九位,从1999年的Gamma级城市跃升成为Alpah+级全球城市。随着中国经济的发展,上海在全球城市网络中地位大幅提升,成为新兴的全球城市代表。上海总面积6340平方公里,辖16个市辖区。2017年上海常住人口2418.33万人,地区生产总值30133.86亿元,中国城市第一位,亚洲城市第二位,仅次于日本东京。上海是中国直辖市,国家中心城市,国际经济、金融、贸易、航运、科技创新中心。上海市与安徽、江苏、浙江共同构成了长江三角洲城市群,是世界六大城市群之一。

(1)国际消费中心

2009年,上海在提出建设国际金融中心、国际航运中心基础上,提出建立国际贸易中心。上海社会商品零售额的体量全国领先。2017年上海实现社会消费品零售总额达11830.27亿元,总体规模位居全国第一。根据世邦魏理仕发布的报告,上海知名品牌集聚度超过90%,全球零售商集聚度达到54.4%,紧随伦敦、迪拜位列第三位,超过纽约、莫斯科、巴黎。众多国际高端品牌如路易威登、香奈儿、爱马仕等都在上海设置亚太地区总部。根据知名咨询公司仲量联行2016年5月发布的"2016年全球跨境奢侈品零售商吸引力指数"显示，上海紧随纽约、东京位居第六，超过新加坡、迪拜。同时，上海还是全国最大的进口消费品集散地，上海口岸的化妆品、葡萄酒和汽车进口额分别占到全国的53%、33%和48%。率先实施境外旅客购物离境退税政策。上海拥有80多个设计师和买手店品牌，全年时装发布秀达100多场，购物节、时装周等在国内外的影响力持续提升，上海已成为亚洲最时尚城市之一。

上海拥有具有全球影响力的标志性商圈，市级商业中心有陆家嘴—张杨路、南京东路、南京西路、淮海中路、新虹桥天山、徐家汇、四川北路、五角场和大宁等市级商业中心15个、区级商业中心30个、连锁商业网点1.7万家。210个城市商业综合体，总销售规模超过1500亿元，全年客流量21亿人次。上海已成为国内知名的国际旅游中心，拥有外滩、豫园、南京路、人民广场、静安寺、新天地、迪士尼乐园等旅游景点。上海国际旅客规模及旅游收入位居国内第一，2017年全年接待国际旅游入境者873.01万人次。其中，入境外国人671.21万人次，港、澳、台同胞201.80万人次，全年入境旅游外汇收入68.10亿美元。根据世界旅游组织（UNWTO）发布的"全球入境旅游城市20强排名"数据显示，上海排名第16位。

（2）国际贸易中心

上海的外贸在全国占有相当重要的地位。口岸进出口规模全国领先，2017年口岸货物进出口总额79211.40亿元，占全国的28.5%和全球的3.4%（2015年），超越香港、新加坡等国际贸易中心城市。区域辐射带动效应明显，外省市进出口约占上海口岸贸易额的2/3。2017年全年上海市货物进出口总额32237.82亿元，占全国的比重为11.6%。服务贸易快速发展，2015年上海服务贸易进出口额1967亿美元，占全国的27.6%和全球的

2.1%；技术进出口合同额、国际服务外包执行额分别是2010年的2.9倍和3.4倍。服务贸易在对外贸易中的比重达30.3%，比全国高14.9个百分点。大宗商品交易平台创新发展，全球资源配置能力不断提升。上海拥有亿元级以上平台32个，平台交易撮合、金融服务、价格发现等功能持续增强。大宗商品"上海价格"基本形成，钢铁价格指数、有色金属现货价格指数等被国际市场采纳，石油天然气、矿产、棉花等大宗商品国际交易中心相继成立，上海期货交易所成交量占全国期货市场1/3以上。2017年上海期货交易所总成交金额89.93万亿元，增长5.8%。中国金融期货交易所总成交金额24.59万亿元，增长35.0%。上海黄金交易所总成交金额9.76万亿元，增长11.9%。中国自由贸易试验区引领带动作用明显，2017年中国自由贸易试验区区内新注册企业累计超过5万户，全年实到外资、外贸进出口额占全市比重均超过40%。

（3）国际会展之都

《"十三五"时期上海国际贸易中心建设规划》明确提出到"十三五"期末上海基本建成"国际会展之都"，"国际会展之都"已成为上海城市功能定位之一。近年来，上海展览硬件水平、办展规模等已跃居世界各大城市前列，呈现出国际化、专业化、市场化、品牌化趋势。2017年上海全年举办各类展览会项目1020个，总展出面积1769.86万平方米，居全球主要会展城市之首。大型展览数量全国第一。2017年，上海共举办规模10万平方米以上展会36个，面积676万平方米，分别占全国的32%和34%。展览国际化程度高。2017年，国际展览会项目293个，展出面积1329.16万平方米，分别占全市的28.7%和75.1%，单个国际展举办规模达4.54万平方米。上海拥有国际展览业协会（UFI）认证的展览项目26个，是国内获得UFI认证最多的城市。品牌展会数量领先，2017年上海有13个展会入选《进出口经理人》杂志发布的"世界商业展100强"，成为全球举办大型国际商展最多的城市。会展业对于资金流、人流、物流的集聚效应明显，产业关联性大，据统计，2017年上海展览业直接带动相关产业收入超过1200亿元，会展业发展已成为上海国际贸易中心建设的"前端"和"龙头"。

（4）国际航运中心

1996年，上海首次提出建设国际航运中心。经过20多年的发展，伴随着全球经济深度调整和海运贸易格局深刻变化，上海国际航运中心以后发优势实现了跨越式发展。根据"2017新华·波罗的海国际航运中心发展指数"显示，2017年全球综合实力前10位国际航运中心，上海排名从2016年第六位跃升至第五位。航运设施建设方面，目前上海港港口硬件设施已经达到国际水平，跻身现代化的集装箱码头行列，上海港与全球214个国家和地区的500多个港口建立了集装箱货物贸易往来，国际班轮航线遍及全球各主要航区。[①] 2017年上海港口货物吞吐量达到75050.79万吨，集装箱吞吐量4023.31万标箱，集装箱国际中转比例为7.7%，上海港货物吞吐量以及集装箱吞吐量均位居世界第一。航空枢纽建设也是国际航运中心的重要组成部分。上海全力打造亚太门户复合航空枢纽，上海浦东、虹桥两大国际机场2017年共起降航班76.04万架次，进出港旅客达到11188.52万人次。其中，国际及地区航线进出港旅客3794.34万人次，上海成为全球第五座航空旅客吞吐量过亿的城市。航运服务发展方面，上海航运融资、航运保险、航运金融衍生品等业务规模均居全国前列。目前，在上海经营国际海上运输及其辅助业的外商代表机构达到约250家，约1500家国际海上运输及辅助经营单位在上海从事经营活动，中远海运集团等大型航运公司总部，马士基、地中海、中远海运等全球排名前20位的班轮公司入驻，全球九大船级社均在沪开设了分支机构，20

[①] 马子雨、黄琨：《上海国际航运中心的建设与发展》，《现代企业》2017年第1期，第9—10页。

多家国内外知名航运经纪公司在上海注册运营。上海已成为全国注册登记货代企业数量最多、业务最集中的地区。航运保险保单数据量达到5600万余单，统计主体的船舶险保费和货运险保费分别占全国市场份额的85%和70%。此外，以"上海航运指数"为基础的"上海价格"正在全球航运市场逐步形成。上海航交所推出的航运类指数包括中国出口集装箱运价指数、上海出口集装箱运价指数、远东干散货指数、"一带一路"航贸指数等，已覆盖集装箱、干散货、油轮、买卖船、"一带一路"、船员薪酬、航运企业景气度等各大航运相关细分市场领域，成为航运市场的"晴雨表"和"风向标"。①

（5）新零售之都

上海商贸创新走在全国前列，消费新业态新模式不断涌现。根据最新发布的《2018中国新零售之城报告》从"政府扶持指数""商业渗透指数""商业发达指数""消费者参与指数"四个维度对重点城市评分结果显示，上海新零售指数综合评分居榜首，并在"政府扶持指数"和"商业渗透指数"上领跑全国，成为"新零售之城"。近年来，上海电子商务蓬勃发展。2017年，上海无店铺零售额1814.29亿元，网上商店零售额1437.49亿元，占社会消费品零售总额的比重为12.2%。电子商务交易额24263.60亿元，比上年增长21.0%。其中，B2B交易额16923.40亿元，增长17.2%，占电子商务交易额的69.7%；网络购物交易额7340.20亿元，增长31.0%，占30.3%。上海社会商品零售额体量全国领先，零售业业态多样化特征突出，上海支持创业转型与技术升级，消费者也热衷于尝试新业态，在诸多因素共同作用下，上海已成为新型商业模式的桥头堡。2017年，共有226个在行业内较有代表性的品牌将它们的"第一家"落户上海，上海已成为诸多企业新业态的试验田。目前在上海与阿

---

① 张晓鸣：《"上海价格"正在成为全球航运市场风向标》，《文汇报》2017年11月29日第1版。

里巴巴开展"新零售"合作后落地的智慧门店 5183 家,总量全国第一。

5. 迪拜

迪拜位于中东波斯湾东南,是迪拜酋长国的首都,其面积为 3980 平方公里,2018 年人口规模为 305.21 万人,是阿拉伯联合酋长国人口最多的城市;经济以旅游业、航空业、房地产和金融服务等服务业为主,已成为中东地区的经济中心、金融中心、国际旅客和货物主要运输枢纽。根据 GaWC 2018 年全球城市分级排名显示,迪拜位居第八位,入围 Alpah + 级全球城市。

(1) 国际航运中心

迪拜位于阿拉伯半岛东部,其地理区位具有重要的战略优势。迪拜充分发挥其连接亚洲、非洲与欧洲之间海运联络重要支点作用,大力推进港口、航空等大型基础设施建设,设立了杰贝阿里自由区、迪拜机场自由区等自由贸易区,实施自由宽松的贸易及外资投资政策,大力吸引世界各国投资实业或经商,不断增强在国际贸易体系中的战略地位,逐步发展成为世界重要的贸易周转中心和国际航运中心,由区域性中心城市向世界性中心城市发展的趋势日趋明显。"2017 新华·波罗的海国际航运中心发展指数"显示,迪拜凭借自贸区的创新驱动效应,国际航运中心综合实力排名实现了战略性提升,从 2016 年的第 8 位跃升至 2017 年的第 6 位。2016 年迪拜货物进出口总额 3493 亿美元。一方面,迪拜不断加强航空航运基础设施建设,目前迪拜港口已经开通了多达 100 条以上的大规模集装箱航线,而且是国际港口中科技运用的领跑者,其装卸货速度皆位居世界港务业前列,[①] 2016 年港口集装箱吞吐量为 1559.2 万标箱。迪

---

① 贾宏敏、车效梅:《浅析迪拜城市转型及对我启示》,《亚非纵横》2014 年第 1 期,第 109—120、123、126 页。

拜已是世界三大远航线路的枢纽，迪拜世界中央机场日航班超过300架次，旅客吞吐量达到8365.4万人次。另一方面，迪拜实施自由贸易港政策，设立了杰贝阿里自由区、迪拜机场自由区、迪拜网络城、迪拜媒体城、迪拜珠宝城、迪拜汽车城、迪拜知识村、迪拜五金城等自由贸易区。实施低税率、高自由度的开放政策，如无外汇管制，货币自由汇兑；无须缴纳营业税、所得税；实行6%低税率关税；进出口不实行货物配置限制等政策，营造便利化的营商环境，吸引了大量外资流入。

（2）国际旅游消费中心

迪拜通过打造世界上第一家七星级酒店（帆船酒店）、世界最高的摩天大楼（哈利法塔）、全球最大的购物中心（迪拜贸）、世界最大的室内滑雪场（阿联酋贸）、人造棕榈岛等标志性建筑，通过冬天举办迪拜购物节、夏天组织迪拜惊喜之夏活动、不定期举办大型文艺表演、各类体育赛事及儿童游乐项目等各种旅游推广活动，提供丰富多样的旅游休闲娱乐项目，推行各种旅游消费免税政策，搭建便利化的国际航空枢纽网络，开展广泛的市场营销推广，使迪拜成为世界著名旅游目的地。根据世界旅游组织（UNWTO）发布的"全球入境旅游城市20强排名"数据显示，2016年迪拜接待入境旅客规模1195万人次，旅游收入109亿美元，仅次于新加坡，位列第五位，入境旅客人均花费912.1美元。根据万事达卡和消费者付款解决方案Mastercard《2016年全球目的地城市指数（Global Destination Cities Index）报告》显示，迪拜位列第四位。旅游业已成为迪拜的支柱产业之一，旅游业增加值占GDP比重10%以上。

6. 米兰

根据GaWC2018年全球城市分级排名显示，米兰位居十二位，入围Alpha级全球城市，相较于1999年的第九位，米兰在全球城市评价中的排名有所下降，但仍是世界八大都会区之一。

米兰的地理位置位于伦巴第平原上，阿尔卑斯山南麓，是意大利的第二大城市、伦巴第大区（Lombardia）的首府，面积181.1平方公里，2014年人口133.1万。米兰作为欧洲南方的重要交通要点，是意大利最发达的城市和欧洲四大经济中心之一，被世人誉为世界时尚与设计之都和世界历史文化名城。

（1）国际时尚之都

米兰享有世界时尚之都的美誉，时尚产业发达，家具、服装、皮革、动漫、游戏和娱乐节目的制作以及广告媒体等时尚相关产业发达。意大利主要时尚企业的总部都设在米兰，已形成各具特色的时尚文化和时尚经济，成为世界时尚潮流的发源地与传播中心。国际四大著名时装周之一的米兰时装周一直被认为是世界时装设计和消费的"晴雨表"，引领着全球时尚。米兰拥有完善的消费服务业体系和全球影响力的标志性商圈——蒙特拿破仑大街，众多国际顶级奢侈品品牌入驻，如Gucci、Prada、Fendi、Louis Vuitton、Giorgio Armani、Gianni Versace、Moschino等国际品牌。从高纬环球发布的2016—2017年全球主要商业街租金情况来看，米兰蒙特拿破仑街（Via Montenapoleone）年租金1239美元/平方英尺，与东京银座、伦敦新邦德街等商业街区租金相当，租金水平居于全球主要商业街前列。根据知名咨询公司仲量联行2016年5月发布的"2016年全球跨境奢侈品零售商吸引力指数"显示，米兰排名第20位。米兰拥有斯卡拉剧院、布雷拉美术馆、意大利绘画展览馆、布雷拉科学院、斯福尔扎古堡、米兰大教堂等众多丰富的文化古迹和遗产以及独特的意大利菜，还拥有两支全球知名的足球俱乐部——AC米兰和国际米兰，这些文化旅游资源都吸引着全球各地的游客慕名前往。[1] 米兰对外交通网络发达，附近有3个机场，机场旅客吞吐量达3400万人次；共有8座火车站，铁路连

---

[1] 赵晏俪：《奢迷诱惑　米兰会议业速览》，《中国会展（中国会议）》2016年第10期，第78—87页。

接线 26 条，连接起米兰与意大利其他地方以及一些欧洲城市。根据世界旅游组织（UNWTO）发布的"全球入境旅游城市 20 强排名"数据显示，2016 年米兰接待入境旅客规模 682 万人次，位列全球入境旅游城市第 13 位，旅游收入 53 亿美元，入境旅客人均花费 780.6 美元。

（2）国际会展之都

米兰是世界展览之城，其在意大利会展旅游具有举足轻重的地位。它拥有世界上最大的展览中心——米兰国际展览中心，总占地面积为 430 万平方米，展览面积约 140 万平方米。同时，米兰国际展览中心也是世界展览业中水平领先的展览场馆，其包括米兰展览馆、米兰 RHO 展览馆等，著名的米兰国际时装展、米兰国际家具展、米兰国际博览会等一系列世界级展会均在此举办，在国际上有着重要地位。根据《进出口经理人》杂志发布的 2016 年世界商展 100 强排行中，米兰 5 个商业展览入选，展览总面积为 112.8 万平方米。此外，米兰还是知名的国际会议目的地，米兰拥有意大利最大的会议中心——FMC 中心，TuratI 宫、affariai Giureconsulti 宫、Delle Stelline 宫以及各类酒店均是会议举办地。根据 2016 年 ICCA 国际会议统计数量来看，米兰年度举办国际会议 56 个。

7. 芝加哥

GaWC2018 年全球城市分级排名显示，芝加哥位居第 13，属于 Alpah 级全球城市。相较于 1999 年的第 5 位，芝加哥在全球城市评价中的排名有所下降。芝加哥位于美国中西部密歇根湖的南部，地处北美大陆的中心地带，总面积 606.2 平方公里，2016 年地区生产总值 5373 亿美元，人口约为 100.3 万。芝加哥是美国最大的商业中心区和最大的期货市场之一，世界著名的国际金融中心之一，其都市区新增的企业数一直位居美国第一位，被评为美国发展最均衡的经济体。

(1) 国际期货交易中心

作为现代期货市场发源地,芝加哥于1848年就组建了具有现代意义的期货交易所。标准化交易是在芝加哥诞生的,世界第一个金融期货产品是在芝加哥推出的,期权交易也是最早出现于芝加哥。目前,芝加哥拥有芝加哥期货交易所、芝加哥商业交易所、芝加哥期权交易所三大交易所(见表4-2)。芝加哥商业交易所和芝加哥期权交易所是全球金融衍生产品交易领域的领先者,对全球资源配置具有重要影响力和控制力。芝加哥商品交易所年交易量高达35.72亿手,是全球最活跃的衍生品交易所,在全球范围拥有广泛影响力。芝加哥的农产品期货价格是全球最权威的农产品价格,对国际农产品的贸易价格和其他农产品交易所的交易价格有着深远的影响。芝加哥期货期权交易的高度国际化,吸引着众多的跨国企业及国际性银行在芝加哥设立总部或分支机构。

表4-2　　　芝加哥国际商贸中心的著名证券和期货交易所

交易所名称	交易品种
芝加哥期货交易所(CBOT)	大豆、玉米、豆粕、豆油、小麦、燕麦、稻米等
芝加哥商业交易所(CME)	股票或股指、利率、外汇、肥牛、瘦肉猪、活牛、木材等期货和期货期权合约
芝加哥期权交易所(CBOE)	股票期权、指数期权、利率期权、长期期权

(2) 国际会展之都

会展业也是芝加哥服务经济发展的一个重点。自1980年以来,芝加哥市政府两次扩建麦考密克展览中心,其面积达20万平方米,是美国最大的市内展览中心。芝加哥的展览主题与其城市产业发展具有紧密的关联性,如芝加哥食品包装机械展会、芝加哥国际葡萄酒展览会、芝加哥美容美发展览会、包装机械展览会、旅行物品、皮革及附件博览会、超市设备和供应品展览会、家具及家庭用品展览会、家庭用品展览会、国际物流展览会、工业自动化展会、国际金属加工及焊接展会、机床机械制造技术展会、国际照明展览会、电信展览会、模型展览会、摩托车贸易展览会等主题展览会。根据《进出口经理人》杂志发布的2016年世界商展100强排行中,芝加哥国际制造技术展览会IMTS展览入选,展览展会面积15.5万平方米。根据2016年ICCA国际会议统计数量来看,芝加哥国际会议42个。芝加哥会展业的发展不仅带动了航空、餐饮、住宿和旅游业的发展,更是通过各类国际展览会向世界展示了芝加哥的特殊魅力。

(三) 经验启示

通过对伦敦、新加坡、东京、上海、迪拜、米兰、芝加哥等全球城市的案例分析,可以发现,全球城市与国际商贸中心这两个概念有着密切的联系。这些知名全球城市一般都是国际商贸中心,发达的商贸功能是这些全球城市不可或缺的重要功能;全球城市之所以具有较强的全球影响力,离不开发达的商贸功能。从贸易(服务和货物)、消费、会展、航运物流、商贸创新等具体功能来看,虽然不同全球城市的商贸发展有相似的特征或规律;但也表现出了一些特殊性,特别是不同全球城市在核心商贸功能方面存在明显的差异。因此,研究全球城市的商贸发展,不仅要强调一般性,还要关注差异性。下面分别就商贸功能之于全球城市的重要性、全球城市商贸功能的差异性,以及开放、创新和腹地等商贸功能发展的影响因素方面,对案例分析结果进行总结,为新时代广州提升商贸功能,建设中国特色社会主义引领型全球城市提供启示。

1. 角色:商贸功能在全球城市形成发展中发挥着重要作用

首先,国际商贸功能在全球城市形成过程中起到重要推动作用。国际航运中心功能和国际贸易中心功能是全球城市发展的一般轨迹。伦敦、东京等城市都是通过大航海推进了大贸易，大贸易带动了城市迅速崛起，形成国际商贸中心，进而发展成为国际金融中心，不断提升在全球城市网络中的核心地位。随着新技术的发展，国际商贸中心又向全球资源配置中心转型，一方面继续保持有形商品的强大集散功能，另一方面不断强化虚拟市场和服务贸易等功能。构建集商流、物流、资金流、信息流聚于一身的大商贸流通体系，有效参与了全球范围内各类资源和市场要素的国际配置，成为全球城市网络的中枢和重要节点。其次，国际商贸中心功能在全球城市地位提升中依然发挥着重要作用。全球性功能是衡量全球城市最根本的因素，全球城市与外界的交流联系是全球城市实现全球性功能的最根本途径。国际商贸功能仍是全球城市功能的重要组成部分，是全球城市实现全球性功能的一种重要途径，如国际性的消费、旅游、会展、航运、贸易等商贸功能，有利于全球范围内人流、物流、资金流、信息流集聚和扩散，有利于提升全球城市的全球资源配置能力和控制力。根据 GaWC 发布的全球城市排名，上海由 1999 年的 Gamma 级城市跃升到 2018 年的 Alpah+ 级全球城市，其国际贸易、航运、消费、会展等商贸功能在城市发展中发挥了重要作用。广州作为千年商都，应充分发挥其商贸发展基础作用，抓住新技术发展特点，适应国际商贸中心发展新趋势，集聚全球商贸资源，进一步强化国际商贸功能建设，推动引领型全球城市建设。

2. 特色：不同全球城市的商贸功能既有共性又有特性

虽然不同的全球城市一般都拥有强大的商贸功能，但其核心功能往往是不同的，有着各自的特殊性。在地理区位条件、发展历史、经济腹地、产业基础等诸多因素共同作用下，全球城市形成了各具特色的商贸功能，如伦敦的国际贸易中心、国际航运中心、国际商务服务中心、国际消费中心等功能较为突出；新加坡的国际航运中心、国际转口贸易中心、国际消费中心等功能突出；米兰则是国际时尚消费中心、国际会展中心等功能较为突出。国际商贸中心的形成发展也存在共性的特征。充分发挥其地理区位优势，加强重大基础设施建设，营造良好的营商环境，不断强化国际商贸中心功能。如新加坡、迪拜等都利用其在国际航运网络中的重要战略区位优势，加强国际港口、机场等重大基础设施建设，实施自由宽松的贸易及外资投资政策，大力吸引世界各国投资实业或经商，逐步发展成为世界重要的国际贸易中心和国际航运中心。米兰、芝加哥等城市依托其原有良好的产业基础，规划建设世界先进的展馆设施，培育壮大国际会展公司及国际展览项目，不断增强国际会展中心功能。对广州来讲，要进一步提升国际商贸中心地位，要充分发挥自身地理区位优势，依托广大腹地产业基础，积极参与国际产业分工和竞争，要强化在全球空间的枢纽型节点功能，提升海港、空港和信息枢纽的集聚辐射能力，不断巩固和提升国际商贸中心地位。

3. 开放：开放自由的营商环境是全球城市拥有强大商贸功能的制度保障

国际商贸中心城市大多都拥有与国际规则接轨的营商环境。伦敦、东京等有发达的市场体系，要素、劳动力、服务市场非常健全。同时，新加坡、迪拜都实行自由贸易政策，设立自由贸易区。由此可见，拥有支持贸易便利化的环境和条件，如快速便捷的进出口商品通关条件、与国际接轨的现代商贸流通体系等，都会成为吸引国际资金的关键因素。甚至政策的透明度和灵活性、法制的健全和规范程度、政府的工作效率和管理水平和城市的文化特色等这些正式和非正式的制度环境也会是吸引国际商流的重要因素。十八大以来，我国提出了"一带一路"

倡议、建设自由贸易试验区、设立自由贸易港等战略部署，未来我国将以更广范围、更大力度、更高水平的对外开放促进全球共同发展。广州应依托南沙自贸区等对外开放重要平台作用，积极探索对外开放制度创新突破，大力发展自由贸易港经济，引领新一轮对外改革开放新潮流，推动广州在形成全面开放新格局方面走在全国前列，通过扩大开放集聚全球资源要素，增强国际商贸中心功能，加快建成中国特色社会主义引领型全球城市。

4. 创新：创新是全球城市商贸功能转型升级的重要推动力

创新是全球城市商贸功能不断巩固提升的根本驱动力。虽然伦敦、新加坡、芝加哥等城市的国际商贸功能依然强大，但是其发展内涵及表现形态却在不断创新发展。以芝加哥为例，19世纪三四十年代，芝加哥成为连接美国中西部产粮区与东部消费市场的枢纽，发展成为全美最大的谷物交易集散市场。1852年芝加哥抓住工业革命新技术发展，修建了第一条铁路——密西根南线和密西根中线铁路，开通了伊利诺斯—密西根运河，改变了商品运输方式，极大促进了芝加哥大宗商品交易发展。1848年出现了现代意义上的期货交易所——芝加哥期货交易所。1992年抓住电子信息技术发展机遇，芝加哥商品交易所启用了Globex电子交易平台，期货交易进入了电子化交易时代。随着信息技术的发展，今天期货交易进入高频、算法交易的新时代。总而言之，芝加哥能够抓住技术变革新趋势和产业发展新方向，不断创新商品品类和商业模式，不断丰富商贸功能的内涵和形式，推动商贸功能的转型升级和创新发展，为商贸发展注入新的活力，进而增强国际商贸中心的竞争力。再以迪拜为例，迪拜抓住航海运输技术及集装箱技术发展的机遇，推动国际港口建设，开通大规模集装箱航线，应用新技术提升港口装卸服务水平，不断提升国际航运中心功能，使其成为快速崛起的国际航运中心。根据新华社中国经济信息社、中国金融信息中心联合波罗的海交易所推出的《2017新华·波罗的海国际航运中心发展指数报告》显示，创新是航运中心变革发展的核心驱动力。随着科技创新不断深入与自贸区扩大开放，上海、迪拜等创新引领型国际航运中心已逐步形成港城互通、湾区经济与城市群深度融合的创新生态模式，未来将对亚太地区的航运业态产生颠覆性影响。再以上海为例，近年来上海发挥其零售规模体量大、消费者市场成熟、商业业态丰富等商业基础优势，优化制度环境和制度创新，大力引进新零售企业和商业模式创新，推动传统商圈转型升级，激发新零售消费新活力，建设新零售之城。可见，每一次科技变革都对生产力、生产方式以及贸易方式等产生深刻影响。把握技术变革趋势，不断创新发展，是国际商贸中心保持持久活力的重要源泉。当前，世界正处于新一轮科技革命发展浪潮中，人工智能、大数据、云计算、新一代信息技术、3D打印、物联网、无人技术等新技术和新兴产业蓬勃发展。广州应抓住技术变革新趋势，在技术变革中找机遇，增强制度创新保障，大力推动新技术应用及在商贸领域融合发展，鼓励新零售新业态新模式创新发展，推动商贸功能向更高形态演进，增强全球资源配置能力和控制力。

5. 腹地：发达的经济腹地是全球城市商贸功能发展的重要基础

国家和区域是全球城市商贸功能形成发展的基础，区域兴则城市兴，区域衰则城市衰。国际商贸中心的发展与国家或者所在区域的经济实力和产业发展密切关联。城市或者区域产业发展支撑着国际商贸中心的发展壮大。以上海会展之都建设为例，2018年上海有12个国际商业会展入围"2018年世界商展100大排行榜"，成为全球举办大型国际商展最多的城市。上海庞大的市场体量及长三角地区较为成熟的产业体系，为会展经济发展提供了重要支撑，是国际展会项目选址上海的关键性因素之一。如跻身全球10大商展的上海国际汽车工业博览会，2017年展览面积超过36万平方米，吸引来自80个国家和地区1000多家知名企业参展。与此相辉映的是，2017年上海汽车制造业总产值达到6774.33亿元，同比增长19.1%，在上海六大工业重点产业中规模和增速位居领先地位，良好的产业基础及巨大的市场潜力正是国际商展青睐上海的重要因素。与此同时，国际性展会也起着全球资源聚集、共享平台的重要作用，有利于提升区域制造业的竞争力和市场主导权。可见，商贸业和先进制造业是一种相辅相成、相互促进的关系。因此，广州在国际商贸中心建设过程中，应巩固在粤港澳大湾区中的核心城市地位，在珠三角、泛珠三角地区区域发展中发挥国际商贸中心城市功能，在国家开放新格局中发挥国家重要中心城市作用，在全球城市发展格局中思考全球城市功能定位。广州还应注重促进城市商贸与经济腹地产业协调发展，增强国际商贸中心功能对腹地产业的服务支撑作用，依托腹地产业发展实力提升自身国际商贸中心的辐射影响力。

五 广州商贸业发展与国际商贸中心建设

（一）改革开放以来商贸业发展历程

"因商建城、城因商兴"，商业经济一直是广府经济的主流。两千多年来，广州一直处于珠江三角洲的中心枢纽位置，河网相连，三江交汇，八口入海，越秀、番山、禺山三山之脉

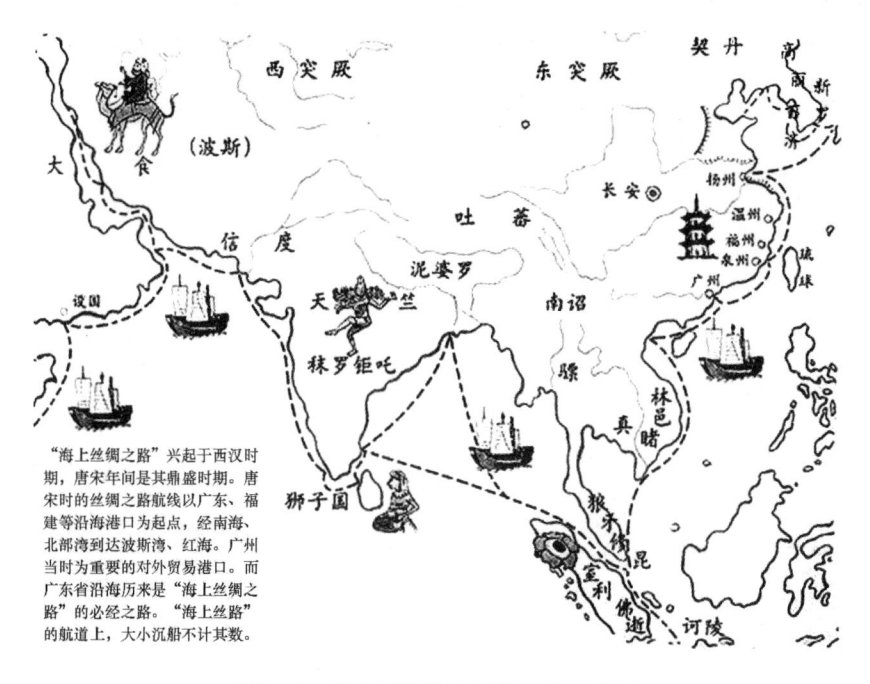

"海上丝绸之路"兴起于西汉时期，唐宋年间是其鼎盛时期。唐宋时的丝绸之路航线以广东、福建等沿海港口为起点，经南海、北部湾到达波斯湾、红海。广州当时为重要的对外贸易港口。而广东省沿海历来是"海上丝绸之路"的必经之路。"海上丝路"的航道上，大小沉船不计其数。

图5-1 唐宋时期海上丝绸之路示意图

自白云山蜿蜒而来。凭借着优越的地理区位，广州从汉代起就有了海上贸易；唐朝更是在此创设市舶使，唐宋时期的海上丝绸之路通达波斯湾和东非等国，彼时广州已发展成为世界著名的通商口岸（见图5-1）。明清时期广州成为全国唯一的对外贸易港口，清代十三行行商名闻中外（见图5-2）。作为古代海上丝绸之路的发祥地，2000多年来广州成为全中国唯一一个从来没有关闭过的对外通商口岸，是名副其实的"千年商都"。新中国成立后，"广交会"在广州诞生。改革开放以来，凭借着良好的商贸基础，广州率先在商业领域进行了一系列改革开放的实践与探索，推动商贸业再次走向繁荣发达。

图5-2 清代"十三行"

改革开放以来广州商贸业发展可以大致划分为四个阶段：

1. 1978—1992年：**起步发展阶段**

改革开放初，为了探索改革开放的新路，党中央、国务院确定广东作为全国改革开放综合实验区,广州作为改革开放综合试验区的中心城市、沿海开放城市,担负起了改革开放先行一步的重任。为解决广大群众的生活商品供应不足问题,广州商业领域首先吹响了改革开放的号角。广州市政府以流通为突破口,明确提出"打开城门,搞活流通",欢迎各地商人来广州做生意,打破了计划经济发展局面。商贸流通方面,广州发展城乡集市贸易,兴办各种类型的行栏货栈,鼓励发展个体经济,全市商贸出现新兴繁荣的景象。1978年底,广州第一家国营河鲜货栈成立,拉开了商业市场化改革的序幕。[①] 到1988年底,全市已有货栈274个,各种经济联合体267个,农贸集市340个,个体户17万多户。广州逐步放开商品价格,发挥了价格的市场调节作用,促进商品供给,逐步对蔬菜、鲜猪肉、水产品等主要副食品放开经营。到1992年,所有主副食品价格和日用工业品价格已全部放开。借鉴港澳等地商业发展经验,广州积极推动商业创新,在国内率先引入了超市的业态类型,1981年广州友谊商店开办了国内第一家自选商场。1979年广州市对外贸易中心商场成为国内第一家可以使用外币购物的商场。1980年广州东方宾馆开办国内第一间音乐茶室,并在1990年被国家旅游局评为第一家国营五星级宾馆。1983年开业的广州白天鹅宾馆,是国内第一家中外合资五星级宾馆。1984年营业的广州花园酒店,成为当时国内规模最大的酒店。对外贸易方面,作为中国对外开放的先行地,广州率先实施"以外经外贸为先导"战略,积极推进外贸体制改革,大力发展"三来一补"业务,建立各种出口商品生产基地和出口专厂,促进对外贸易发展。1984年4月广州成立了广州经济技术开发区,1991—1992年期间又先后成立了广州天河高新技术产业开发区、广州保税区、广州南沙经济技术开发区等产业功能区。产业功能区成为了广

---

① 王晓玲主编:《广州改革开放30年》,广东人民出版社2008年版。

州吸引外资、扩大贸易的重要载体，促进了广州对外开放格局的初步形成。到1992年，广州已经与世界上140个国家和地区建立了经贸往来关系。

1978—1992年期间，广州商贸业实现了快速发展，社会消费品零售总额从1978年的17.63亿元增长到1992年的209.52亿元。商品销售总额从35.55亿元增长到453.64亿元。城乡交易市场数量从1979年141个增长到1992年的410个，成交额从1.27亿元增长到121.40亿元。对外贸易规模和经营效益也实现了快速提升，货物进出口总额从1986年的4.43亿美元增长到1992年34.9亿美元。出口额100万美元以上的产品品种，从1988年的90种增加到1992年的318种；出口额500万美元以上的产品，从29种增加到88种；出口额1000万美元以上的产品，从9种增加到41种。港口、机场运输吞吐量也实现了显著提升。港口货物吞吐量从1978年的1950.2万吨增长到1992年6476.93万吨，增长了2.3倍；集装箱吞吐量从1988年的2521标箱增长到1992年的18.04万标箱，增长了70.6倍；广州白云机场旅客吞吐量也从1978年66.19万人次增加到1992年901.51万人次，增长了12.6倍。

2. 1992—2000年：快速发展阶段

1992年春天，邓小平同志视察南方发表重要讲话，希望广东争取用20年时间赶上亚洲"四小龙"。20世纪90年代中期，亚洲金融风暴使东南亚国家经济受到重创，给广州引进外资和外贸出口带来了不利影响。在新形势下，广州提出要在"金融、科技、教育、信息、商贸、交通、文化、旅游等方面成为区域中心"。

在此期间，广州大力引进和发展新兴商业业态，商业业态创新走在全国前列。如1993年开业的"广客隆"商场成为国内第一家货仓式商店；1993年开业的北京路"佐丹奴"成为国内第一家服装连锁专卖店；1996年开业的天河城成为国内第一家现代化购物中心；"8字店"成为广州国有商业企业最早开展连锁经营的企业。加快商贸发展载体及流通基础设施建设，广州多次扩建广交会流花展览馆，启动了广州国际会议展览中心、广州白云国际会议中心等一批商贸重点工程建设，新白云国际机场、地铁、环城高速公路等一批重大基础设施工程也相继铺开。1993年，广州市政府制定了"大经贸战略"，提出在更大范围、更多领域、更高层次上进行对外开放。出台一系列鼓励出口贸易发展的政策，1997—1998年先后制定了《关于加快广州来料加工装配企业发展的决定》《鼓励外贸企业扩大出口通知》《鼓励私营企业开展国际经济贸易活动的若干规定》以及《关于对出口实施奖励的通知》等，进一步提高了外资企业和民营企业出口的积极性。此外，广州还实施"走出去"战略，鼓励国有大中型企业和乡镇企业开展境外投资及对外承包工程与劳务合作。

1992—2000年，广州商贸业发展进入了全面拓展阶段。1999年社会消费品零售总额首次突破了1000亿元，是1992年的4.8倍；商品销售总额2554.76亿元，是1992年的5.63倍。限额以上批发零售贸易企业销售总额1500.86亿元，限额以上批发贸易业机构达484家。对外贸易规模进一步提升，货物进出口总额从1992年34.9亿美元增长到2000年的233.51亿美元；其中，出口总额从17.47亿美元增长到117.90亿美元，增长了5.7倍。企业"走出去"战略初见成效，2000年新签合同数4989个、合同金额10588万美元，是1990年的5.0倍和5.6倍。

3. 2000—2012年：质量提升阶段

迈进21世纪后，全球范围内区域经济一体化迅速发展，中国成功加入WTO，中国—东盟自由贸易区正式启动，中央政府与香港特别行政区共同签署了CEPA，广州迎来对外开放新格局。2003年，广东省委、省政府对广州提出了"进一步把广州建成带动全省、辐射华南、影响东南亚的现代大都市"的目标要求。2000年以后，汽车、石化、电子信息制造业发展迅猛，成为广州的支柱产业；商贸物流、会展等服务业也逐渐成为广州经济发展的主导产业，广州作为服务业中心的地位得到不断强化。

商业发展方面，广州继续引领着全国零售业态的创新发展，购物中心、超级市场、专营店、专卖店、便利店、折扣店、网上无店铺销售等商业业态竞相发展，形成了多渠道、多层次的市场销售格局。2005年开业的正佳广场，成为了亚洲面积最大的购物中心。2001年广州以百货业为突破口，推进国有商业战略性重组，全市百货整合为友谊和广百集团两大板块，百货店实现了转型发展。一批国内外零售巨商纷纷抢滩广州，华润万家、百佳、好又多、家乐福、麦德龙、"7—11"、"OK"便利、国美、苏宁等一批企业集聚广州发展，成为国内有影响力的代表企业。连锁经营模式加快发展，促进了零售企业规模化、规范化发展，限额以上连锁总店从2002年的50家增长到2012年的149家，连锁门店数量从1134家增长到14859家。随着广州市"南拓北优、东进西联"城市空间发展战略逐步推进，广州提出实施"四线三圈、两轴一带"的商贸战略布局，形成了三圈层结构布局，在城市内圈层发展了一批都会级商业功能区。珠江新城开发建设进入加快发展阶段，天河路商业中心地位初步确立，与北京路步行街、上下九步行街等传统商业中心共同构成都会级商业中心区，在白云新城、花都新华、番禺万博等地出现了新的区域性商业中心，广州大都市多中心的商业空间格局逐步形成。批发市场呈现规模化、集群化发展格局，皮具、鞋包、服装、美容美发、音响、家具、汽车及配件、钢材、塑料原料、水产品、蔬果、酒类等专业市场经营规模在全国位居前列。广东塑料交易所、广州华南金属材料交易中心、广州华南粮食交易中心、广州华南煤炭交易中心、广州华南石化交易中心等大宗商品交易平台开业经营,进一步增强了广州商贸领域的辐射影响力。

会展发展方面,2002年底中国进出口商品交易会琶洲展馆正式投入使用,成为当时亚洲最大的会展中心,大大提升了广州会展服务能级。除广交会外,琶洲国际会展中心还举办国际家具展、国际汽车展、广博会、广州国际鞋类皮革工业展、机械装备制造业博览会等一系列专业展览。广交会、广博会、留交会等会展品牌驰名海内外,广州成为中国三大会展中心之一。

航运枢纽方面,2004年广州新白云国际机场正式投入营运,飞机起降架次、旅客吞吐量、货邮行吞吐量三大业务指标逐年提升,逐步发展成为我国三大国际枢纽机场之一。2010年,机场旅客吞吐量突破4000万人次,跻身世界前15名;港口货物吞吐量、集装箱吞吐量分别突破4亿吨和1200万标箱,均居世界前6名。这一期间,广州现代商贸业快速发展,全市社会消费品零售总额于2006年突破2000亿元,2008年突破3000亿元,2010年突破4000亿元,2012年接近6000亿元,达到5977.27亿元。商品销售总额达到31800.33亿元,是2000年的10.7倍。2012年货物进出口总额达到1171.67亿美元,是2000年的5.0倍。

4. 2012年至今:国际商贸中心建设阶段

2010年,广州市委九届九次全会提出"把打造国际商贸中心和世界文化名城作为建设国家中心城市和全省'首善之区'的重要内容",建设国际商贸中心成为城市发展的战略重点。2012年,广州市委市政府正式出台《关于建设国际商贸中心的实施意见》,标志着广州国际商贸中心建设进入实施阶段。2015年《广州市国民经济和社会发展第十三个五年规划纲要》进一步强调"三中心一体系"①建设,重点建设"三大战略枢纽"②。2016年2月,《国务院关于广州市城市总体规划的批复》将广州定位为"广东省省会、国家历史文化名城,我国重要的中心城市、国际商贸中心和综合交通枢纽",从国家战略层面确立了广州国际商贸中心地位。

十八大以来,广州商贸业规模持续扩大,商贸综合实力持续提升,国际商贸中心地位稳步提升。社会消费品零售总额从2012年的5977.27亿元增长到2017年9402.59亿元;批发零售业商品销售总额从31800.33亿元增长到62164.66亿元。商品进出口总额从2012年1171.66亿美元增长到9714.36亿元,占全省进出口总额的14.26%。自2010年起,《福布斯》5次将广州评为"中国大陆最佳商业城市"第一名。南沙新区、南沙自贸试验区上升为国家战略,琶洲互联网创新集聚区、白鹅潭电子商务集聚区等一批新的产业发展载体建设全面铺开,为广州国际商贸中心建设提供了发展载体。广州电子商务等新业态发展走在全国前列,广州先后被评为国家电子商务示范城市、中国电子商务应用示范城市、中国电子商务最具创新活力城市,并成功创建跨境电子贸易电子商务服务试点城市。2017年,广州全市网上商店零售额786.68亿元,同比增长19.3%,跨境电商进出口227.7亿元,增长55.1%,业务规模连续四年位居全国第一,占全国跨境电商进出口总值近三成。经过20多年发展,天河路商圈逐步发展成为都会级商业中心。天河路集聚了太古汇、正佳广场、天河城、天环广场等23家大型购物中心,12个国际五星级酒店,300多个国际品牌,10000多个商家品牌。2017年天河城商圈的商业面积达150万平方米,每天客流量超过150万人,节假日超过400万人,商圈的影响力和辐射

---

① 三中心一体系:指国际航运中心、物流中心、贸易中心和现代金融服务体系。
② 三大战略枢纽:指国际航运枢纽、国际航空枢纽和国际科技创新枢纽。

力位居国内前列。

国际会展中心实力稳步提升。2017年，广州市市重点场馆共举办展览场次678场，展览面积989.6万平方米，居全国第二。广交会、广州国际照明展览会规模居同行业世界第一，中国广州国际家具博览会、中国（广州）国际建筑装饰博览会、广州国际美容美发美妆博览会等展会规模居同行业亚洲第一。2017年10月，广州获得商务部中国会展经济研究会颁布的"中国最具竞争力会展城市"称号。这一时期，广州市还提出了建设国际会议目的地的目标，加大了高端国际性会议的引进和培育力度。广州成功举行2017年《财富》全球论坛，成功申办2018年世界航线大会、2019年国际港口大会等国际会议。根据国际大会及会议协会（ICCA）发布的全球会议城市年度报告显示，2016年广州共举办国际会议16场。

国际航运中心地位不断增强。空港、海港、铁路港、信息港等一批基础设施建设全面提速。2016年港口货物吞吐量5.4亿吨，集装箱吞吐量1875万标箱，分别位居全球第6、第7位。国际航运枢纽重点工程项目加快建设，南沙港三期建成投产，建设无水港及办事处，新增国际友好港和国际班轮航线，"珠江航运运价指数"上线。依据"新华·波罗的海国际航运中心发展指数"评价结果，2015年广州的发展指数在全球46个港口城市中排28位，入围第二梯队及"准全球型"航运中心行列。国际航空枢纽重点工程项目启动建设，国家级临空经济示范区获批。2016年广州白云机场旅客吞吐量5968万人次，货邮吞吐量163.8万吨，均位居国内主要机场前列。广州国际物流中心功能不断强化。广州的快递业务量从2014年超过上海后，就一直位居全国第一，2016年快递业务量达28.67亿件。

(二) 近年来商贸功能的变动特征

1. 对外贸易增速趋缓,服务贸易快速增长

对外贸易规模保持增长趋势,但增长速度明显放缓。2005—2008年广州市进出口商品总额保持了较快的增长速度,各年增速都在10%以上,年均增长16.3%(见图5-3)。受世界金融危机的影响,2009年广州市进出口商品总额下跌6.3%。2010年对外贸易迅速恢复,该年度进出口商品总额大幅增长35.3%。此后对外贸易增速快速下滑,2012—2015年年均增速仅为3.6%。近年来广州对外贸易一直保持顺差,而且顺差有扩大的趋势,2015年进出口总额中进口占比降至38.8%。服务贸易增长较快,地位和作用不断提升。"十二五"期间广州市服务贸易总额年均增长20%,2015年达291.72亿美元,其中出口156.38亿美元,进口135.34亿美元。

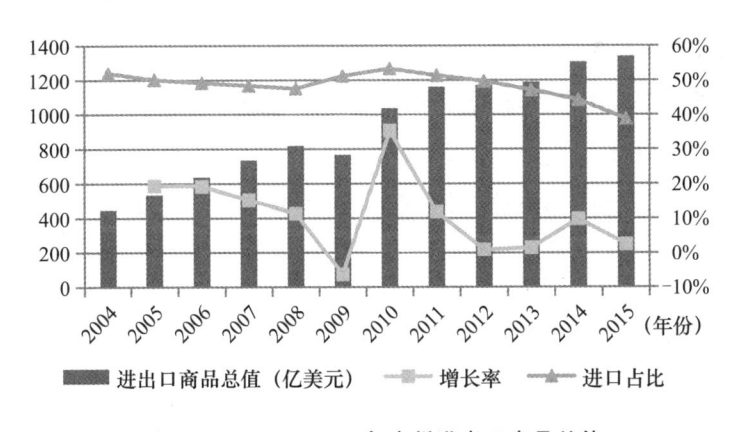

图5-3 2004—2015年广州进出口商品总值

2. 批发规模增长较快,国际定价与采购中心地位有所提升

批发规模保持较快增速,地位和影响力有所提升。2004—2014年广州市批发业商品销售总额增长较快,年均增速高达22.3%(见图5-4)。虽然2010年以后批发业商品销售总额的增速呈下降趋势，但年均增速仍然没有跌破世界金融危机之前的水平。与对外贸易的增长情况比较，近几年广州的内贸表现要好于外贸，具有较强的抵抗外部冲击的能力。至2014年，广州市批发业商品销售总额达39722.33亿元，占广东省批发业商品销售总额的比重由2005年的42.1%上升到2014年的47.1%，反映出广州市内贸的地位和影响力有所提升。

批发市场转型升级取得积极成效，定价与采购中心功能有所提升。近年来广州市积极采取原地改造、规划调整、关闭搬迁和业态转营等方式，推动广州市辖区内专业批发市场转型升级，向专业化、国际化、现代化方向发展。近年来广州大宗商品贸易平台建设取得积极成效，广东塑料交易所、广州钢铁交易中心、广州华南煤炭交易中心等多个大宗商品交易平台规范运行。大宗商品交易价格指数编制与发布机制基本建立，逐步形成具有国内外广泛影响力、辐射力的广州价格，大大增强了广州作为国际定价与采购中心的辐射影响力。据广州市场商会统计，2015年广州市共有专业批发市场978家，经营面积达2800多万平方米，市场商户约80万户，年交易总额约1万亿元，约占全国批发市场成交额的1/7，其中年成交额超亿元市场158个，超100亿元市场10个，具有全国和国际影响力的市场约390个。塑料、木材、服装、皮革皮具、鞋业、水产品、茶

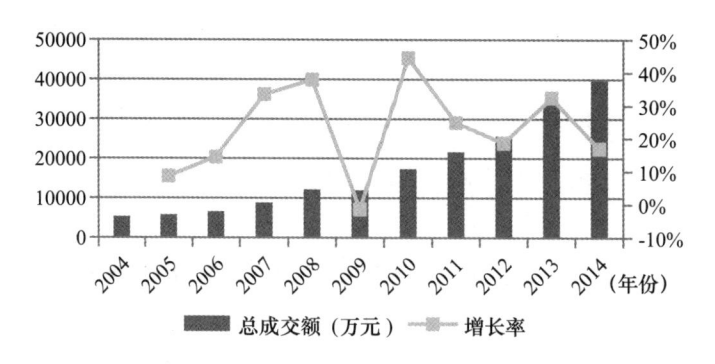

图5-4 2004—2014年广州市批发业商品销售总额

叶、果蔬、酒店用品、化妆品等专业批发市场,在全国同类市场中名列前茅,其所形成的"广州价格指数"成为国内外同类领域的"风向标"。

3. 消费总额平稳增长,区域消费中心的地位进一步巩固

消费总额平稳增长,区域消费中心的地位进一步巩固。2004—2015年,广州市社会消费品零售总额保持了较为平稳的增长态势,年均增长速度为15.2%(见图5-5)。在国际金融危机期间,虽然有所回落,但仍然保持了较高的增速。不过从2010年开始,社会消费品零售总额的增速呈下降趋势,2014年探底至3.8%,2015年又回升到11.0%。2015年,广州市共实现社会消费品零售总额7933.0亿元,占广东省社会消费品零售总额的25.2%,较2005年小幅提高1.1个百分点,区域消费中心的地位进一步巩固。在国内经济新常态下行压力增大、消费需求不足的不利背景下,近年来广州采取的一系列促消费稳增长的政策措施,有力促进了社会消费稳步增长。例如,组织国际购物节、美食节、广州白马服装采购节、中国广州(三元里)国际皮具采购节等活动促进消费,引导传统商贸零售向体验式消费转型创新,推动社区型便民商业网点建设等。

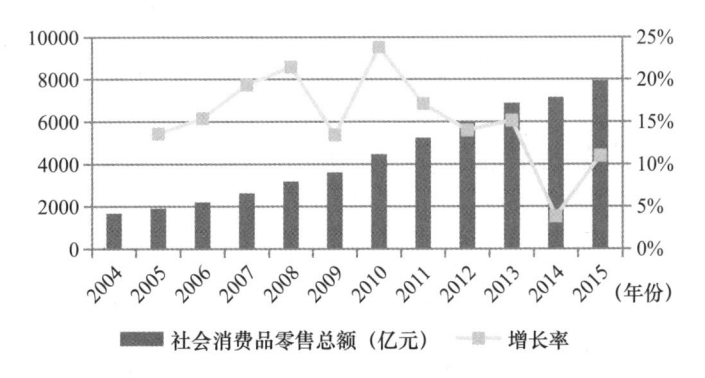

图5-5 2004—2015年广州社会消费品零售总额增长速度

商业街发展态势良好,辐射影响力进一步增强。目前广州市成熟的都会级商业街区包括北京路商业功能区、天河路商业功能区、十三行—上下九商业功能区、环市东商业功能区、农林下路—中山三路商业功能区等,已经初具雏形的包括珠江新城商业功能区、白鹅潭商业功能区、白云新城商业功能区、万博—长隆—汉溪商业功能区等。其中,北京路商业功能区、天河路商业功能区、十三行—上下九商业功能区都是国内知名的商业街。近年来广州市重点打造天河路商圈,目前天河路商圈已成为名副其实的"华南第一商圈"。天河路商圈全长约2.8公里,总面积约4.5平方公里,商业总面积约150万平方米,集聚1万多家商户,其中国际一线和著名品牌300多个,每天客流量超过150万人。近年来传统商贸业面临着严峻的挑战,但天河路商圈仍然保持了较好的发展态势。天河路商圈实现的商品销售总额和社会消费品零售总额,分别由2013年的3300亿元和460亿元增长到2015年的8900亿元和540亿元;2015年正佳、天河城和太古汇分别以全国排名第三、第四和第九的成绩成为全国购物中心的前10强。目前广州市定期发布商圈商业指数,天河路商圈指数已经成为国内商圈商业指数的风向标,影响力不断增强。值得一提的是,近年来广州还与国外城市联合举办广州国际购物节,展示了广州作为"千年商都""购物天堂"的国际化、时尚化的城市形象。

4. 电子商务交易规模迅猛扩大,新模式、新业态蓬勃发展

电子商务发展迅猛,总体发展水平位居全国前列。近年来广州电子商务整体呈现蓬勃发展的良好态势,电子商务交易总量规模增长迅猛。2013年广州市电子商务交易额突破1万亿元,2014年达1.3万亿元,而到2015年超过1.5万亿元,约占广东省电子商务交易额的半壁江山。2015年全市限额以上批发和零售业网上零售额576.9亿元,同比增长61.6%。阿里研究院在

2015年5月发布的《2014中国电子商务示范城市发展指数报告》显示，2014年广州市电商应用发展指数和电商服务发展指数分列第二名和第三名。而在2015年9月阿里研究院发布的《新生态·新网商·新价值——2015年网商发展研究报告》中，广州市位列"2015年网商创业活跃度地区排行榜"第一名。截至2015年底，广州市拥有电子商务服务企业1800多家，从业人数超10万人，仅次于杭州，位居全国第二；全市网络购物的订单量和销售量也名列全国大城市前茅，并涌现出了唯品会、环球市场、欢聚时代、久邦数码等在内的13家电子商务上市企业。

跨境电商增长迅猛，发展水平居于全国前列。国家海关总署于2013年9月批复广州成为跨境贸易电子商务试点城市。广州市充分利用海关总署赋予广州市海关特殊监管区域优惠政策，开展了零售出口（B2C，邮件/快件业务）、直邮进口（B2C，邮件/快件业务）和网购保税（B2B2C）进口业务三大类业务，率先试行跨境贸易电子商务备案制管理，放宽了市场准入条件，有效地激发了市场活力。至2015年12月，全市开展跨境贸易电子商务业务的企业迅速发展为879家，其中电商企业735家、物流企业107家、支付企业37家，总规模已经在全国试点城市中领先。培养出广东邮政邮件快件公司、卓志供应链、广新贸易和轻出易链通等一批跨境贸易电子商务行业龙头企业。2014年，跨境贸易电子商务进出口额13.9亿元，居全国试点城市前列；2015年增长3.7倍至67.5亿元，继续位居全国试点城市前列。跨境电商开展O2O（线下线下相结合）经营蓬勃发展，截至2015年12月全市累计建设超过20家跨境电商体验（展示）店，分布在南沙、天河等区。跨境电商等新业态的快速发展，弥补了一般贸易和加工贸易进出口低迷、进口大幅下降的缺口，减少了传统专业店、专卖店、百货店销售低迷的影响，为广州市经济增长注入了新活力。

批发市场转型升级成效显著。近年来广州市推进"一场一策"改造方案,批发市场转型升级取得实效。例如,包括越秀区流花服装、一德路海味干果等商圈市场向国际采购中心和展贸型电子交易平台升级发展;对海珠区天雄布匹市场实施业态转营,建设商业综合体;依托华南鞋业批发市场,转型升级为洋湾1601电子商务时尚岛,建成以时尚消费品为主题特色的高端电子商务和科技企业总部集聚区;支持番禺区原岭南鞋业批发城成功转型发展为岭南电子商务产业园,致力打造传统企业的电商孵化器、中小电商企业的腾飞助推器。同时,积极探索中心城区批发市场与专业物流企业合作新模式,有序推进市场商流物流分离。此外,批发市场积极引入电子商务、现代物流、会展经济、国际贸易等新的交易方式和新经营模式,不断完善批发市场物流配送、金融服务、质量检测等功能,批发市场逐步向现代化、国际化、展贸化、电子化方向转型发展。

零售业业态调整加速,"零售业+"模式蓬勃发展。2015年是广州零售业、实体店转型的关键一年,也是传统零售企业与电商紧密融合的交汇点。零售业之间加剧洗牌,各个商圈购物中心和百货商场从过去简单复制、"千店一面"快餐式的简单发展模式,逐步走向转型,向特色化、差异化转变。主要模式包括两个方面:一是发展"零售业+体验业态"模式。主要商圈内载体结合自身实际积极进行升级改造,引入体验性业态,打造主题突出的商业综合体。如天河商圈内的正佳广场,打造出全国最大的购物中心海洋馆,成功申报国家旅游局优选旅游项目名录,成为名副其实的4A级旅游景区。二是发展"零售业+互联网"模式。传统零售企业建立或应用现有的网络购物平台,发展线上线下联动的新型营销模式;全市85%以上的品牌专卖店开展了网络零售。广百、友谊、海印等推出一批O2O移动互联商业模式,引领广州传统商业的"互联网+"发展潮流。

5. 会展业平稳发展，会展中心地位稳固

会展业呈现出平稳增长的态势。2011—2014 年广州市展览业平稳增长，重点场馆共举办展览场次和展出面积年均增长速度仅为 1.3% 和 1.2%，与早期两位数以上的增长速度相比大幅放缓（见表 5-1）。各年参观展览人次波动较大，2014 年为近 4 年最低点，较 2011 年下降约 100 万人次。整体上看，广州市会展业总体发展平稳，广州作为国际会展中心的地位稳固。但一些传统品牌展会受网络展览和国内外不利因素的影响，主要展会指标出现不同程度的下降。例如，广交会历来被视作中国外贸的晴雨表和风向标，但近年来与会采购商人数和出口成交额均呈下跌趋势，分别由 2013 年第 113 届的 20.28 万人和 355.4 亿美元，下降为 2015 年第 118 届的 17.75 万人和 270.10 亿美元（见图 5-6）。

表 5-1　　　　2011—2014 年广州市重点场馆举办展览情况

指标	2011 年	2012 年	2013 年	2014 年
展览场次（场次）	377	375	480	392
展览面积（万平方米）	828.97	734.37	831.75	858.57
参观展览人次（万人次）	1236.20	1181.54	1290.95	1136.13
其中：境内	1135.79	1100.43	1185.40	1030.46
境外	100.41	81.11	105.55	105.67

注：重点场馆单位包括中国对外贸易中心、广州中洲国际商务展示中心、广州白云国际会议中心、保利世贸中心、流花馆、南丰汇国际会展中心、广州艺术博物院、东方宾馆、中国大酒店、花园酒店、广州首旅建国酒店、广州鸣泉居度假村、广州大厦、广州香格里拉大酒店等会展场馆。

会议业快速发展，国际化水平稳步提升。近年来广州持续优化会议业发展的软硬件环境，主动承接和吸引各类高端国际会议，进一步强化了广州作为华南国际会议中心的地位。

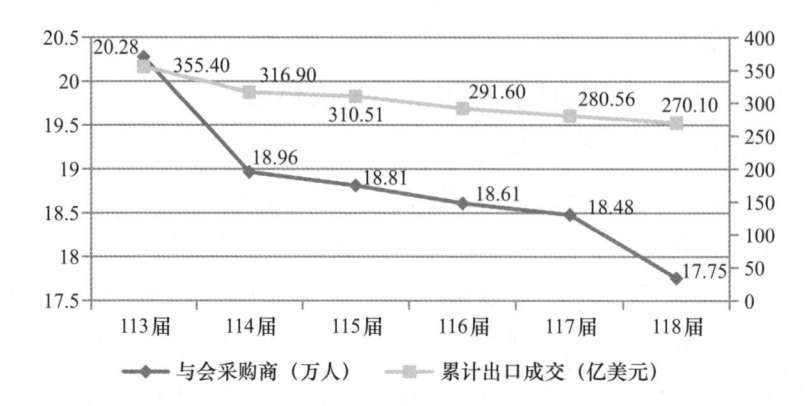

图 5-6　2013—2015 年"广交会"与会采购商和累计出口成交额

2011—2014 年广州市会议业取得了较快发展，重点场馆接待会议场次年均增长 7.9%，参加会议人次年均增长高达 20.1%（见表 5-2）。2014 年全市共接待会议 8385 场次，接待参会会议人员 120.77 万人次。在会议数量和参会人次快速增长的同时，会议级别和国际化水平稳步提升。2014 年接待国际会议 91 场，比上年增加 3 场；来自境外的参加会议人员 9.2 万次，比上年增长 13.2%。2014 年除了中国国际友好城市和广州国际创新大会等已经享誉世界的国际会议外，广州还举办了一系列专业和学术领域的国际专题会议。这些国际会议展示了广州良好的国际形象，提升了广州会议业的国际化水平。

表 5-2　　2011—2014 年广州市重点场馆举办会议情况

	单位	2011 年	2012 年	2013 年	2014 年
举办会议场次	场次	6682	7507	7919	8385
参加会议人次	万人次	69.73	79.55	114.99	120.77
其中：境内	万人次	68.51	77.84	113.11	119.28
境外	万人次	1.22	1.72	1.88	1.49

新型会展模式不断涌现。"互联网+"的大背景下，近年来

广州市会展企业不再局限于传统的线下会展模式，而是借助互联网实施转型升级，积极尝试新型会展模式。一方面大力发展线上平台，目前广州市大多数品牌展会都拥有了线上平台，通过发展线上展会突破了传统实体展会的时间和地域限制。另一方面努力推动线上线下的有机融合，催生线上线下互动的会展新模式，为买家和参展商提供更多便利和选择。例如，目前广交会积极开展B2B跨境电子商务平台在线交易服务，通过广交会电商平台，广交会突破时空限制，将原来每年两届的实体展会，发展成为全年365天为采供双方提供全面服务的国际贸易综合服务体。再如，广州国际照明展是世界规模最大的照明类专业展会，主办方推出集展示、推广、交易等功能于一身的垂直创新电子商务平台——"阿拉丁商城"，定位于照明全产业链电商平台，为照明行业提供上下游供应链集中采购、贸易匹配、产品交易、品牌展示与推广、渠道拓展、产业金融服务等一站式解决方案。

会展业显示出较强的拉动效应。2011—2014年，广州会展活动拉动旅游消费年均增长1.2%，拉动旅游外汇收入年均增长4.9%。2014年，广州市接待外地会展活动人员达到788.8万人次，会展来宾人均花费6803.59元，市内主要消费项目依此为住宿、交通、购物、餐饮、娱乐等。广州市会展经济惠及众多行业，与关联行业形成了互动共赢局面，有效拉动了住宿餐饮、交通运输、批发零售、旅游、广告等相关服务产业的发展，显示出较强的拉动效应。据测算，2014年全年会展业拉动的旅游消费达241.22亿元，拉动旅游外汇收入15.26亿美元。

6. 货运量增速放缓，物流服务能力显著提升

国际交通枢纽地位进一步巩固。2005—2015年广州市全社会货运量维持了较高的增长速度，年均增长率达10.5%，2015年全社会货运量达10.04亿吨。港口货物吞吐量和标准集装吞

吐量的年均增长率分别为7.7%和17.8%，2015年港口货物和集装箱吞吐量达5.19亿吨和1759万标箱，分别居世界第5和第8位。广州白云国际机场是中国（大陆地区）三大国际航空枢纽之一，2005—2015年机场旅客吞吐量年均增长9.0%，2015年白云国际机场旅客吞吐量达5521万人次，位居全国第三位，全球排名第18位。

货运量增速整体放缓，快递业务量高速增长。近两年广州全社会货运量增速明显放缓，2013年货运量增速高达17.1%，2014年大幅回落至8.4%，2015年增速仅为4.0%（见图5-7）。港口货物吞吐量和标准集装吞吐量的增长速度也在下降，近几年的增速明显低于2009年以前的年份（见图5-8）。航空物流的增速相对较快，2011—2015年机场货邮行吞吐量年均增长7.0%，而同时期港口货物吞吐量和标准集装吞吐量的年均增速仅为3.8%和5.1%。从快递业务量来看，2014年广州市快递业务量达13.9亿件，同比增长75.2%，日均处理380.8万件，跃居全国第一。到2015年，全市快递业务量已达19.5亿件，同比增长40.4%，占全国总量的9.44%，占全省总量的38.93%，日均快递业务量更高达534.8万件。

图5-7　2005—2014年广州市全社会货运量增长情况

物流企业综合实力不断增强，服务能力显著提升。广州已经建成一批区域性物流基地，涌现出一批具有现代物流意识、有一定规模、各具特色的物流企业，成为广州现代物流业的微

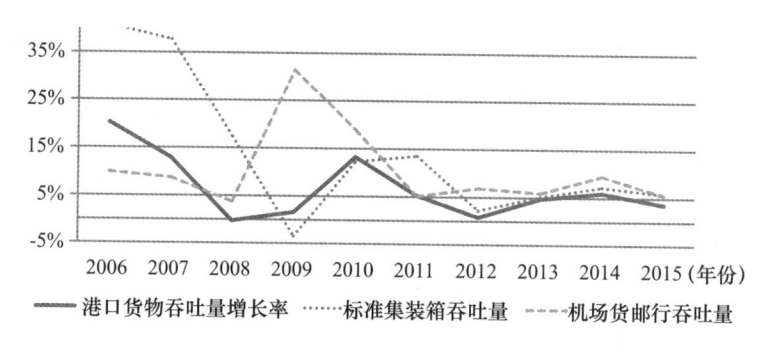

图 5-8 2005—2014 年广州市全社会货运量增长情况

观主体。宝供物流、南方物流、新邦物流等成为代表性的第三方物流龙头企业,林安物流集团则成长为代表性的第四方物流企业。截至 2015 年底,拥有国家 A 级以上物流企业 95 家,比 2014 年增加了 5 家,其中 5A 级物流企业 12 家,比 2014 年增加了 4 家。南方物流、宝供物流等 7 家广州地区物流企业,进入中国物流企业 50 强。此外,已有 FEDEX(联邦快递)、UPS(联合包裹快递)、DHL(敦豪快递)、TNT(天地速递)、日通国际物流等大型外资物流企业,在广州设立了分部或亚太转运中心。

(三)商贸功能变动的产业经济学分析

1. 广州市商贸服务业结构分析

近年来广州市服务业结构的一个显著变动特征是,批发零售业和金融业的比重上升,交通运输、仓储和邮政业占比下降。表 5-3 所列的前 6 个行业是实现商贸服务功能的主要产业。2004—2014 年,广州批发零售业年均增长速度快于服务业整体增长速度,使得批发零售业在服务业中的地位有所上升。批发零售业占整个服务业增加值的比重由 2004 年的 18.2%,上升为 2014 年的 23.1%,是目前广州服务业中增加值排名第一的行业。广州市服务业中金融业增加值的增长速度最快,按当年价格计算的年均增速高达 23.3%。2014 年金融业占服务业增加值的比重达13.1%，较2004年提升了6.2个百分点。然而，交通运输、仓储和邮政业的增加值占比却大幅下降，由2004年的18.8%下降为2014年的10.5%，占服务业增加值比重相应由排名第一降为第五。信息传输、软件和信息技术服务业的占比也明显下降，占服务业增加值比重由2004年的7.8%下降至2014年的4.6%。从服务业结构的变动情况来看，2004—2014年广州的贸易服务功能、金融服务功能变得更加突出，而物流服务功能和信息服务功能相对弱化。

表5-3　广州市服务业行业大类占整个服务业增加值的比重

	2004年	2009年	2014年	2004—2014年行业增加值年均增速
批发与零售业	18.2%	20.2%	23.1%	18.4%
交通运输、仓储和邮政业	18.8%	11.6%	10.5%	9.0%
住宿和餐饮业	4.6%	4.7%	4.1%	14.3%
金融业	6.9%	9.9%	13.1%	23.3%
租赁和商务服务业	10.5%	12.4%	10.7%	15.8%
信息传输、软件和信息技术服务业	7.8%	7.0%	4.6%	9.7%
房地产业	10.5%	12.7%	12.6%	17.7%
科学研究和技术服务业	2.7%	3.0%	3.9%	20.0%
水利、环境和公共设施管理业	1.0%	0.9%	0.9%	14.2%
居民服务、修理和其他服务业	3.2%	2.2%	1.7%	8.6%
教育	5.3%	4.7%	5.1%	15.1%
卫生和社会工作	3.1%	3.6%	3.9%	18.0%
文化、体育与娱乐业	2.2%	2.2%	2.3%	16.0%
公共管理、社会保障和社会组织	5.1%	4.9%	3.7%	11.8%

注：按当年价格计算2004—2014年行业增加值的年均增速。

2. 广州市商贸服务业区位熵分析

下面用区位熵分析方法，考察广州商贸服务功能的主要特征及影响辐射力。从 2014 年各行业的区位熵的大小来看，与商贸服务联系比较密切的几个行业中，除了金融业，信息传输、软件和信息技术服务业这两个行业之外，其他四个行业的区位熵都大于 1（见表 5-4）。其中租赁和商务服务业区位熵最高，达 2.06，行业发展的比较优势最为明显，显示出较强的辐射影响力。批发零售业、交通运输仓储和邮政业、住宿餐饮业这三个行业的区位熵都略大于 1，也具有一定的比较优势。金融业，信息传输、软件和信息技术服务业的区位熵小于 1，占服务业比重不及全国的平均水平，反映出广州市金融服务和信息服务功能相对较弱。

从 2004—2014 年区位熵的变动特点来看，批发零售业、住宿餐饮业的区位熵都趋于上升，显示这两个行业的辐射影响力有所增强，广州市作为贸易中心、消费中心、美食中心的地位趋于提高。金融业的区域区位熵也有所上升，但上升幅度不大。交通运输仓储和邮政业，租赁和商务服务业，信息传输、软件和信息技术服务业的区位熵趋于下降，反映出这三个行业在国内的地位有所降低，其所代表的航运物流中心、商务服务中心、信息服务中心的地位相应下降。其中，交通运输、仓储和邮政业的区位熵下降符合国际商贸中心城市的产业结构演进规律，未来可能会继续降低。而信息传输、软件和信息技术服务业的区位熵在考察期间下降至 1 以下，与预期不符。信息传输、软件和信息技术服务业属于知识密集型行业，倾向于在大都市集聚，在适当产业政策支持下未来有望取得较快发展。

表 5-4 广州市服务业行业大类的区位熵

	2004 年	2009 年	2014 年
批发与零售业	0.94	1.03	1.14
交通运输、仓储和邮政业	1.31	1.03	1.12
住宿和餐饮业	0.81	0.98	1.13

续表

	2004 年	2009 年	2014 年
金融业	0.82	0.83	0.87
租赁和商务服务业	2.58	2.96	2.06
信息传输、软件和信息技术服务业	1.19	1.27	0.86
房地产业	0.95	1.01	1.02
科学研究和技术服务业	0.98	0.93	1.06
水利、环境和公共设施管理业	0.86	0.95	0.79
居民服务、修理和其他服务业	0.84	0.61	0.54
教育	0.70	0.66	0.74
卫生和社会工作	0.77	1.04	0.92
文化、体育与娱乐业	1.36	1.45	1.57
公共管理、社会保障和社会组织	0.54	0.48	0.44

注：区位熵按行业门类占服务业增加值比重计算。

（四）国际商贸中心建设探索

广州建设国际商贸中心的目标并不是突然提出来的，而是随着城市综合实力和地位的不断提升，经历了较长时期的探索后才得以确定下来的。商贸业一直在广州市经济体系中占有重要位置，以批发、零售、餐饮、物流仓储为代表的传统商贸流业一直是城市服务业的构成主体。但由于这些传统商贸流通业整体停留在较低的发展层次，不仅影响了广州充分发挥"千年商都"的优势，还带来了交通、安全、市容市貌等其他一系列问题。从20世纪90年代中后期开始，如何推动传统商贸业转型升级、增强辐射影响力，逐步成为事关广州经济社会发展大局的重大课题。

1998年广州市提出了"一个基地"和"八个中心"的功能定位，"一个基地"是指工业基地，"八个中心"包括商贸中心、金融中心、科技中心、信息中心、教育中心、文化中心、旅游中心、交通中心，广州开始明确把商贸中心建设作为增强城市综合服务和集聚扩散功能的重要举措。这时广州市与知名国际大都市相比，综合实力差距还比较大，还没有叫板国际大都市的底气。此外，也缺少基于服务国家区域发展和对外开放战略来思考城市发展定位的眼光。在这种历史条件下，自然难以提出建设国际商贸中心的战略目标。此后经过了十余年发展，广州综合实力和城市地位得到大幅提升，经济界和决策层才慢慢感觉到广州市需要从区域、全国乃至全球层面谋划发展的必要性，国际商贸中心的发展定位才逐渐明确并得到普遍认同。

2008年以来，广州市大力推进市区产业"退二进三""双转移""腾笼换鸟"，腾出空间大力发展现代服务业，提升城市综合服务功能，在很大程度上促进了现代商贸业发展。特别是2009年，国务院颁布了《珠江三角洲地区改革发展规划纲要（2008—2020年）》（以下简称《规划纲要》），将广州的发展定位上升到国家战略层面。《规划纲要》明确要求广州要强化国家中心城市、综合性门户城市和区域文化教育中心的地位，将广州建设成为广东宜居城市的"首善之区"和面向世界、服务全国的国际大都市。对广州而言，"国家中心城市"的定位不仅仅昭示了一个新的开端，也意味着广州将承担更多的国家责任，更多地代表国家屹立于世界城市之林。正是基于这种背景，广州提出了在"十二五"期间建设国际商贸中心城市的战略目标。

2010年，广州市委九届九次全会提出"把打造国际商贸中心和世界文化名城作为建设国家中心城市和全省'首善之区'的重要内容"，标志着广州正式把建设国际商贸中心作为城市发展的战略重点。2012年，广州市委市政府出台《关于建设国际商贸中心的实施意见》，标志着广州国际商贸中心建设进入实质推进阶段。该实施意见提出，"到2020年，营商环境法治化、国际化程度不断提高，商贸发展效益与质量显著提升，基本建成市场开放度与贸易便利化程度高，国际国内两个市场资源配置功能强大,会展中心、购物天堂、贸易枢纽、采购中心和价格形成中心、物流航空航运中心、区域金融中心、电子商务中心、美食之都等主体功能完备的国际商贸中心,在全球商贸的枢纽地位进一步提升和强化"。这一发展目标不仅强调了全球性的影响,还提出了国际商贸中心建设的八个具体的功能定位,从而明确了广州的努力方向和重点领域,使建设国际商贸中心战略部署能够更好地得到贯彻落实。

2015年,广州市委十届六次全会确定广州建设"三中心一体系"战略部署,即着力建设国际贸易中心、国际航运中心、国际物流中心和现代金融服务体系。其中,国际贸易中心、国际航运中心和国际物流中心实际上都是国际商贸中心的具体功能,因此"三中心一体系"进一步强调了广州作为国际商贸中心的战略定位,也是广州在互联网时代根据实际情况做出的战略调整和战略选择。

2016年2月,国家批复广州市城市总体规划,确定广州为"国家历史文化名城,我国重要的中心城市、国际商贸中心和综合交通枢纽"的总体定位,在国家层面首次明确了广州建设国际商贸中心的城市定位,表明广州建设国际商贸中心已经上升为国家战略。可见,广州建设国际商贸中心已经不再是广州自身的事情,还承担了国家的战略任务,服务于国家战略目标。广州作为我国唯一一个两千年来长盛不衰的通商口岸和千年商都,在新形势下大力推进国际商贸中心建设,不仅是广州城市发展的必由之路,也有利于其更好地发挥全方位对外开放平台作用。能够让广州市在更高层次上,运用两个市场、两种资源,为我国开放型经济发展、推动形成全面开放新格局做出新的更大的贡献。

(五)国际商贸中心建设的基础条件

改革开放以来,特别是十八大以来,面对复杂的国内外环境，广州坚持新发展理念，按照高质量发展要求，推动传统商业加快转型，加快新经济、新产业、新业态、新模式创新发展，促进"传统商都"向"现代商都"转型，国际商贸中心竞争力进一步提升。目前广州商贸综合实力在全国名列前茅，为新时代广州建设国际商贸中心夯实了基础。

1. 商贸综合实力稳步提升，国际商贸中心地位持续增强

（1）商贸总体规模稳步提升

2017年，广州商贸业规模持续扩大，商贸综合实力持续提升。全年实现社会消费品零售总额9402.59亿元，规模连续30年稳居全国各大城市第三位，同比增长8.0%，在京津沪渝穗深苏杭八大城市中增速居第6位，比北京高2.8个百分点，比天津高6.3个百分点。全市商品销售总额62164.66亿元，规模位居北京、上海之后，同比增长12.0%，增速高于上年2个百分点，在京津沪穗深五大城市中，与上海（12%）持平，高于北

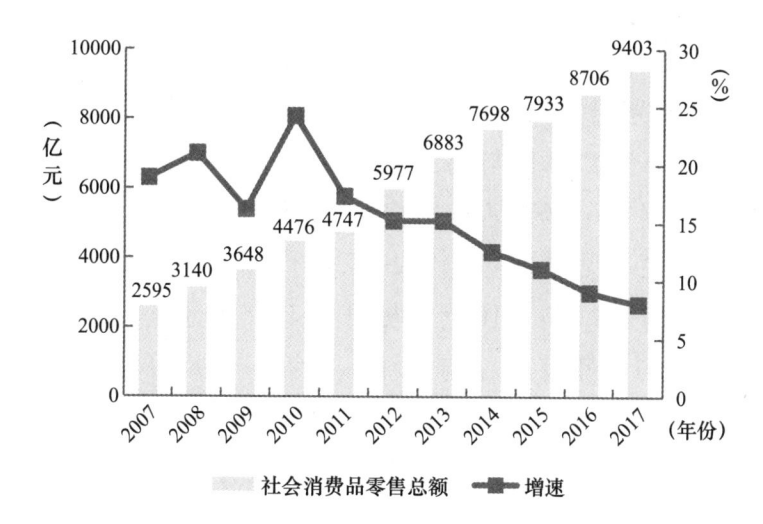

图5-9 2007—2017年广州社会消费品零售总额及增速情况

资料来源：根据《广州统计年鉴》（2008—2017年）、《广州2017年国民经济和社会发展统计公报》整理。

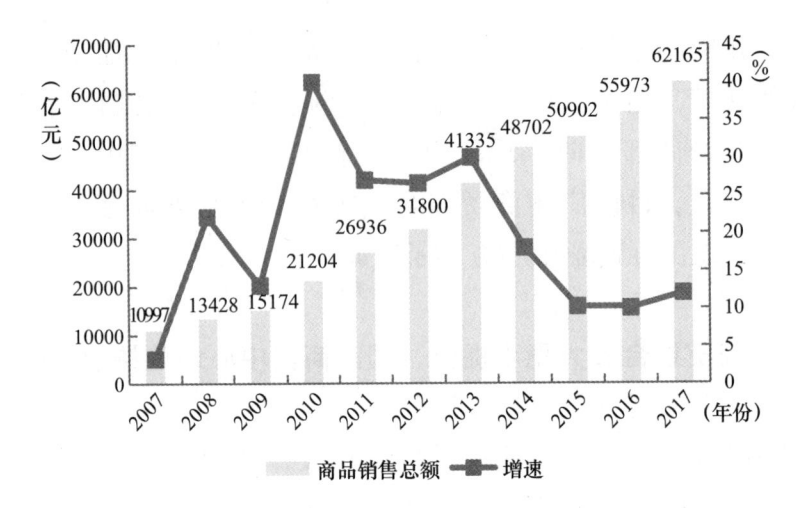

124　新时代广州国际商贸中心发展策略

图 5-10　2007—2017 年广州批发零售业商品销售总额及增速情况

资料来源：根据《广州统计年鉴》（2008—2017 年）、《广州 2017 年国民经济和社会发展统计公报》整理。

京（10.5%）、天津（7.1%）、深圳（10.1%）。全年完成商品进出口总额 9714.36 亿元，同比增长 13.73%，高于上年同期（3.1%）10.63 个百分点，比广东省（8.0%）高 5.73 个百分点。

（2）商贸流通发展位居全国前列

与国内主要中心城市比较，广州商贸流通规模继续稳居全国主要城市第三，并且与第二位的北京差距在逐步缩小，比第四位的重庆（8067.67 亿元）多 1334.92 亿元，国际商贸中心地位日益强化（见图 5-11）。2017 年广州社会消费品零售总额相当于北京的 82.2%，比上年提升 3.1 个百分点，相当于上海的 79.5%，与上年持平，与天津、深圳、苏州等城市相比，广州继续保持 3000 亿元以上的领先优势。从广州主要商贸流通指标在全国大中城市中的位次来看，主要业务量指标继续稳居全国前列。2017 年，白云国际机场旅客吞吐量达 6583.69 万人次，位居全国第三位，同比增长 10.2%；货邮行吞吐量 233.85 万吨，同比增长 8.3%；广州港口货物吞吐量达 5.90 亿吨，集装箱吞吐量突破 2000 万标箱，达 2037.20 万标箱，位居全球前列。

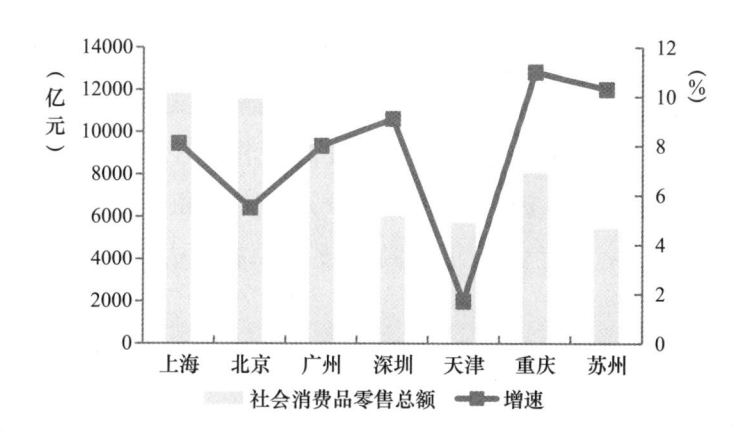

图5-11 2017年国内主要城市社会消费品零售总额及增速情况

资料来源：根据北京、上海、天津、重庆、广州、深圳各市2017年国民经济和社会发展统计公报整理。

（3）国际营商环境不断优化

2017年，广州商贸流通改革创新多个领域走在全国、全省前列。内贸流通体制改革试点、跨境电商综试区、市场采购贸易方式试点、服务贸易创新发展综合试点等都形成了一批先行先试经验。国内贸易流通体制改革发展综合试点广州经验数量位居全国第二。在全市商贸流通领域全面复制推广"政商企三方共治共管商圈"的试点经验模式。研究起草了《广州市关于率先加大营商环境改革力度加快形成全面开放新格局的若干意见》，积极探索自由贸易港建设研究，商务诚信建设工作评估排名全省第一。随着商贸改革创新的深入，广州市场化、法治化、国际化营商环境不断优化，为广州国际商贸中心辐射影响力的提升提供了有力支撑。

2. 消费结构调整步伐加快，消费中心地位不断提升

（1）消费市场呈"前高后低"走势

2017年，广州消费市场整体呈现出前高后低的"小波浪线"态势运行,与 2016 年"前低后高"的运行特点有所不同(见图 5-12)。从社会消费品零售总额月度指标来看,相邻月份间波幅均在 0.3 个百分点之内,整体运行态势较为平稳。其中,2 月累计增速为 9.3%,增速最高;12 月累计增速为 8.0%,增速最低,增速最高值与最低值相差 1.3 个百分点。除 4 月累计增速比上月提高 0.1 个百分点,8 月和 11 月累计增速与上月持平外,全年走势从年初高位逐步窄幅下行。

图 5-12　2017 年 1—12 月广州社会消费品零售总额增长情况

资料来源:广州统计信息网。

(2) 消费结构调整继续深化

2017 年,广州消费市场内部结构有以下特征:一是批发业、住宿业增速明显提高,零售业、餐饮业增速回落。2017 年广州市批发零售额 1106.01 亿元,增长 17.0%,增速比上年同期提高 19.8 个百分点;零售业零售额 7153.34 亿元,增长 7.1%,增速比上年同期回落 3.9 个百分点;住宿业零售额 82.64 亿元,增长 10.0%,增速比上年同期提高 7.0 个百分点;餐饮业零售额 1060.60 亿元,增长 5.4%,增速比上年同期回落 2.7 个百分点。二是网上商店零售增速仍高于实体商店,百货店增速继续下降、大型超市逐步回暖，专业店增速回落。全市零售业（以下均为限额以上口径）商品零售额3341.22亿元，增长6.9%。其中网上商店消费786.68亿元，增长19.3%；百货店增速下降2.6%；大型超市增速3.2%，比上年同期提升4.7个百分点；专营店增长1.5%。三是与居民消费质量提升和品质改善相关的商品零售额保持较快增长。通讯器材类、中西药品类商品零售保持较快增长，分别增长14.7%、18.6%，均呈两位数增长；由于受上年同期技术及1.6升以下汽车购置税到期的影响，汽车商品零售额为1061.03亿元，增长2.3%，比上年同期下降7.3个百分点；石油及制品类416.92亿元，增长1.7%，比上年同期增长2.8个百分点，文化办公用品类商品零售额下降2.3%。

3. 电子商务实现平稳发展，跨境电商规模连续四年全国第一

（1）电子商务发展水平位居全国前列

2017年广州电子商务发展水平仍位居全国前列。全市网上商店零售额786.68亿元，同比增长19.3%，高于全市社会消费品零售总额增速11.3个百分点，与2016年同期相比增速有所放缓，但仍呈快速发展态势（见图5-13）。快递业务量39.33亿件，连续四年居全国第一（见图5-14）。电子商务企业竞争力不断提升，阿里巴巴、慧聪网、京东商城、卓越亚马逊、苏宁易购等一批国内电子商务龙头企业在穗设立区域总部。广州酷狗计算机科技有限公司等10家龙头企业，被认定为国家电子商务示范企业；广州华多网络科技有限公司等28家企业，被认定为省级电子商务示范企业。国家和省示范企业数量均居全省第一。广州市认定的电子商务示范企业50家，比2016年增长9家。全市共有开展网络销售电子商务企业超20万家；其中，上市16家，新三板挂牌23家。广州被评为国家移动电子商务试点示范城市、中国电子商务应用示范城市、中国电子商务最具创新活力城市。

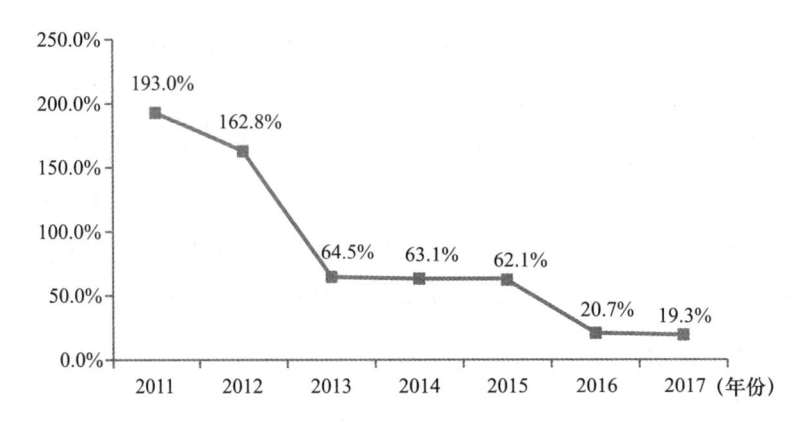

图 5-13　2011—2017 年广州限额以上网上商店零售额同比增速情况

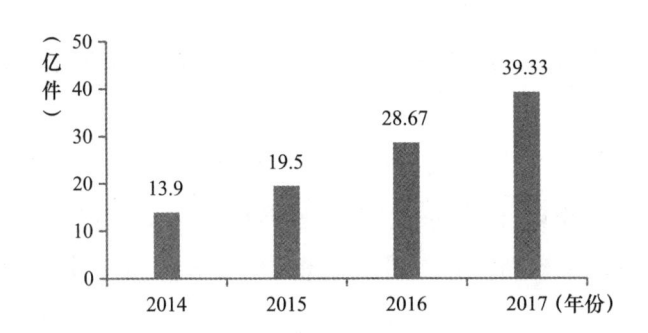

图 5-14　2014—2017 年广州快递业务量规模情况

（2）电子商务呈现集聚发展态势

广州电子商务产业按照"1+1+9"布局发展思路，推动电商集聚区和示范基地建设，逐步形成了"一核引领、两翼齐飞、多区联动"的发展格局。一是琶洲互联网创新集聚区粗具雏形。目前，已吸引了腾讯、阿里、复星、国美、小米、YY、唯品会、环球市场、粤传媒、科大讯飞等 14 家企业的 26 个项目及业务运营公司，总注册资本达 109 亿元。二是两大国家电子商务示范基地集聚效应明显。广州云埔电子商务园区聚集了 120 多家品牌电子商务企业和电子商务服务机构，形成了龙头企业＋中小微企业集聚,综合电商、垂直电商、金融电商、跨境电商和传统企业应用电子商务多业态集聚发展格局。广州荔湾区花地河电子商务集聚区规划有10个重点园区,包括唯品会、广新信息大厦、广佛数字园(一、二、三期)、岭南电子商务园(梦芭莎)、广东塑胶交易所(广州圆)等功能区,已集聚唯品会、摩拉、绿瘦、七乐康、广东塑胶交易所等一批电商龙头企业,以及一批产值密度高、高成长性的中小科技创意企业,已发展成为千亿元级产业集聚区。此外,依托各区产业特色和比较优势,广州还形成了一批淘宝村,主要集中分布在白云、番禺、花都、增城等区。

(3) 跨境电商规模连续四年全国第一

2017年,广州跨境电商进出口227.7亿元,增长55.1%,连续四年位居全国第一。广州海关共审核(验放)255.4万票跨境电子商务货物电子清单,位列全国第三,是2016年的3倍;货值6.3亿元,是2016年的3.8倍。根据国家邮政局统计,"双十一"期间寄发快件量连续两年居全国第一。作为国家跨境电子商务综合实验区,广州继续大胆探索、创新发展,出台跨境电商发展政策,商务、税务、财政、旅游等多部门持续优化业务流程和服务,在南沙国际邮轮码头和广州火车东站增加离境口岸,推动线上线下融合创新。线上品牌企业积极探索线下拓展,通过开设实体门店完善消费体验,助推品牌推广和线上销售,如汇美集团、茵曼等著名线上女装品牌推进线下渠道运营,实现线上线下协同发展。

4. 会展经济位居全国第一梯队,会议国际化水平显著提升

(1) 会展业规模持续提升

2017年,广州市持续加大会展业投入,优化会展发展环境,加快引进国际、国内会展机构和品牌展会、国际会议及行业高端会议,推动会展扩大国际交流合作,实现了展览业规模和效益的持续提升，保持了会展经济全国前列地位。2017年，广州市市重点场馆共举办展览场次678场，同比增长23.0%；展览面积989.6万平方米，居全国第二，仅次于上海，同比增长10.4%，展览业规模总体呈稳中有升态势。

（2）品牌展览影响力不断扩大

2017年，广州一批国内外知名品牌展影响力持续提升，发挥了行业"风向标"和"晴雨表"的作用，提升了行业整体竞争力。2017年，广州市10万平方米以上大型展会共15个。其中，广交会、广州国际照明展览会规模居同行业世界第一，中国广州国际家具博览会、中国（广州）国际建筑装饰博览会、广州国际美容美发美妆博览会等展会规模居同行业亚洲第一。第122届广交会采购商报到19.2万人，同比第120届增长3.36%，累计出口成交1986.52亿元人民币（折合301.6亿美元），同比增长8.2%。广州国际酒店设备用品展览会、中国（广州）国际汽车展览会、中国（广东）国际旅游产业博览会等大型展会也在原有基础上进一步做大做强。2017年10月，广州获得商务部中国会展经济研究会颁布的"中国最具竞争力会展城市"称号。

（3）国际会议业加快发展

近年来，广州围绕高端国际会议目的地城市的发展目标，持续优化会议业发展的软硬件环境，主动承接和吸引各类高端国际会议，会议业发展水平显著提升。2017年，广州市举办会议场次7768场，同比增长9.0%；参展参观参会人数1570.3万人次，同比增长5.5%。广州成功举办《财富》全球论坛、从都国际论坛、国际投资年会、夏季达沃斯"广州之夜"、世界城市日全球主场活动、国际金融论坛全球年会等47场国际性会议。《财富》全球论坛参会嘉宾层次与规模超过历届水平，2万多家媒体参与宣传报道，论坛向全世界展示了广州开放与创新的新形象。《财富》国际科技头脑风暴大会永久落户广州，2018

年世界航线发展大会、2019国际港口大会等国际会议将在穗举办。举办众多主题的国际会议,为广州带来专业性强、辐射面广的优质国际资源,有利于提升广州会议国际化水平,助力广州打造高端国际会议目的地城市。

5. 货物贸易进出口结构不断优化,贸易强市建设加快推进

(1) 货物贸易进出口实现稳步增长

2017年,广州的一般贸易、保税物流实现了稳步增长,跨境电商、市场采购等外贸新业态成为新的增长点,外贸规模实现了稳定增长。全年商品进出口总值9714.36亿元,增长13.7%(见表5-5)。其中,商品出口总值5792.15亿元,增长12.3%;商品进口总值3922.21亿元,增长16.0%。进出口顺差1869.94亿元,比2016年增加62.76亿元。从横向对比来看,广州进出口增速比广东省(8.0%)高5.7个百分点,也高于上海(12.5%)、深圳(6.5%)和天津(12.8%)。从贸易方式来看,一般贸易进出口增长良好,进出口总额达到4390.52亿元,增长17.01%,占比为45.2%,比2016年提升1.43个百分点;加工贸易进出口总额2738.34亿元,下降0.75%,占比28.19%,比2016年下降4个百分点。外贸新业态加快发展,旅游购物出口1055.9亿元(8月1日起停止实施),市场采购成出口新动力,累计出口618.3亿元,占出口总额比重的10.67%,市场采购规模居全国第二。跨境电商进出口227.7亿元,增长55.1%,跨境电商总体规模居全国之首。保税物流进出口618.3亿元,增长14.19%。

表5-5　　　　　　　　2017年广州货物对外贸易对比表

城市	进出口		出口		进口	
	金额(亿元)	增速(%)	金额(亿元)	增速(%)	金额(亿元)	增速(%)
全国	277923	14.2	153321	10.8	124602	18.7

续表

城市	进出口		出口		进口	
	金额（亿元）	增速（%）	金额（亿元）	增速（%）	金额（亿元）	增速（%）
广东	68155.9	8.0	42186.8	6.7	25969.1	10.1
北京	21923.9	17.5	17961.4	18.0	3962.5	15.5
上海	32237.82	12.5	19117.51	15.4	13120.31	8.4
天津	7646.85	12.8	4694.49	21.6	2952.36	1.2
广州	9714.36	13.7	5792.15	12.3	3922.21	16.0
深圳	28011.46	6.5	11477.89	7.9	16533.57	5.5

资料来源：中国统计局网站、广东省统计局、广州统计信息网整理。

（2）高新技术产品出口占比持续提升

近年来，广州出口产品结构不断优化，高附加值、高技术含量产品成为出口主导产品。2017年，广州机电产品出口总额439.80亿美元，同比增速为11.1%，占广州出口总额的51.50%；高新技术产品出口146.32亿美元，增速为7.2%，占出口总额的17.15%，广州机电产品与高新技术产品成为出口的主导产品（见表5-6）。部分大宗商品实现较快增长，服装及衣着附件、液晶显示板、金融或包金属首饰、箱包及类似容器等产品增速超过20%，家具及其零件、汽车零配件等产品增速也达7%以上。

表5-6　　　　2011—2017年广州出口产品结构变化表　　（单位：亿美元,%）

年份	出口总额	机电产品		高新技术产品	
		金额	比重	金额	比重
2011	564.73	295.66	52.35	105.80	18.73
2012	589.12	309.42	52.52	112.73	19.14
2013	628.07	311.48	49.59	107.2	17.07
2014	727.15	357.94	49.23	126.66	17.42

续表

年份	出口总额	机电产品		高新技术产品	
		金额	比重	金额	比重
2015	811.9	411.69	50.71	137.61	16.95
2016	786.1	407.99	51.90	140.79	17.91
2017	853.16	439.38	51.50	146.32	17.15

资料来源：根据广州海关广州地区历年进出口简报数据整理。

（3）出口市场保持多元化格局

近年来，广州外贸市场继续调整，进出口市场更趋多元。2017年，香港、美国、欧盟、日本、东盟依然是广州前五大贸易伙伴，占全市进出口总额的59.17%。从出口市场份额看，香港是广州第一大出口市场，从增速来看，对香港和日本分别下降12.85%和1.69%，对美国、欧盟、东盟分别增长9.31%、18.40%和20.35%。从进口市场份额来看，日本是广州第一大进口来源地，从增速来看，五大贸易伙伴进口增幅均实现2位数增长。此外，广州与"一带一路"沿线国家贸易往来日益活跃，2017年广州对"一带一路"沿线国家进出口总额比重达到26.55%，反映出广州日益多元化的进出口市场格局。

（4）对"一带一路"沿线国家投资贸易活跃

2017年，广州市积极鼓励广州企业到"一带一路"沿线国家开展投资贸易和国际产能合作，企业"走出去"步伐加快。广州对"一带一路"沿线国家贸易联系日益加强，"一带一路"沿线国家进出口总额2579.05亿元，增长19.67%，其中出口1810.52亿元，增长23.22%，进口768.53亿元，增长12.07%。广州对"一带一路"沿线国家投资凸显。2017年，广州企业对"一带一路"沿线的17个国家新增投资项目31个，中方协议投资额16.2亿美元，占全市对外投资中方协议额的62.5%。同时，对港澳地区以外79个项目中方协议投资22.04亿美元，占全市中方协议投资总额84.09%，比重提高40.54个百分点。

6. 服务贸易发展迅速，服务贸易创新试点稳步推进

（1）服务贸易规模居试点城市前列

广州作为国家服务贸易创新发展试点城市，积极推进服务贸易创新发展，形成了率先将服务贸易领域纳入国际贸易"单一窗口"建设、进出境生物材料便捷通关、优化航运监管模式、创新融资租赁模式等多项创新经验。服务贸易保持持续快速增长。2017年服务贸易总额为457.49亿美元，同比增长20.98%，贸易规模居试点城市前列。其中，出口174.6亿美元，增长14.34%；进口282.9亿美元，增长25.48%。服务贸易质量不断提升，服务贸易总额占对外贸易比重的24.2%。此外，广州作为中国服务外包示范城市，服务外包发展水平持续提升。2017年全市服务外包全口径79.05亿美元，同比增长14.60%，离岸执行额达50.49亿美元，同比增长11.88%，服务外包规模排名全省第一。

（2）服务贸易结构不断优化

从服务贸易行业结构来看，服务贸易规模位列前三的分别是"旅行"（占44.8%）、"电信、计算机和信息服务"（占17.1%）和"运输服务"（占13.5%）；同比增长幅度位列前三的分别是"电信、计算机和信息服务"（增长171.79%）、"建设"（增长64.43%）和"其他服务"（增长48.13%）。新兴领域增长快速，成为服务贸易新的增长点。2017年，广州共完成邮轮靠泊122艘次，进出港旅客40.4万人次，同比分别增长17.3%、23.8%，分别占全国规模的10%、8%，邮轮旅客规模位居全国第3位。融资租赁企业数量实现快速增长。截至2017年底，企业累计达346家，是2013年数量的3倍多；企业累计合同额超1800亿元，新增合同额超800亿元。广州市融资租赁业的市场渗透率达8%以上，服务领域涵盖航运、汽车、轨道交通、成套设备、能源、节能环保、医疗、互联网平台、印刷和工程建筑等，服务对象从珠三角辐射到全国。

7. 餐饮转型升级加快推进，"美食之都"影响力不断扩大

（1）餐饮业发展水平居全国前列

2017年，广州坚持规划引领，战略谋划，优化餐饮业空间布局，推进餐饮业转型升级和创新发展，实现行业规模稳步增长。2017年广州住宿餐饮业实现零售额1143.24亿元，同比增长6.2%。零售额规模位居全国第一，总量超过上海、北京；其占全市社会消费品零售总额的12.6%，在北上广深四大一线城市中占比最高。广州餐饮业布局日益完善，已形成27个餐饮集聚区，其中有北京路惠福美食花街、广州美食园、珠江琶醍啤酒文化创意艺术区、珠江新城—兴盛路美食街等10个都会级餐饮集聚区和江南西美食区等17个片区级餐饮集聚区；购物中心美食广场66个，餐饮企业约13万家。

（2）餐饮业转型升级加快推进

2017年，广州通过促进商旅文融合发展、全面实施品牌带动战略、推动餐饮业电子商务应用、加强粤菜饮食文化的传承推广等战略部署，促进了餐饮业转型发展。一是大力推进商旅文融合发展。推进惠福西美食花街、番禺大道餐饮集聚区项目等建设，以"食在广州"为核心加强美食文化旅游推广项目，以"饮食文化"为核心主题，整合园林建筑、书法绘画、音乐戏剧、雕刻艺术等多种岭南文化开发文化旅游，促进餐饮业转型发展与广州商旅文发展实现有机融合。二是全力实施品牌带动战略。积极引入米其林星级餐厅评价体系，广州成为米其林指南中国内地第二城，进一步提升了餐饮品牌的知名度和服务水平。分类引导餐饮老字号企业进行商标注册，规范商标使用，助推老字号餐饮企业转型发展。三是加快餐饮业电子商务应用推广。吖咪厨房、晚一点海鲜外送、百度糯米等互联网餐饮企业进一步拓展"互联网+餐饮"新业态；炳胜酒家、板长寿司、太平洋咖啡、汉堡王、北园酒家等传统餐饮企业通过大众点评网、美团网等平台开展"互联网+餐饮"新业务，餐饮服务线上线下融合加快推进。四是加大粤菜饮食文化宣传推广。广州成功举办2017年广州国际购物节和广州国际美食节，美食节10天8会场累计入场总人数超过120万人次，消费总额超过1亿元，拉动全市餐饮业消费总额超过10亿元，受央视央广网关注，彰显了广州作为"国际美食之都"和"中华美食之都"的魅力风采。

8. 物流业竞争力不断提升，国际物流中心地位巩固提升

（1）物流规模实现稳步增长

2017年，广州物流业主要指标增速较快，与上年相比出现明显提升。2017年广州全年货运量12.07亿吨，比上年增长11.8%，增速与上年相差不大。全年货运周转量为21422.18亿吨千米，比上年增长39.2%，增速较上年有所放缓（见表5-7、图5-15、图5-16）。国际铁路经济取得重大突破，截至2017年底，广州中欧班列共开行58列，发运4796标箱，发运货物2.44万吨，货物总申报价值约3.40亿美元。

表5-7　　　　　　　　2016年广州市主要物流指标

指标	单位	绝对值	比上年增长（%）
货物运输量	亿吨	120736.85	11.8
货运周转量	亿吨千米	21422.18	39.2
港口货物吞吐量	万吨	59011.74	8.4
港口标准集装箱吞吐量	万箱	2037.20	8.0
机场货邮吞吐量	万吨	233.85	8.3

资料来源：《广州2017年国民经济和社会发展统计公报》。

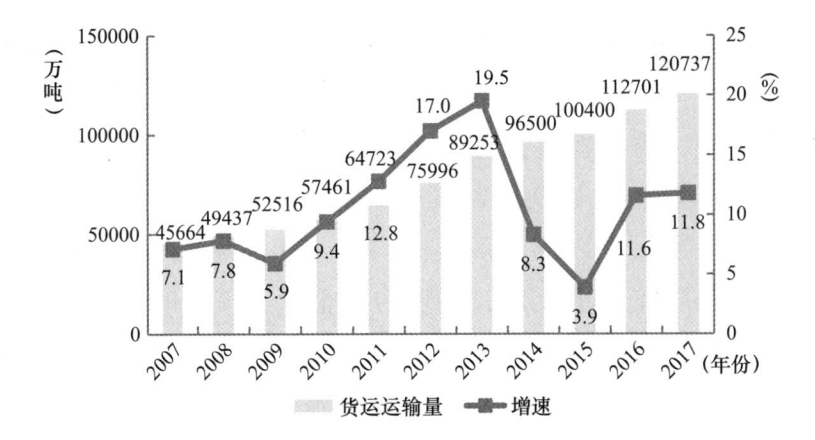

图 5-15　2007—2017 年广州货运量及增速

资料来源：《广州统计年鉴》（2008—2017 年）、《广州 2017 年国民经济和社会发展统计公报》。

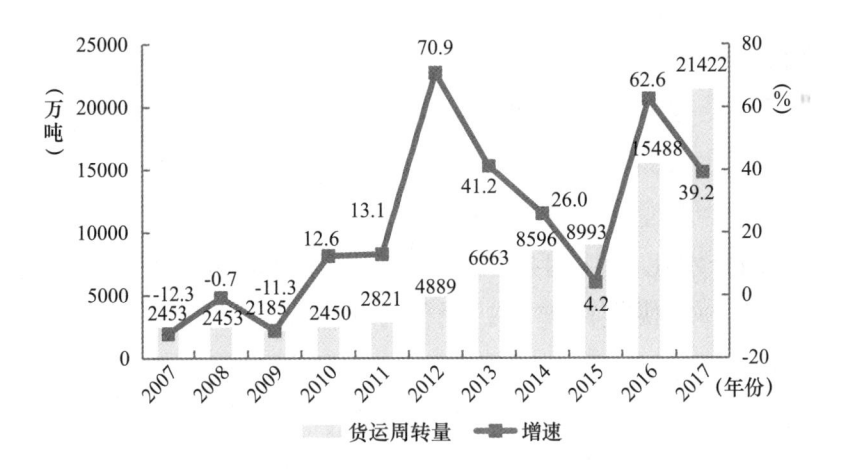

图 5-16　2007—2017 年广州货运周转量及增速

资料来源：《广州统计年鉴》（2008—2017 年）、《广州 2017 年国民经济和社会发展统计公报》。

（2）物流业竞争力不断提升

政府通过财政扶持、支持智慧化物流信息服务平台建设等多种方式，推动"互联网+物流"创新模式发展，推动智慧物流体系建设，促进商贸物流企业应用新技术、新模式提高物流效率。广州作为第一批物流标准化试点城市，物流标准化水平不断提升,由省商务厅、财政厅委托第三方机构评估结果显示,广州市物流标准化试点绩效评价得分91.38分,绩效评价综合评估结果为优秀。物流企业竞争力也不断提升,2017年广州市A级以上物流企业共99家,其中5A级14家,4A级48家,5A级物流企业数量省内第一。其中广州本土企业嘉诚国际物流和原尚物流先后在A股上市,实现物流企业上市零的突破。

(3) 冷链物流发展迅速

近年来,广州市积极推动冷链物流基础设施建设,冷链物流业发展迅速。2017年,全市进口肉类指定口岸所拥有的冷链查验和存储一体化设施中,专用冷库容量达到30030吨,一体化设施综合进口能力达到143.6万吨,分别占广东省28.3%、27.3%,占比位居广东省第二。据不完全统计,广州市具有一定规模冷链企业达133家,其中黄埔区冷链企业数量最多,占比28.3%。全市冷库容量993239吨,1000吨以上冷库102个,5000吨以上冷库62个,分别比2013年增加24.2%、45.7%和51.2%。全市冷藏车1776台,其中:自有1124台,常年租赁652台,分别比2013年增长38.9%、21.6%和83.7%。冷链物流技术设备加快推广应用,现代冷链业态不断涌现,传统冷链企业加速向第三方冷链企业转型,出现了以夏晖物流、东方海外物流、广东大昌行储运有限公司为代表的第四方冷链物流企业。生鲜冷链蓬勃发展,2017年广州市生鲜农产品电商交易额约200亿元,占全国比重为14.4%。

9. 按照展贸化、高端化、信息化升级方向,专业市场加快转型发展

(1) 专业市场加快转型创新发展

2017年,广州通过开展两大工程,六项专项行动,分类推动专业批发市场有序疏解。市场加速转型升级,行业发展从追求"数量"向追求"质量"方向转变。广州国际轻纺城、广州

白马服装市场、广州红棉时装城、广州 UUS、五洲城、雄峰城、广州摄影城等都积极寻求转型升级和业态创新发展。按照展贸化、高端化、信息化升级方向，优衣仕、安华汇、岭南电商产业园等一批具有示范带动作用的市场转型升级项目有序推进。一德路海味干果市场、濂泉路服装市场等依托广货宝、银联供应链等通过开展"专业市场+综合物流企业"的仓储集中和物流模式创新，推动物流配送集约化转型，促进线上采购和商流物流分离。

（2）专业市场公共服务平台服务不断提升

广州通过搭建专业市场公共服务平台促进模式创新，上线广州专业市场公共服务平台 2.0 版，优化用户体验，推进平台与广货宝、代叔仓配、凯翔物流等平台实现数据互通、业务整合，为平台用户提供服务众包、下单、仓储、配送等定制服务。支持平台在中心城区特别是中大布匹市场、一德路海味干果市场等的推广应用，逐步形成面向市场商户应用的产业服务协同，并首次公布了广州商情监测与景气指数，助力专业市场转型发展。

10. 南沙自贸区成新一轮改革开放先行地，投资贸易便利化改革创新取得新进展

（1）国际贸易及航运功能不断提升

南沙自贸区作为广州新一轮对外开放和商贸发展的重要平台和载体，促使南沙港国际航运枢纽功能不断增强。南沙港区四期、深水航道拓宽工程、邮轮母港等项目加快推进。南沙港区码头操作效率排名全球前列，平均装卸一只集装箱耗时约 1分钟。2017 年，南沙港区实现货物吞吐量同比增长 10.1%，集装箱吞吐量同比增长 10.5%，增速分别高于全市 1.7 个百分比和 2.5 个百分点。航运服务业集聚发展，国际航运服务业集聚区建设加快推进；引进了全球最大的运输船队中远海运散货总部落户，集聚了唯品会跨境电商、德邦物流、保利电商、广州港股份等航运物流总部企业，发布了"珠江航运运价指数"，国际航运中心影响力不断提升。国际贸易功能不断提升，建立了工程塑料、粮食、钢铁、木材等大宗商品交易中心，获批成为全国首个开展毛坯钻石保税进出口业务的自贸试验区，跨境电商备案企业上千家，形成了跨境电商"南沙模式"。首创市场采购出口商品监管新模式，率先在全省开展内外资融资租赁统一管理试点，市场采购、融资租赁等贸易新业态新模式加快发展。

（2）投资贸易便利化改革创新走在全国前列

2015年设立自贸区以来，南沙自贸区围绕促进投资贸易便利化，对接与国际投资贸易通行规则，着力营造国际化市场化法制化营商环境，在改革开放重点领域和关键环节取得实质性进展。创新投资准入制度，以负面清单管理为核心的投资管理制度基本建立，形成了更加开放透明的投资管理服务新模式。以智能化通关体系为导向的大通关体系建设取得重大进展，实施了国际贸易"单一窗口"、海关快速验放、"互联网＋易通关"、国际转运货物自助通关、检验检疫"智检口岸"、进出口商品全球质量溯源体系、国际船舶联合登临检查等一批标志性改革，对已具备自由贸易港特点的粤港跨境货栈等实施"五不"（不申报、不查验、不征税、不统计、不设账）监管模式。市场化营商环境不断优化，率先实行"商事登记、刻章备案、银行开户"三合一，实现"二十证六章"联办。率先试点无纸化、智能审批、自助领照的全流程电子化办照模式；实现企业注册1天内完成办理营业执照，3天内开通银行基本户和刻章备案，市场准入联办证件数量和速度全国领先。在全国首创智能导办、异地办理、跨境通办等政务服务。2017年南沙自贸区新增制度创新成果101项，23项在全国、全省复制推广，32项在全市推广实施，企业专属网页政务服务新模式入选商务部"最佳实践案例"。

六 国际商贸中心指数编制思路与方法

(一) 相关研究述评

1. 国外相关研究评述

编制国际商贸中心指数,需要建立能够反映城市商贸业发展状况的综合评价指标体系。虽然国外没有针对城市商贸业的同类研究,但有不少关于城市综合竞争力或者特定领域的竞争力研究,这些研究可以为构建国际商贸中心评价指标体系提供参考。

GaWC 编制的世界城市等级体系。全球化与世界级城市研究小组(the Globalization and World City Research Group,简称 GaWC)是全球最权威的世界城市研究机构之一。GaWC 根据全球顶级的生产性服务业跨国企业,包括会计、金融、广告、法律、管理咨询企业总部与分支机构在世界各个城市的分布情形进行分析,计算各个城市的网络关联度指数,定量分析世界城市网络体系。世界城市被划分为 Alpha(一线城市)、Beta(二线城市)、Gamma(三线城市)、Sufficiency(四线城市)四个大等级,以及 Alpha + +、Alpha +、Alpha、Alpha -、Beta +、Beta、Beta -、Gamma +、Gamma、Gamma -、高度自给自足、自给自足城市 12 个细分级别。从 1999 年开始,每 2—4 年发布一次最新排名情况,2016 年共 361 个城市入选,中国 33 个城市入选。GaWC 选择了世界城市网络体系的分析框架，将原来假定的垂直城市阶层关系[①]转变为"世界城市行动者的网络关系"，让世界城市体系中每个行动者发展所谓新的网络关系。随着时间的推移，世界城市体系的城市数量呈现动态调整，不同城市在世界城市体系中的地位也呈现动态变化。

《福布斯》编制的中国大陆最佳商业城市榜。《福布斯》以中国国内的654个城市为研究对象，并对前一年GDP超过360亿元的132个城市进行重点研究。榜单使用反映城市商业活动及决定未来发展所需要素的指标体系，即"人才指数""城市规模指数""消费力指数""客运指数""货运指数""经营成本指数""私营经济活力指数""创新指数"8项指标来综合反映中国大陆城市的商业环境及发展潜力。截至2015年，《福布斯》连续12年发布中国大陆最佳商业城市榜单，每年有100个城市入选"中国大陆最佳商业城市榜"。2015年"中国大陆十佳商业城市"依次是：广州、上海、深圳、北京、杭州、南京、宁波、无锡、青岛和成都。中国大陆最佳商业城市榜的指标体系构建涵盖了城市商业活动状况以及影响其未来发展的要素指标，指标选取涉及面较广，反映了城市商业环境及发展潜力。

英国咨询公司Z/Yen集团编制的全球金融中心指数。全球金融中心指数（GFCI, Global Financial Centres Index）是由伦敦金融城委托英国咨询公司Z/Yen集团编制。2016年7月，中国（深圳）综合开发研究院与伦敦Z/Yen集团建立战略伙伴关系，合作开展全球金融中心指数编制工作。该指数是全球权威的国际金融中心地位评价指数，主要对全球范围内重要金融中心的金融竞争力进行评价。该指数中所使用的指标体系由5个一级指标、20个二级指标、101个三级指标构成（见表6-1）。全球金融中心指数首期于2007年3月发布，并于每年3月和9月定期更新以显示金融中心竞争力的变化。2017年3月第21期

---

① Friedman J., "The World City Hypothesis", *Development and Change*, No. 17, 1986.

"全球金融中心指数"共有88个金融中心进入榜单,其中全球前20大金融中心排名依次为:伦敦、纽约、新加坡、香港、东京、旧金山、芝加哥、悉尼、波士顿、多伦多、苏黎世、华盛顿、上海、蒙特利尔、大阪、北京、温哥华、卢森堡、洛杉矶、日内瓦。

表6-1　　　　　　　　全球金融中心指数指标体系

一级指标	二级指标	三级指标
营商环境	政治稳定性和法治	32项具体指标
	制度和监管环境	
	宏观经济环境	
	税收和成本竞争力	
人力资本	熟练人员的可得性	18项具体指标
	灵活的劳动力市场	
	教育与发展	
	生活质量	
金融业发展水平	产业集群深度/广度	15项具体指标
	资本的可用性	
	市场流动性	
	经济产出	
声誉	声誉	20项具体指标
	城市品牌与诉求	
	创新水平	
	吸引力与文化多样性	
基础设施	建筑基础设施	16项具体指标
	信息基础设施	
	交通基础设施	
	持续性	

以上三个指数或榜单均由国外第三方机构研究发布,已连

续发布十多年，在业内形成较高的权威性和影响力。从上述三项研究中可以获得以下启发和借鉴：一是上述三项研究都跟国际商贸中心有关，因此选择哪些城市进行比较，各城市的排名情况如何，本书都可以借鉴和参考。二是三个指数都选取了多个指标来构建综合性指标体系，评价指标体系具有全面性和系统性的特点，能够全面系统地反映城市某个领域发展状况。三是数据来源较为多样，既有政府部门公布的统计数据，也有权威机构公布的评价报告，以及问卷调查、企业经营状况调查等一手数据，数据来源值得借鉴。四是随着时间的推移，不断完善指标体系，把越来越多的城市纳入评价范围，体现了指数研究的动态性和科学性。

2. 国内相关研究述评

随着国际商贸中心概念的提出和实践，国内学者和机构对国际商贸中心的研究逐渐兴起，出现了一些关于国际商贸中心综合评价的研究，这些研究深化和丰富了人们对国际商贸中心的认识，也为致力于国际商贸中心建设的城市提供了极有价值的政策启发。

汪亮[1]采用模糊综合评价方法对国际贸易中心城市进行综合评价，检验某一城市是否达到国际贸易中心城市标准。该国际贸易中心评价指标体系，包括8项体现国际贸易中心城市主体特征的一级指标和44个分项指标（见表6-2）。汪亮用该评价体系对纽约、东京、伦敦、香港、新加坡、上海6个城市进行了实证检验，结果显示东京、纽约、伦敦为全球性国际贸易中心城市，香港、新加坡、上海为区域性国际贸易中心城市。

---

[1] 汪亮：《国际贸易中心建设的国家战略》，上海社会科学院出版社2011年版。

表6-2　　　　　　　　　国际贸易中心评价指标体系

一级指标	二级指标
具有合理的产业结构配比	产业产值结构、产业就业结构、产业投资结构、产业需求结构
具有庞大的国内外商贸体量	进口贸易、出口贸易、过境贸易、其他综合贸易
服务贸易占总量的相当比重	服务贸易市场占有率指数、现实性比较优势指数、竞争优势指数
具有完善的配套服务体系	消费配套服务体系、中介配套服务体系、专业服务配套服务体系、健康配套服务体系、教育配套服务体系
具有理想便捷的区位优势	地理位置优势、区域交通与通讯基础设施、周边地区经济基础、接近市场和供应商
具有比较高的国际化程度	人文国际化程度、企业国际化程度、信息化的国际化程度、对外交流程度、要素国际化程度
具有较为完整的市场体系	消费品市场、生产资料市场、服务市场、金融市场、产权市场、劳动力市场、其他市场
具有可持续发展的综合实力	丰富的教育资源、领衔的科技资源、充沛的人力资源、结构合理的产业资源、发达的信息资源、完善的卫生健康资源、中外融合的文化资源、可掌控的国内外市场资源、有效的社会保障资源、齐全的基础设施资源、吸引国内的消费资源、贸易便利化的政策资源

资料来源：汪亮：《国际贸易中心建设的国家战略》，上海社会科学院出版社2011年版。

何明珂、刘文纲等[①]基于产业竞争力的理论和评价模型，对伦敦、纽约、东京、巴黎、香港、上海、北京7个国际商贸中心城市的商贸业发展情况进行比较，构建了由商贸发展绩效、商贸主体实力、商贸交易规模、商贸生态环境四类指标构成的国际商贸中心评价指标体系（见表6-3）。这个评价指标体系还包括14个二级指标和45个三级指标。由于数据的可获取性，何明珂等在对国内外7个城市进行横向比较时，舍弃了一些指标。

---

① 何明珂、刘文纲：《北京国际商贸中心研究》，经济科学出版社2012年版。

表 6-3　　　　　　　　　国际商贸中心评价指标体系

一级指标	二级指标	三级指标
商贸发展绩效	商贸业增加值	批发零售业增加值、批发零售业增加值占城市GDP的比重、住宿餐饮业增加值
	商贸业就业人口	批发零售业就业人数、批发零售业就业人口占城市就业总人口的比重
	商业街吸引力	全球一线品牌进驻的数量、商业街店铺租金
	商贸企业经营绩效	商贸企业主营业面积营业额、连锁企业单位营业面积营业额、星级酒店出租率
	国际经济合作	实际利用外商直接投资额、商贸业实际利用外资额、商贸业对外投资额
商贸主体实力	总部聚集度	财富500强企业全球总部数、全球250强零售业全球总部数、国内100强企业总部数
	商贸主体国际化程度	全球著名零售企业入驻率、商贸企业国外分支机构数
商贸交易规模	国内贸易	社会商品零售总额、在线商品零售总额、批发零售业商品购销总额
	国际贸易和旅游	货物进出口额、货物进出口额占全球货物贸易总额的比重、服务贸易额、接待国际旅客数量、国际旅游收入、商业街每年接待国际游客数量
	国际商品交易中心	商品交易中心总成交额
	国际会展中心	国际展览的数量、国际展览展出总面积、国际展会接待参观者人数、大型国际会议数量
商贸生态环境	商贸基础设施	国际性大宗商品、特色商品交易中心数、零售企业营业面积、国际著名商业街长度、五星级酒店床位数
	商务服务完善度	国际十大银行入驻率、国际十大保险公司入驻率、国际十大律师事务所入驻率、国际十大会计师事务所入驻率
	国际交流枢纽	国际机场旅客吞吐量、国际机场国际航线开通数、航空货运量、国际港口货物吞吐量

资料来源：何明珂、刘文纲：《北京国际商贸中心研究》，经济科学出版社2012年版。

中国国际电子商务中心内贸信息中心和首都经贸大学中国流通研究院联合编著的《中国城市流通竞争力报告》已连续发布10年，该报告较系统全面地反映了我国城市流通综合实力和竞争力。《中国城市流通竞争力报告》按照系统化、层次化的研究模式，从竞争力来源、竞争力显示水平、竞争成长力以及流通影响力四大因素来反映城市流通竞争力的整体水平。该指标体系从流通产业视角对城市竞争力进行评价，可反映流通产业在城市经济中的重要地位，考察城市包括北上广深等全国中心城市、省会城市及计划单列市35个城市。

2013年上海市商务委发展研究中心根据《"加快推进上海国际贸易中心建设"课题》和《上海建设国际贸易中心条例（草案）》中所建立的现代国际贸易中心主体和框架，采用经验研究和统计分析等方法，设计了上海国际贸易中心评价指标体系（见表6-4）。该评价体系包括4个一级指标、8个二级指标和40个三级指标，其中一级指标体现运行、支撑、环境和开放四个方面，二级指标包括贸易地位、主体实力、产业支撑、平台支撑、制度环境和技术环境、依存度和人才等。

表6-4　　　　　　　上海国际贸易中心评价指标体系

一级指标	二级指标	三级指标
运行	贸易地位	进出口贸易总额、服务贸易总额、离岸贸易总额、商品零售总额、电子商贸交易额
	主体实力	世界500强跨国公司外企数、世界500强跨国公司本土企业数、中小贸易企业数、贸易型国际机构数、国际组织数
支撑	产业支撑	货物贸易显性比较优势指数、服务贸易显性比较优势指数、金融服务的可用性、物流竞争力、专业服务业增加值、价值链的广度
	平台支撑	整体基础设施质量、港口集装箱泊位、国际航班起降架次、会展面积、商品交易市场面积

续表

一级指标	二级指标	三级指标
环境	制度环境	贸易便利化程度、税务影响、市场准入的门槛、反垄断法实施效率、政府办事的规范化、知识产权保护力度
	技术环境	研发机构数量、研发支出、专利申请量、技术成果转化率、移动宽带用户
开放	依存度	外贸依存度、国内商品依存度、外商投资占比、国内投资占比、国内旅游收入占比、国际旅游收入占比
	人才	商学院教育国际竞争力、人才国际正向流动

新一线城市研究所在2016年、2017年连续两年发布了《中国城市商业魅力排行榜》，这个报告采用160个品牌商业数据、17家互联网公司的用户行为数据和数据机构的城市大数据，覆盖了近100个基础数据指标，按照商业资源聚集度、城市枢纽型性、城市人活跃度、生活方式多样性和未来可塑性五大指标对中国338个地级以上城市的商业魅力进行评估。该指标体系对五个一级指标采用专家打分法，对二级指标采用主成分分析法，来分别确定指标权重。根据最新的评价结果，北上广深4个一线城市的地位依然不可动摇，15个"新一线"城市的席次有变动。

从近年国内学者和机构的相关研究可以看到，虽然目前国内尚没有形成较为权威的国际商贸中心评价指标体系，但已有的研究仍能为本书提供启示和借鉴。例如，汪亮、何明珂等人的研究，都尝试建立一套完备的指标体系，这对于本书选择具体指标以至于构建评价指标体系有较大的借鉴价值。再如，构建国际商贸中心指标评价体系，反映的是城市商贸业发展状况和竞争力，因此有关商贸业竞争力的理论和评价模型也可以为我们构建国际商贸中心评价指标体系提供参考。再如，新一线城市研究所的《中国城市商业魅力排行榜》中，其数据并不完全来源于统计数据或者第三方公布的权威数据，它们更多采用来源于互联网的城市大数据，为本书使用互联网大数据提供了启发。

然而上述的这些成果中也存在一些不足，主要表现为：一是指标选择存在相关性过高的问题。如何明珂等人构建的指标体系中，一级指标"商贸发展绩效"与"商贸交易规模"就存在较高的相关性。各个指标应对应商贸业某一方面的特征，尽量降低指标之间相关度，尤其是一级指标之间应尽量不相关。二是评价指标缺乏商贸特色。如"区位优势""国际化程度""综合实力"等指标，这些指标既可以用来衡量国际商贸中心城市，也可以用来衡量世界城市。若要更精准、更客观地评价国际商贸中心，需要根据国际商贸中心城市的特质来设计具有商贸特色的评价指标体系。三是选用指标的客观性不强。例如，上海国际贸易中心评价指标体系中有多项"制度环境"指标，这些指标难以定量，不宜进行多城市的横向比较。

总体来看，构建新型国际商贸中心指标体系，既要注重指数的全面性，更要突出商贸特色，也要注意其相关性和客观性。另外，近年来随着计算机与互联网为基础的信息技术的发展，国际商贸中心进入了新的发展阶段，并呈现出不一样的功能特征，新型国际商贸中心的评价体系也应随之进行调整和修正。

（二）指数编制原则

理论指导原则。国际商贸中心指数的编制需要坚持长跨度、宽视野的研究取向。在梳理国际商贸中心历史发展轨迹和形成条件的基础上，研究分析国际商贸中心发展的内在规律与趋势特征，为指数编制奠定理论基础和逻辑分析框架，保证指数编制的科学性。

可获取性原则。新型国际商贸中心指数的具体指标选取会面临可操作性方面的问题。一些指标的统计口径不统一或者统计不全，将影响指标选取与国际国内横向比较。因此，在选择具体指标的时候应注重可获取性和可比性，具体体现在指标的国际通用性和易采集性上，尽量采用定量指标衡量，有利于进行国际国内横向纵向比较。

前瞻性原则。新型国际商贸中心指数编制还应体现前瞻性原则。随着国际商贸中心的不断发展，具体指标的选择及指标权重的赋值应体现前瞻性，与国际商贸中心发展新特征及未来趋势相呼应，从而更加凸显新型国际商贸中心不同于传统国际商贸中心的新特点。

简单性原则。简单性包括两个方面的含义：一是避免评价指标体系过于复杂，尽量用较少的指标去刻画与反映国际商贸中心的功能特征，而且国际和国内评价指标选取可以有所不同，与国内评价指标的数量比较，国际评价指标可以少一些。二是评价方法力求简单，就是在达到研究目标的前提下，尽量选择简单直观易懂的评价方法。

（三）指标选择思路

从城市功能入手构建评价指标体系。本书采用的是城市功能分析视角，因此围绕城市主要商贸功能，从货物贸易、服务贸易、消费（购物、娱乐、餐饮、旅游等）、会展、客流物流、商贸创新等几个方面选择评价指标，就可以在统一的分析框架内选择指标，既能保证体现商贸特色，还有助于保证指标体系的全面性和系统性，并尽量避免指标之间的相关性问题。这样的指标体系不仅能够用来评价城市整体商贸发展水平，还有助于反映不同城市的商贸特色。

尽量从商贸流通业的产出端选择指标。采用投入产出分析框架，从产出端构建指标体系，主要选择能代表商贸产出的指标（如产值、销售额、展览面积、客运量等）。在无法得到产出指标的情况下，也可选择投入指标（如劳动、资本、技术、环境等），但要避免同时选择投入和产出指标而出现指标间高度相关的情形。指标选择尽量做到不重复、不遗漏，尽可能使所选择的指标能反映商贸流通活动的不同侧面，存在一定的差异性。选择产出端指标的另一个考虑是，投入产出关系实际上也可看作输入输出关系、原因结果关系，而本书主要关注广州商贸业的短板和今后的努力方向，因此把投入、输入、原因放在以后做更加深入的研究。

突出国际商贸中心发展的新特征、新趋势。本书编制的是新型国际商贸中心指数，因此指标选择要围绕"新型"，尽量体现近年来国际商贸中心发展的新特征和新趋势，如国际商贸中心更加依赖服务贸易和新型市场，消费功能趋于体验化、时尚化、便利化，会展的地位更加突出，客运枢纽的功能越来越重要，对城市物流的要求越来越高等。那么，选择具体指标时，就要重点针对上述新特征和新趋势。例如，选择服务贸易进出口总额、金融业增加值、信息服务业增加值、商务服务业增加值等指标来评价服务贸易功能；用商业街租金、大型购物中心数量、奢侈品牌进驻数量、便利店发展指数等指标来反映消费功能的新变化；选择机场旅客吞吐量指标来评价客运枢纽功能；用快递业务量指标来反映新型国际商贸中心对城市物流的要求等。

（四）评价指标体系

为了使评价指标体系能够体现"新型"，除了针对国际商贸中心发展的新特征和新趋势选择评价指标外，本书还根据新型国际商贸中心不同商贸功能的重要程度，来合理设定对应指标的权重，对应某一功能的指标越重要，赋予的权重就越大。例如，国内评价指标体系把贸易功能分为货物贸易和服务贸易两种功能，这强调了服务贸易的重要性，实际上增加了服务贸易相关指标的权重。又如，国际客流物流枢纽功能的评价指标中，为了体现客流的重要性，把机场客运量指标的权重设为 0.6，而其他 6 个货运指标的权重加起来才 0.4。

本书之所以构建了国内和国际两套评价指标体系，这是因为难以解决数据可得性问题，很难得到理想的一致性的国内和国际评价指标体系，往往难以获得国际评价指标的数据，因此对一些无法获得数据的指标，只好使用替代指标，导致国内外评价指标体系存在较大差异。如果为了追求国内和国际评价指标体系一致，删掉无法同时获得国内和国际数据的指标，评价指标体系就不再全面系统。使用国内和国际两套评价指标体系进行分析，一方面可以充分利用国内数据较容易获得的好处，建立一套较为理想的指标体系，另一方面，可以用相对较少的指标进行全面系统的国际分析。

1. 国内评价指标体系

本书所建立的国际商贸中心指数评价指标体系中，国内部分确定了 6 个一级指标，选择了 26 个二级指标（见表 6-5）。

（1）国际消费中心功能的指标说明

这里共选取 7 个二级指标来评价国际消费中心功能，涉及购物、娱乐、餐饮、旅游等多种消费形式，以及零售业态发展、品牌渗透、租金水平等方面的内容。

C1 社会消费品零售总额。该指标是指通过各种商品流通渠道向居民和社会集团供应的生活消费品总额，是反映一个城市零售市场变动情况、经济景气程度的重要指标。

C2 旅游收入。该指标是指国内外旅游者在旅行、游览过程中用于交通、参观游览、住宿、餐饮、购物、娱乐等的全部花费，反映一个城市旅游业总体规模和发达程度。

C3 餐饮住宿业增加值。该指标体现住宿餐饮业的产业规模，反映城市在住宿餐饮方面的消费中心功能。

C4 城市著名商业街租金。该指标衡量城市著名商业街的租金水平，反映一个城市零售市场的繁荣程度和吸引力，以及零售名牌进驻的密集程度。

C5 零售奢侈品牌店铺数。该指标反映消费市场对奢侈品的需求情况。进驻店铺数越多，说明居民消费水平和层次越高，也反映了城市零售业辐射力越强。

表 6-5　国际商贸中心的评价指标体系及权重（国内）

一级指标	一级指标权重	二级指标	二级指标权重
国际消费中心功能	0.17	C1 社会消费品零售总额（亿元）	0.15
		C2 旅游收入（亿元）	0.15
		C3 餐饮住宿业增加值（亿元）	0.14
		C4 城市著名商业街租金（元）	0.14
		C5 零售奢侈品牌店铺数（个）	0.14
		C6 中国十大百货购物中心数量（个）	0.14
		C7 城市便利店景气指数	0.14
国际货物贸易枢纽功能	0.16	C8 货物进出口总额（亿美元）	0.50
		C9 商品销售总额（亿元）	0.50
国际服务贸易中心功能	0.17	C10 服务贸易进出口总额（亿美元）	0.25
		C11 金融业增加值（亿元）	0.25
		C12 信息服务业增加值（亿元）	0.25
		C13 商务服务业增加值（亿元）	0.25
国际会展中心功能	0.16	C14 展览总面积（万平方米）	0.30
		C15 UFI 展会数量（个）	0.20
		C16 ICCA 国际会议数量（个）	0.50

续表

一级指标	一级指标权重	二级指标	二级指标权重
国际客流物流枢纽功能	0.17	C17 机场客运量（万人次）	0.60
		C18 航空货邮运量（万吨）	0.05
		C19 港口货物吞吐量（亿吨）	0.05
		C20 港口集装箱吞吐量（万箱）	0.05
		C21 货物运输量（亿吨）	0.05
		C22 货物周转量（亿吨/千米）	0.05
		C23 快递业务量（亿件）	0.15
商贸创新功能	0.17	C24 城市电商发展指数（分）	0.30
		C25 网络活跃商铺数（个）	0.30
		C26 跨境电商贸易额（亿元）	0.40

C6 中国十大百货购物中心数量。该指标反映城市大型商业综合体的发展水平。大体量、多业态、优体验的大型商业综合体是当前和未来主流零售形态之一。

C7 城市便利店景气指数。该指标反映城市便利店发展水平、饱和度和便民服务程度。便利店是一种小型的零售业态，以满足顾客便利性需求为主要目的，是未来大城市零售业不可或缺的主力业态。

（2）国际货物贸易枢纽功能的指标说明

评价国际货物贸易功能的二级指标包括货物贸易进出口总额和商品销售总额。另外，大宗商品交易中心数量或成交额可以反映一个城市的商贸资源配置能力和辐射影响力的重要指标，但权威统计缺少这方面的数据。我们曾尝试使用统计年鉴上的"亿元以上市场①的成交额"这个指标，但经比较我们发现统计数据失真，不能反映客观实际。例如，2015 年广州亿元以上市

---

① 亿元以上商品市场主要是指交易规模超过亿元的大型专业批发市场。

场成交额（2219亿元）比苏州（5567亿元）、杭州（3475亿元）和重庆（3413亿元）等城市都要低很多，显然不是客观真实的反映。有鉴于此，没有把这个指标纳入评价指标体系。

C8 货物进出口总额。该指标用以度量一个城市对外货物贸易规模以及其作为国际商品集散中心的影响力和辐射力。

C9 商品销售总额。该指标反映城市商贸业规模和辐射影响力。商品销售总额是一个综合性很强的贸易指标，分为批发销售总额和零售销售总额，反映批发零售贸易企业在国内市场上销售商品以及出口商品的总量。

（3）国际服务贸易中心功能的指标说明

评价国际服务贸易中心功能的二级指标有4个，除了服务贸易进出口总额这个指标外，还有与商贸业具有密切关联的金融业、信息服务业和商务服务业等行业的增加值指标。

C10 服务贸易进出口总额。该指标反映一个地区服务贸易的规模，以及该地区服务业的发展水平和国际竞争力。

C11 金融业增加值。该指标体现金融业的产业规模，反映城市金融服务贸易的发展水平。

C12 信息服务业增加值。该指标体现信息服务业的产业规模，反映城市信息服务贸易的发展水平。

C13 商务服务业增加值。该指标体现企业管理服务、法律服务、咨询与调查、广告等服务业的产业规模，反映城市商务服务贸易的发展水平。

（4）国际会展中心功能的指标说明

评价国际会展会议中心功能二级指标有3个，分别是展览总面积、UFI 展会数量和 ICCA 国际会议数量。

C14 展览总面积。该指标体现一个城市展览业的规模和总体发展水平。

C15 UFI 展会数量。该指标是国际展览联盟（Union of international Fairs，UFI）认证的展会数量，可以衡量一个地区会展业的国际化发展水平。

C16 ICCA 国际会议数量。举办国际会议数量是城市对外交流频度的直接反映，该指标衡量一个城市国际交往能力和城市国际化水平。ICCA 规定国际会议必须符合以下标准：由国际组织、协会、学会主办，与会者来自 4 个以上国家，与会人数 50 人以上，至少在三个国家以上轮流举办的周期性会议。

（5）国际客流物流枢纽功能的指标说明

评价国际客流物流枢纽功能采用了 7 个二级指标，涉及航空物流、港口物流、城市物流三种物流类型。在客流方面，目前采用机场客运量这个指标来衡量城市客流枢纽功能，未来还可以考虑高铁客流量指标。需要指出的是，国际商贸中心的航运和货物集散功能虽然有所减弱，但从当前状况来看，航运和货物集散仍是考察国际商贸中心的重要指标。另外，在电子商务高速发展时期，快递业务量体现了一个城市物流配送的能力和水平，因此也将快递业务量作为评价国际物流枢纽功能的指标之一。

C17 机场客运量。该指标反映机场的旅客吞吐和中转能力，数值越高说明这个城市的中高端客流规模越大，航空客流枢纽功能越强。

C18 航空货邮运量。该指标反映航空物流规模，可以用来评价机场的货物吞吐能力。

C19 港口货物吞吐量。该指标用重量单位反映港口物流规模大小，是衡量港口航运功能强弱的指标。

C20 港口集装箱吞吐量。该指标用集装箱的个数反映港口物流规模大小，也是衡量港口航运功能强弱的指标。

C21 货物运输量。该指标可以用来衡量城市货物运输规模。

C22 货物周转量。该指标反映运量和运输距离，可以衡量物流枢纽的货运规模和辐射范围大小。

C23 快递业务量。该指标衡量频繁而小规模递送业务的规模，可以反映城市快递业务发展水平以及城市物流配送能力。

（6）商贸创新功能的指标说明

商贸创新功能是新型国际商贸中心的一个重要功能。这里采用了3个指标来评级商贸创新功能，分别是电商发展指数、网络活跃店铺数和跨境电商总额。当前商贸模式、业态创新都与电子商务密切相关。因此，用电子商务发展指标衡量城市商贸创新水平具有较大程度的合理性，基本上能够反映不同城市商贸创新功能的强弱。当然，商贸创新功能不仅仅限于电子商务发展，还涉及研究开发、品牌培育、创意发明、贸易制度创新等方面的内容，但由于数据的可获取性，本次没有采用反映此类内容的指标。在以后的研究中应该根据商贸流通业发展趋势，进一步完善商贸创新评价指标，并拓宽数据获取渠道。

C24 城市电商发展指数。该指标为阿里研究院每年公布的"电子商务发展指数（aEDI）"，反映城市电子商务发展的整体情况。

C25 网络活跃店铺数。一个城市的网上店铺数量与该城市创新创业的活跃程度存在较强的正相关关系，这里采用阿里巴巴电商平台上（淘宝、天猫）活跃店铺数来反映城市创新创业活跃程度。

C26 跨境电商贸易额。该指标代表了对外贸易新业态和新模式的发展程度，而且在一定程度上反映对外贸易的创新水平。

2. 国际评价指标体系

由于不同国家或地区统计指标及统计口径差异较大，而且部分国外城市的统计数据很难获取，因此在进行国际比较时，能够获取的二级评价指标数量较少。为了使国际比较与国内比较的结果更具可比性，在考虑数据可得性的情况下尽量在国内评价指标的基础上选择指标，最终共选取了5个一级指标和12个二级指标。由于受数据可得性问题制约，虽然选取的指标难以全方位详细刻画国际商贸中心的功能特征,但基本上反映了核心商贸功能。在全球城市体系中评价广州的国际商贸中心地位,本书仅仅是初步尝试,难免存在不足之处,将在今后的研究中逐步完善(见表6-6)。

(1) 国际消费中心功能的指标说明

这里选取了3个二级指标来评价国际消费中心功能,分别是全球著名商业街年租金水平、入境旅客数量和旅游总收入。

表6-6　　国际新型国际商贸中心的评价指标体系及权重

一级指标	一级指标权重	二级指标	二级指标权重
国际消费中心功能	0.2	C1 全球著名商业街年租金(美元/平方英尺)	0.50
		C2 入境旅客数量(万人次)	0.20
		C3 旅游总收入(亿美元)	0.30
国际货物贸易枢纽功能	0.2	C4 货物进出口总额(亿美元)	0.50
		C5 全球知名期货交易所数量(个)	0.50
国际会展中心功能	0.2	C6 世界商展100强排行的商展数量(个)	0.25
		C7 世界商展100强排行的展会面积(平方米)	0.25
		C8 ICCA国际会议数量(个)	0.50
国际客流物流枢纽功能	0.2	C9 机场旅客吞吐量(万人次)	0.60
		C10 港口集装箱吞吐量(万标箱)	0.40
国际服务贸易中心功能	0.2	C11 全球金融中心指数	0.50
		C12 生产性服务业跨国企业网络关联度	0.50

C1 全球著名商业街年租金:该指标反映一个城市零售市场的繁荣程度,以及国际名牌的进驻情况。商业街物业租金越贵,往往表明国际名牌的进驻率越高,有更多的国际零售商或品牌运营商把该区域市场作为目标市场。

C2 入境旅客数量:该指标反映接待国际旅客的规模,反映城市作为国际旅游目的地的吸引力。

C3 旅游总收入：该指标反映海外旅游者在别国境内旅行、游览过程中用于交通、参观游览、住宿、餐饮、购物、娱乐等的全部花费。

（2）国际货物贸易枢纽功能的指标说明

这里选取了货物进出口总额和全球知名期货交易所数量两个指标，前者可以用来衡量城市货物贸易规模，后者反映期货市场的发展情况，可以用来衡量商品交易与定价中心、综合资源配置中心功能（见表6-7）。

C4 货物进出口总额：该指标用以度量一个城市的对外货物贸易规模以及其作为国际商品集散中心的影响力和辐射力。

C5 全球知名期货交易所数量：该指标用以反映一个城市作为国际商品交易中心、定价中心的地位，是衡量城市全球商品资源配置能力的重要指标。

表6-7　　　　　　　全球知名期货交易所名单

中国	上海期货交易所、大连商品交易所、郑州商品交易所、中国金融期货交易所、香港期货交易所、台湾期货交易所
美国	芝加哥期货交易所、芝加哥商品交易所、芝加哥商业交易所国际货币市场、芝加哥期权交易所、纽约商品交易所、纽约期货交易所、纽约商品交易所、堪萨斯商品交易所
加拿大	蒙特利尔交易所
英国	伦敦国际金融期货及选择权交易所、伦敦商品交易所、英国国际石油交易所、伦敦金融交易所、
法国	法国期货交易所
德国	德国期货交易所
瑞士	瑞士选择权与金融期货交易所、欧洲期权与期货交易所
瑞典	瑞典斯德哥尔摩选择权交易所
西班牙	西班牙固定利得金融期货交易所、西班牙不定利得金融期货交易所

续表

日本	东京国际金融期货交易所、东京工业品交易所、东京谷物交易所、大阪纤维交易所
新加坡	新加坡国际金融交易所、新加坡商品交易所
澳洲	澳洲悉尼期货交易所
新西兰	新西兰期货与选择权交易所
南非	南非期货交易所
韩国	韩国期货交易所、韩国证券期货交易所

注：根据美国期货业协会（Futures Industry Association，FIA）公布的2016年全球衍生品交易所交易量资料，以及其他交易所介绍材料整理，并征询了期货业内专家的意见。

（3）国际会展中心功能的指标说明

这里选取了世界商展100强排行的商展数量、世界商展100强排行的展会面积、ICCA国际会议数量3个评价会展功能的指标。虽然展览总面积、UFI展会数量可能是更加恰当的衡量会展业发展水平的指标，但由于无法全部获取所考察国际城市的数据，故暂未纳入评价指标体系。

C6 世界商展100强排行的商展数量：该指标来源于《进出口经理人》杂志发布的"2016年世界商展100强排行榜"[1]，反映了一个城市作为国际展览中心的地位和影响力。

C7 世界商展100强排行的展会面积：该指标来源于《进出口经理人》发布的"2016年世界商展100强排行榜"，指标反映了城市举办国际性展览的规模。

---

[1] 世界商展100大排行榜由《进出口经理人》杂志社独立研究发布，于2008年首次推出，每年7月发布，2016年是第9次推出这一榜单。（1）以世界范围内的展览为被选对象，以展览地毯面积为主要排行数据；（2）范围限定在商业展览，以政府为背景、形象展示功能主导的展览不包括在内；（3）展览是国际化的，国际展商数量要占展商总数量的20%以上；（4）排名采用2015年12月31日前最近一届展览的数据。

C8 ICCA 国际会议数量：该指标来源于《ICCA 国际会议市场年度报告（2016）》，指标反映了城市举办大型国际会议的数量。

（4）国际客流物流枢纽功能的指标说明

评价国际客流物流枢纽功能的指标包括国际机场旅客吞吐量和港口集装箱吞吐量两个指标，分别衡量客运枢纽和物流枢纽功能。

C9 机场旅客吞吐量：该指标反映机场的旅客吞吐和中转能力，数值越高说明这个城市的航空客流枢纽功能越强。该指标体现了机场所在城市与世界的连通性，是衡量城市开放程度和枢纽地位的重要指标。

C10 港口集装箱吞吐量：该指标是指一段时期内经水运输出、输入港区并经过装卸作业的货物集装箱总量，反映港口在国际水上运输网路中的地位和作用。

（5）国际服务贸易中心功能指标说明

服务贸易进出口额、金融业增加值、信息服务业增加值等指标，可以用来度量国际服务贸易中心功能；但是由于不同国家或城市统计口径不同，以及数据的可得性问题，难以找到所有考察城市的数据。作为替代方案，本书选择了全球金融中心指数、生产性服务业跨国企业网络关联度等第三方权威机构公布的指标来反映城市高端服务业和服务贸易发展水平。

C11 全球金融中心指数：该指标由英国智库 Z/Yen 集团与综合开发研究院（中国·深圳）共同编制，从营商环境、金融体系、基础设施、人力资本、城市声誉等方面对全球重要金融中心进行评分，反映了城市的金融业整体竞争力。

C12 生产性服务业跨国企业网络关联度：该指标是 GaWC 根据 175 家顶级的生产性服务业（包括会计、金融、广告、法律与管理咨询）跨国企业总部与分支机构在世界 526 个重要城市的分布情况，计算得出的各个城市的网络关联度指数，这个指标可以用来衡量生产服务业和服务贸易的发展情况。

3. 怎样体现新型国际商贸中心的特征？

综合评价指标体系通过指标选择和权重设定，来体现新型国际商贸中心的特征。如图 6-1 所示，评价指标体系把服务贸易单列，是为了体现服务贸易的重要性；又如，把机场客运量这个指标的权重设为 0.6，体现客流和航空枢纽的重要性。国际评价指标体系中引入了全球知名期货交易所数量这一指标，是为了反映综合资源配置者的特征。

一级指标	一级指标权重	二级指标	二级指标权重
国际消费中心	0.17	社会消费品零售总额（亿元）	0.15
		旅游收入（亿元）	0.15
		餐饮住宿业增加值（亿元）	0.14
		城市著名商业街租金（元）	0.14
		零售奢侈品牌店铺数（个）	0.14
		中国十大百货购物中心数量（个）	0.14
		城市便利店景气指数得分	0.14
国际货物贸易枢纽	0.16	商品进出口总额（亿美元）	0.50
		商品销售总额（亿元）	0.50
国际服务贸易中心	0.17	服务贸易进出口总额（亿美元）	0.25
		金融业增加值（亿元）	0.25
		信息服务业增加值（亿元）	0.25
		商务服务业增加值（亿元）	0.25
国际会展中心	0.16	展览总面积（万平方米）	0.30
		UFI展会数量（个）	0.20
		ICCA国际会议数量（个）	0.50
国际客流物流枢纽	0.17	机场客运量（万人次）	0.60
		航空货邮运量（万吨）	0.05
		港口货物邮吞吐量（亿吨）	0.05
		港口集装箱吞吐量（万箱）	0.05
		货物运输量（亿吨）	0.05
		货物周转量（亿吨/千米）	0.05
		快递业务量（亿件）	0.15
商贸创新	0.17	城市电商发展指数得分（分）	0.30
		网络活跃商铺数（个）	0.30
		跨境电商贸易额（亿元）	0.40

体现服务贸易重要性 → 国际服务贸易中心
会展创办者：展与会并重 → 国际会展中心
新型交易平台 → 商贸创新

体验消费引领者
专业服务市场
体现客流的重要性
智慧物流践行者

图 6-1　综合指标体系如何体现新型国际商贸中心特征的图示说明

（五）指数合成方法

本书研究的重点不在方法上，而是尝试构建一个关于国际商贸中心的比较分析框架，因此我们选择了最为简单实用的综合评价方法。当然，令人信服的研究结论离不开科学合理的方法，在以后的研究中应该对评价方法进行更加深入的研究。下面从指标无量纲化处理、权重赋值、指数合成三个方面进行说明。

1. 无量纲化处理

在计算指数过程中首先要对具体指标进行无量纲化处理。在无量纲化处理中，我们采用常用的极差标准化的方法，其计算公式为：

$$y_i = \frac{\max\limits_{1 \leq i \leq n} x_i - x_i}{\max\limits_{1 \leq i \leq n} x_i - \min\limits_{1 \leq i \leq n} x_i}$$

上式中，y_i 表示经过无量纲化处理的第 i 个指标值，$\max\limits_{1 \leq i \leq n} x_i$ 表示第 i 个指标的最大值，$\min\limits_{1 \leq i \leq n} x_i$ 表示第 i 个指标的最小值，x_i 表示第 i 个指标的某个评价城市的具体值。

2. 权重赋值

对各级指标赋予权重，一级指标采取等权的权重分配方法，即赋予同一指标组的每个指标相同的权重。在实际应用和研究领域，很多机构和学者采用了等权的方法，并取得了很好的应用效果。二级指标根据经验分配权重，并对体现国际商贸中心的发展趋势的指标权重赋值有所侧重。

3. 指数合成

各一级指标评分的取值范围为0—100，综合指数评分为各

一级指标加权之和。其计算公式为:

$$F = \sum_{i=1}^{n} W_i Z_i$$

式中,F 为新型国际商贸中心指数,Z_i 为标准化后的指标值,W_i 为权重值,i 为评价城市个数,n 为评价指标个数。

七 广州国际商贸中心的地位研判

(一) 国内城市综合指数排名

如图7-1所示,根据国内主要城市的综合得分及排名情况,本书将其划分为三个集团。另外,本书还进行了聚类分析(见图7-2),结果也是分为三类,在统计意义上验证了上述直观分类的合理性。

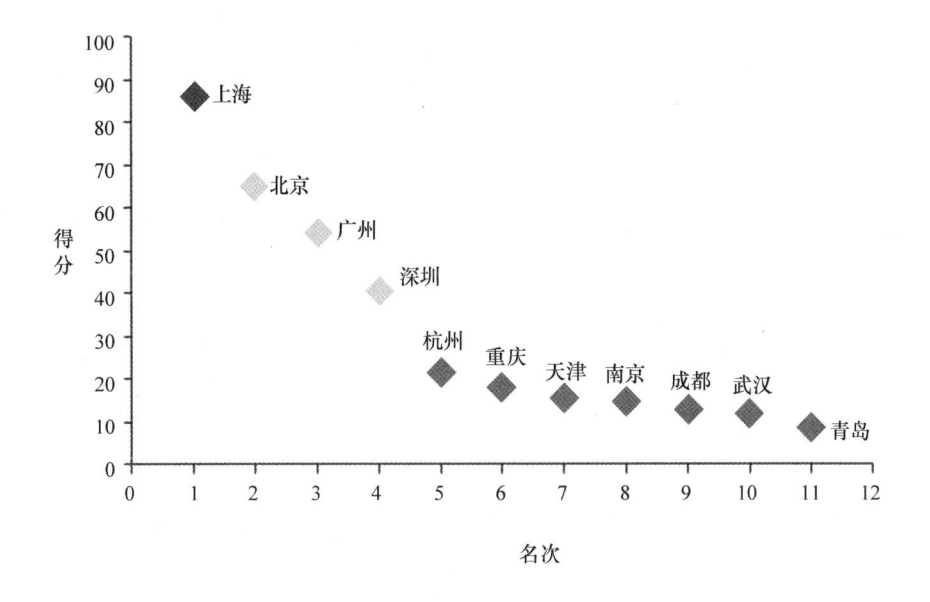

图7-1 国内新型国际商贸中心指数排名

从各项功能来看,广州的商贸创新、客流物流功能排名相

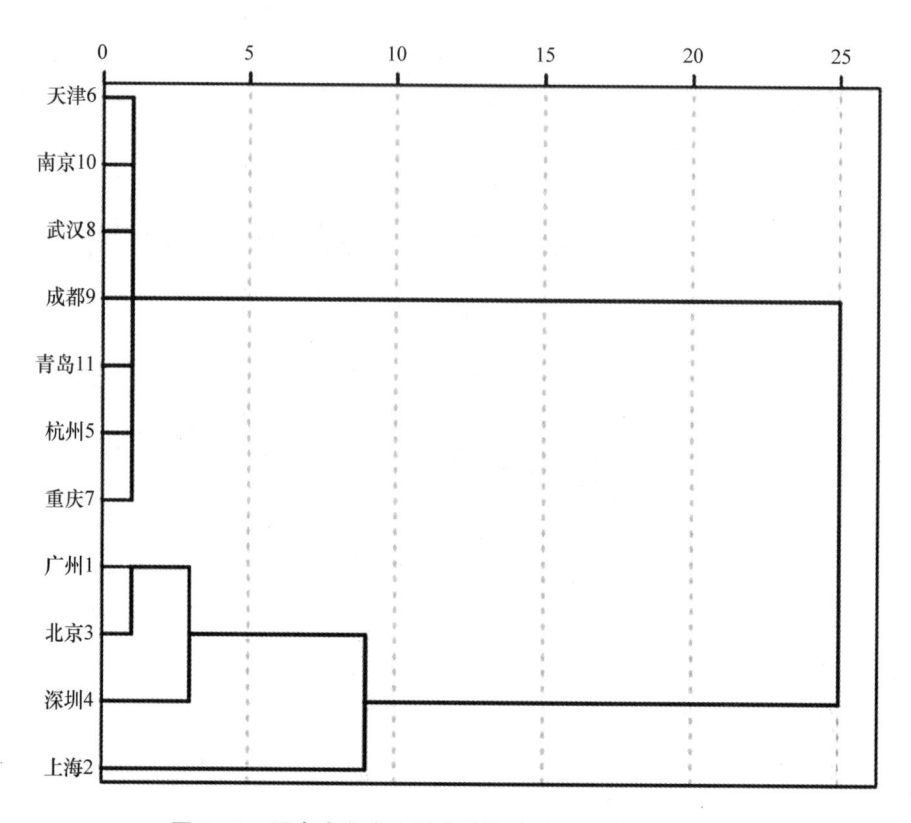

```
            0        5        10       15       20       25
天津6    ┐
南京10   ┤
武汉8    ┤
成都9    ┼─────────────────────────────────────────────┐
青岛11   ┤                                             │
杭州5    ┤                                             │
重庆7    ┘                                             │
广州1    ┐─┐                                           │
北京3    ┘ └────┐                                      │
深圳4      ┌────┴──────────────────────────────────────┘
上海2    ──┘
```

图 7-2　国内商贸中心城市的聚类分析（基于总分数）

注：使用 SPSS 18.0，根据总得分进行聚类分析，选择系统聚类分析，聚类方法为最远邻元素。

对靠前，前者排名第一，后者排名第二，具有比较优势；会展也不错，虽然是第三名，但分数远高于第四名重庆。广州服务贸易功能相对落后，排名第四，与广州第三大城市的地位不匹配（见表 7-1）。

表 7-1　　　　　　国内主要城市新型国际商贸中心指数

城市	国际商贸中心指数		国际消费中心功能		国际货物贸易枢纽功能		国际服务贸易中心功能		国际会展会议中心功能		国际客运物流枢纽功能		国际商贸创新功能	
	得分	排名	得分	排名	得分	排名	得分	排名	得分	排名	得分	排名	得分	排名
上海	86.4	1	84.5	1	81.4	1	87.0	2	84.8	1	94.5	1	8.0	5

续表

城市	国际商贸中心指数		国际消费中心功能		国际货物贸易枢纽功能		国际服务贸易中心功能		国际会展会议中心功能		国际客运物流枢纽功能		国际商贸创新功能	
	得分	排名	得分	排名	得分	排名	得分	排名	得分	排名	得分	排名	得分	排名
北京	65.1	2	77.6	2	55.7	2	87.8	1	72.5	2	31.7	4	10.1	3
广州	54.4	3	76.3	3	51.8	3	36.1	4	34.6	3	73.1	2	15.1	1
深圳	40.9	4	55.0	4	48.7	4	46.0	3	18.4	5	36.7	3	8.9	4
杭州	21.5	5	43.0	5	19.8	6	20.5	5	6.5	10	17.5	8	11.0	2
重庆	18.4	6	26.9	9	12.6	7	11.8	7	18.9	4	21.8	6	0.8	9
天津	15.4	7	14.8	10	24.9	5	14.1	6	0.0	11	23.2	5	0.4	11
南京	14.7	8	35.1	6	4.9	9	8.5	9	13.6	6	11.4	7	1.7	7
成都	13.3	9	32.4	8	4.7	10	10.5	8	9.6	7	9.3	11	1.3	8
武汉	12.4	10	34.7	7	6.8	8	2.4	11	7.2	9	10.8	10	2.2	6
青岛	8.4	11	8.7	11	4.1	11	3.0	10	7.5	8	18.9	7	0.7	10

第一集团：上海。上海以86的高分名列首位，比第二名北京（65）高21分。在5个一级指标中，上海的国际消费、国际货物贸易、国际会展会议、国际客流物流枢纽4个功能的得分均排名第一，国际服务贸易功能的分数排名第二。在26个二级指标中，有半数指标得分排名第一。目前上海在国际商贸中心建设方面领跑全国，已经成为全球性的国际商贸中心城市。

第二集团：北京、广州、深圳。这三个城市的得分都在40分以上，明显高于杭州、天津等第三集团城市。其中，北京以65的得分优于广州和深圳，而广州（54）又比深圳（40）稍胜一筹。北京的国际服务贸易功能分数排名第一，但国际客流物流枢纽排名（第四）略低。这主要是因为北京作为内陆城市，没有港口，因此物流枢纽功能受到了一定的影响。尽管如此，北京的分数仍然较高，这也在一定程度上说明，随着陆路和航空运输的发展、通信技术的进步，特别是服务贸易的兴起，新型国际商贸中心对于海港的依赖性有所减弱，内陆城市也可以发展成为具有全球影响的国际商贸中心。北京、广州和深圳在商贸功能发展方面较为综合，而且都拥有各自的优势，未来有可能发展成为更高能级的国际商贸中心。

第三集团：杭州、天津、重庆、武汉、成都、南京和青岛。综合来看，虽然这些城市总得分较低，都处在8—22分之间，但这些城市在个别指标上有较为亮眼的表现，如杭州的电子商务发展指数、成都的国际会议指标、南京的购物中心发展指标。在未来新型国际商贸中心建设中，杭州、天津和重庆等城市也有可能凭借某个商贸领域的突出表现而发展成为具有全球影响力的特色国际商贸中心城市。

为了进一步认识国内商贸中心城市的类型或级别，本书利用26个二级指标数据，对国内商贸中心城市进行了聚类分析（见图7-3）。结果显示，大体上所研究商贸中心城市大体上可以分为三个类别，基本上能够支持前面对国内商贸中心城市的级别划分。

第一类：上海、北京和广州。其中上海和北京明显属于第一集团，而广州与这两个城市相比有差距，但更接近第一集团。

第二类：深圳、杭州和南京。其中杭州和南京同属于东部沿海非港口城市，而深圳虽然属于第二类，但商贸业总体发展水平要高于杭州、南京。

第三类：武汉、成都、重庆、天津和青岛。其中武汉、成都和重庆更接近同一层次，都是中西部内陆城市；而天津和青岛又属于同一层次，都是北方沿海港口城市。

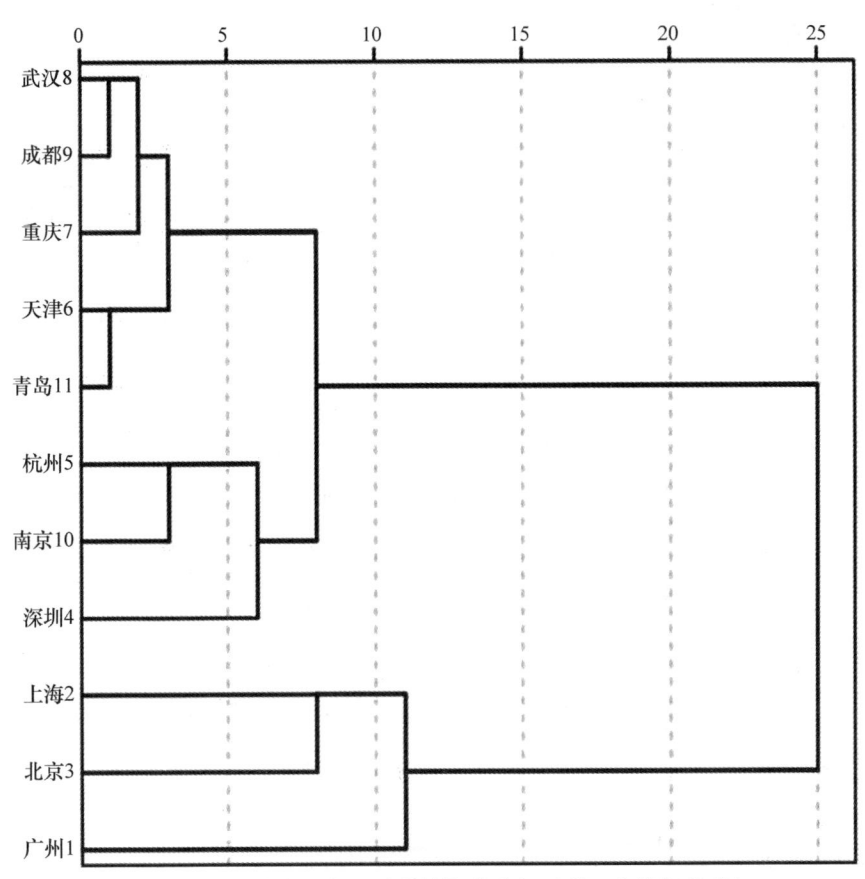

图 7-3 国内商贸中心城市的聚类分析（基于各指标数值）

注：使用 SPSS 18.0，根据各个指标的数值进行聚类分析，选择系统聚类分析，聚类方法为最远邻元素，指标数值都经过标准化处理。

（二）分项功能的国内比较

1. 综合消费功能较强，具有成为国际消费中心的潜力

广州的国际消费功能指标得分 11.21 分，在所比较城市中排名第三，低于上海（15.35 分）和北京（14.14 分），远高于深圳（7.29）、杭州（5.47）等其他城市（见表 7-2）。在该功能的 7 个二级指标中，广州的住宿餐饮业增加值和城市购物中心发展的两个指标排名第一，城市便利店发展指标排名第四，奢侈品牌店铺数指标排名第七，其他指标均位列第三位。总体来看，广

州的消费功能较为强大，具有成为国际消费中心的潜力。

表7-2　　　　　　　国际消费中心功能指标得分情况

城市	消费功能	名次	社零	旅游	餐饮	商业街	品牌	购物中心	便利店
广州	11.21	3	1.70	1.33	2.38	1.51	0.26	2.38	1.64
上海	15.35	1	2.53	1.78	2.10	2.38	2.38	2.38	1.81
北京	14.14	2	2.55	2.55	2.33	1.58	2.22	1.19	1.72
深圳	7.29	4	0.52	0.00	1.74	1.34	0.12	1.19	2.38
杭州	5.47	8	0.40	0.90	0.00	0.92	0.67	1.19	1.40
天津	2.70	10	0.57	1.05	0.80	0.00	0.28	0.00	0.00
重庆	5.06	7	1.17	0.95	1.91	0.34	0.45	0.00	0.25
武汉	5.09	6	0.56	0.85	1.84	0.39	0.06	0.00	1.40
成都	5.77	5	0.57	0.85	1.95	0.29	0.63	0.00	1.48
南京	5.41	9	0.36	0.45	0.04	0.74	0.12	2.38	1.31
青岛	1.20	11	0.00	0.13	0.23	0.01	0.00	0.00	0.82

（1）消费市场规模庞大，稳居国内第三位

国际消费功能首先体现为持续增长的庞大的消费市场。2016年，广州社会消费品零售总额达8706.5亿元，连续29年位居全国各大城市第三位；并且与北京、上海的差距在逐年缩小，与天津、深圳等第二梯队城市相比，广州则继续保持3000亿元以上的领先优势（见图7-4）。持续增长的庞大消费市场，为广州建设国际购物天堂奠定了坚实的基础。

（2）作为国际旅游目的地的吸引力相对较弱

国际消费城市往往是著名的国际旅游目的地，对外来游客尤其是境外游客具有强大吸引力，一般拥有发达的旅游业。从旅游收入这个指标来看，2016年广州旅游业总收入3217亿元，在全国排名第三（见图7-5）。北京以5021亿元的旅游总收入，成为中国旅游收入最高的城市。广州与北京、上海位居第一梯

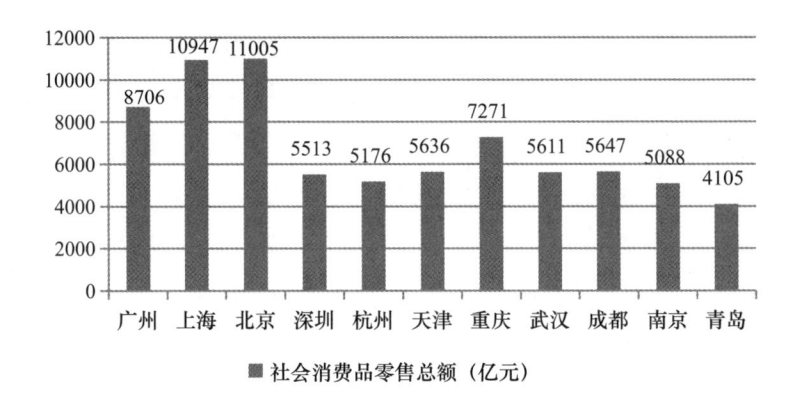

七　广州国际商贸中心的地位研判　171

图 7-4　2016 年国内主要城市的社会消费品零售总额

队，高于第二梯队的天津、重庆、杭州、成都等城市。从接待国内外旅游人数来看，2015 年广州接待国内外旅游人数共 1.73 亿人次，在全部考察城市中仅排名第 7。接待国内外游客最多的城市是重庆，其 2015 年接待境内外游客总数为 3.92 亿人次，其次是上海（2.76 亿人次）和北京（2.7 亿人次），广州与这些城市的差距较大。在吸引境外旅客方面，2016 年广州接待外国人 330 万人次，在所比较的城市中排名第四（广州和深圳数据剔除港澳台同胞数据）。总体来看，广州旅游收入在国内名列前茅，但对国内外游客的吸引力相对不足。

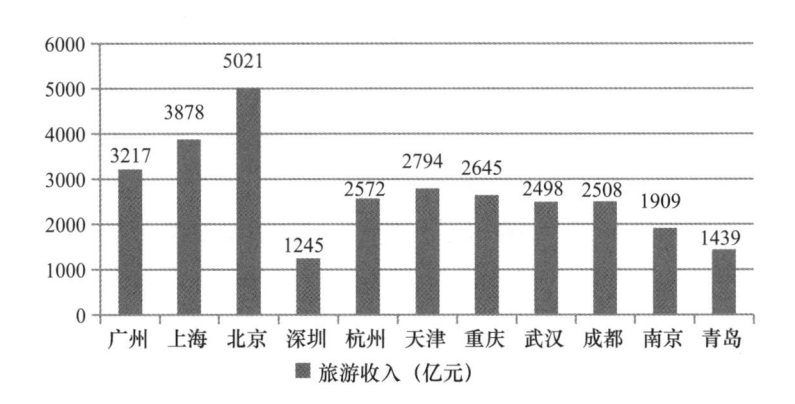

图 7-5　2016 年我国主要城市的旅游收入

注：天津为 2015 年数据。

广州作为旅游目的地的吸引力相对较弱，其主要原因是文化旅游资源较少。2015年广州拥有5A和4A级景区共22个，包括长隆旅游度假区、白云山风景区两个5A级景区，以及20个4A级景区；在数量上跟成都相当，与北京、重庆、上海、杭州相比则相差甚远（见表7-3）。广州高级别景区数量偏少，与国家中心城市和历史文化名城的地位不相称，也不利于国际消费中心和世界旅游目的地城市的打造。

表7-3　　　　2015年国内主要城市文化旅游资源情况

指标	广州	北京	上海	深圳	成都	杭州	重庆	天津
4A、5A级景区数量（个）	22	77	49	8	22	37	69	35

（3）商圈发展的比较优势明显

城市著名商业街的租金水平可以反映城市零售市场的繁荣程度和对消费者的吸引力。一般来说，商业街越繁华，客流量越大，商业街的物业租金就越贵。根据世界著名咨询公司高纬环球发布的《2016—2017世界主要商业街年度报告》，2016年广州租金最贵的商业街是天河路商圈，租金达1725元/月·平方米（见图7-6）。从全国的情况来看，上海南京路西段以2446元/月·平方米位居榜首，北京的王府井以1780元/月·平方米次之。广州在所比较城市中排名第三，与第二名北京的水平相当，明显高于深圳、杭州、南京等城市；表明广州商圈繁荣程度较高，比较优势明显。

与住宅租金和写字楼租金比较，广州商业街租金的含金量较高。根据世邦魏理仕公布的相关数据，2016年北上深广的住宅平均租金分别为123、107、100和58元/月·平方米，高端写字楼平均租金分别为497、350、242和180元/月·平方米。如表7-4所示，北京、上海、深圳的住宅租金和写字楼租金都比广州要高，如北京的住宅租金是广州的2.1倍，上海的写字楼租金

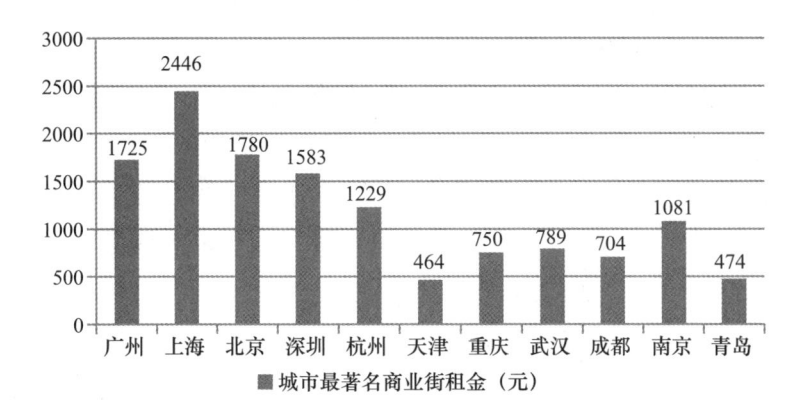

图7-6 2016年各城市最著名商业街租金

是广州的2.8倍;而从商业街的租金来看,北京与广州的租金水平相当,上海仅是广州的1.4倍,深圳商业街的租金甚至低于广州。可见,虽然广州住宅和写字楼等物业租金水平明显低于北京、上海、深圳,但著名商业街租金水平与上海的差距较小,不逊于北京,甚至超过了深圳,再次印证了广州商业街的繁荣。

表7-4 2016年北京、上海、深圳各类别物业租金与广州的比率

	上海	北京	深圳
与广州住宅租金的比率	1.8	2.1	1.7
与广州高端写字楼租金的比率	1.9	2.8	1.3
与广州商业街租金的比率	1.4	1	0.9

(4) 国际知名品牌渗透率较低

国际消费中心城市是国际知名消费品牌,特别是奢侈品牌的必争之地。国际知名品牌云集和较高渗透率,已经成为国际消费中心的标志和符号。根据知名咨询公司仲量联行2016年5月发布的"2016年全球跨境奢侈品零售商吸引力指数"显示,上海和北京在全球排名分列第六和第九位,广州排名第46名,比成都(16)、深圳(28)、天津(28)、南京(32)、杭州(34)、

重庆（42）等城市的排名都低。另外，根据《中国大陆城市奢侈品店铺数量排行榜（2017年）》显示，上海（141家）、北京（133家）奢侈品专卖店数量遥遥领先，杭州（57家）、成都（55家）、重庆（46家）紧随其后，广州仅有37家，在所在城市比较中排名第7（见表7-5）。再从快时尚品牌的店铺数来看，广州每百万人拥有0.33家快时尚品牌店铺，而上海、北京分别是0.9和0.7家，广州在所比较的城市中排名倒数第三。综上所述，无论是奢侈品、快消品的品牌数量还是商铺数量，广州甚至比一些二线城市还少。知名消费品牌在广州渗透率较低，一方面是因为广州毗邻香港，部分购买力分流到了香港，另一方面与广州人低调、务实的消费观念有关。

表7-5　　　　国内主要城市国际知名品牌覆盖率

城市	奢侈品零售商吸引力		快时尚品牌店铺数（个）		奢侈品牌的店铺数（个）	
	全球排位	排名	分值	排名	数量	排名
广州	65	10	0.33	9	37	7
上海	100	1	0.9	1	141	1
北京	90	2	0.7	2	133	2
深圳	75	5	0.55	3	30	8
杭州	80	3	0.4	6	57	3
天津	70	7	0.28	10	38	8
重庆	80	3	0.16	11	46	5
武汉	70	7	0.49	4	27	10
成都	70	7	0.44	5	55	4
南京	75	5	0.34	7	30	8
青岛	60	11	0.34	7	24	11

注：（1）知名咨询公司仲量联行2016年5月发布的"2016年全球跨境奢侈品零售商吸引力指数"；（2）快时尚品牌百万人拥有的店铺数，来自世邦魏理仕研究院发布数据，时间截至2014年底，样本包括UNIQLO、ZARA、H&M、C&A四个快时尚品牌，分值为四家得分的平均值；（3）奢侈品牌为36个样本品牌在各城市的店铺数，数据来自cityofchongqing.com。

（5）零售业业态发展处于较为领先的地位

随着生活节奏的日益加快，城市消费者的生活方式和购物方式也发生了很大的变化，对"体验性消费"和"购物便利化"的需求急剧上升。大型商业综合体和小型便利店，成为未来全球城市不可或缺的主力零售业态。广州曾经引领全国大型购物中心的发展。天河城是中国大陆第一座现代商业综合体。1996年广州天河城开业，标志着中国购物中心时代的开启。随着时间的推进，广州购物中心不断创新发展，升级换代，直至今日，广州购物中心发展仍居于全国前列。

中国零售指数研究院（CRIR）发布2015年度《中国百货购物中心年度销售排行榜》。排行榜显示，我国前十大购物中心中广州、上海、南京分别有两家入围，北京、深圳、杭州分别占一席。广州入围的两家购物中心是正佳广场和天河城，它们分别以66亿元和55亿元的销售额排名第三和第五位。2016年中国商务部发布的《中国购物中心发展指数报告》，把我国17个城市划分为成熟市场、增长市场和潜力市场三类，其中广州属于成熟市场（见图7-7）。

从便利店的发展水平来看，广州在国内城市中也处于较为领先的位置。中国商务部公布的2016年《中国城市便利店发展指数》[1]显示，广州的便利店发展水平得分80，排名第四（见表7-6）。深圳以89的高分位居首位，广州略低于上海（82分）、北京（81分）。从便利店的饱和度来看，[2] 广州平均每3076人拥有一间便利店，在所比较的城市中排名第二，低于第一名的深圳（2354人）。从便利店的便民服务得分[3]来看，广州

---

[1] 指数的核心数据为连锁品牌化的便利店数量、便利店数量的增速、24小时便利店的比例及政策支持力度。

[2] 饱和度 = 2016年该城市总人口数/2016年该城市门店总量。

[3] 中国连锁经营协会发布《2015中国城市便利店服务指数》，指数通过对34个大中城市便利店所开展的各类便民服务项目为基础数据，综合测算出27个全国省会及计划单列市的便利店服务指数排名。

176　新时代广州国际商贸中心发展策略

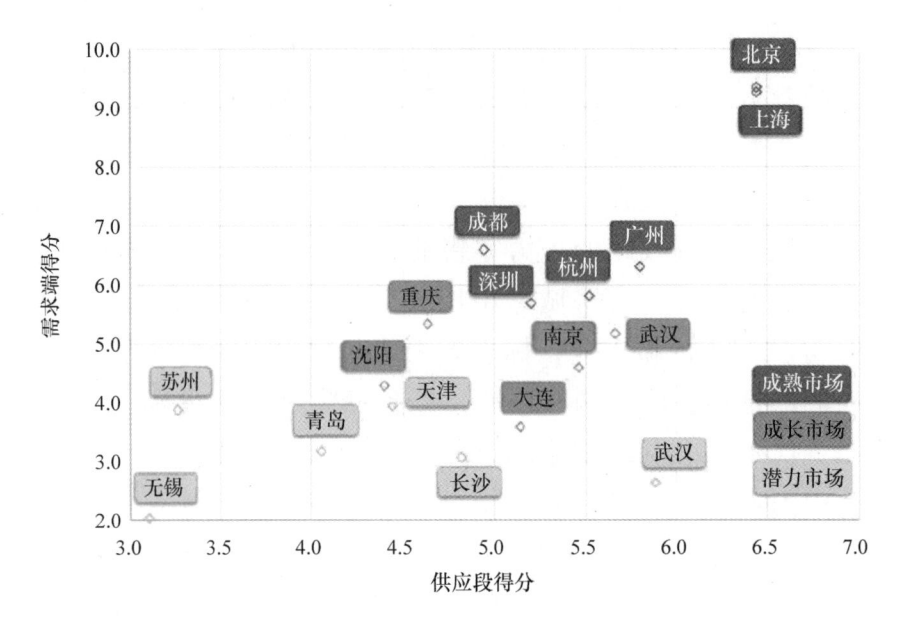

图 7-7　2016 年我国主要城市的购物中心发展指数得分

和深圳以 90 的高分并列第一。

表 7-6　　　　　国内主要城市的未来主力商业业态的比较

城市	中国十大百货购物中心数量（个）		城市便利店发展指数得分		中国城市便利店服务指数得分		便利店饱和度	
	分值	排名	分值	排名	分值	排名	分值	排名
广州	2	1	80	4	90	1	3076	2
上海	2	1	82	2	78.67	4	3369	3
北京	1	4	81	3	78.67	4	14467	7
深圳	1	4	89	1	90	1	2354	1
杭州	1	4	77	6	70	9	14501	8
天津	0	7	60	11	60	11	16173	10
重庆	0	7	63	10	68	10	36058	11
武汉	0	7	77	6	77	6	9785	6
成都	0	7	78	5	77	6	3512	4
南京	2	1	76	8	82	3	8005	5

续表

城市	中国十大百货购物中心数量（个）		城市便利店发展指数得分		中国城市便利店服务指数得分		便利店饱和度	
	分值	排名	分值	排名	分值	排名	分值	排名
青岛	0	7	70	9	72	8	14501	8

注：（1）中国十大百货购物中心数量，数据来源于中国零售指数研究院（CRIR）发布2015年度《中国百货购物中心年度销售排行榜》；（2）城市便利店发展指数得分、便利店服务指数得分、便利店饱和度数据来自2016年《中国城市便利店发展指数》；（3）便利店饱和度指平均多少人拥有一个便利店。

2. 国际贸易发展相对滞后，高端商贸资源配置能力较弱

这里对国际贸易功能进行评价主要使用了批发零售业商品销售总额和货物进出口交易额两个指标，分别考量了城市贸易总量及对外贸易规模。广州的国际货物枢纽功能得分为6.35分，排名第四，落后于上海（16.00分）、北京（9.79分）和深圳（8.99分）（见表7-7）。

表7-7　　　　国际货物贸易功能指标得分情况

城市	货物贸易功能得分	名次	货物进出口得分	商品销售额得分
广州	6.35	4	2.08	4.27
上海	16.00	1	8.00	8.00
北京	9.79	2	5.04	4.75
深圳	8.99	3	7.30	1.68
杭州	1.76	7	0.86	0.89
天津	4.98	5	1.55	3.43
重庆	2.03	6	0.77	1.26
武汉	1.35	8	0.00	1.35
成都	0.95	10	0.34	0.61
南京	0.98	9	0.52	0.46

续表

城市	货物贸易功能得分	名次	货物进出口得分	商品销售额得分
青岛	0.82	11	0.82	0.00

(1) 传统批发市场发达，高级市场形式缺乏

2016 年广州批发零售业商品销售总额 55972.8 亿元，排名第三，仅排在北京、上海之后，反映出广州作为国际采购中心和商品集散中心具有较强的辐射能力（见图 7-8）。专业批发市场是广州作为国际采购中心和商品集散中心的重要标志之一，具有发展起步早，总体规模大，品种类别全，辐射影响力强等特点。据广州市场商会统计，2015 年广州市共有专业批发市场 978 家，占地面积约 19 平方公里，经营面积达 2800 多万平方米。市场商户约 80 万户，年交易总额约 1 万亿元，约占全国批发市场成交额的 1/7。其中年成交额超亿元市场 158 个，超 100 亿元市场 10 个，具有全国和国际影响力的市场约 390 个。

拥有全球性大宗商品交易中心，特别是期货交易所或其他衍生交易平台，是城市在交易规则制定、交易价格形成、交易结算等方面拥有话语权或控制力的突出体现，也是国际商贸中心资源配置能力的重要体现。目前广州已建成塑料、木材、茶叶、皮革皮具等 14 个大宗商品交易中心，"广塑指数""鱼珠·中国木材价格指数"等"广州价格"在全国范围内具有一定影响力。然而，广州还没有期货交易所等更为高级的市场组织形式，现代市场体系有待完善。而上海则拥有上海期货交易所、金融期货交易所、黄金交易所等多家具有国际影响力的衍生市场或交易平台，铜的"上海价格"和螺纹钢价格指数已经成为国际市场重要风向标，极大地增强了上海全球资源配置能力。

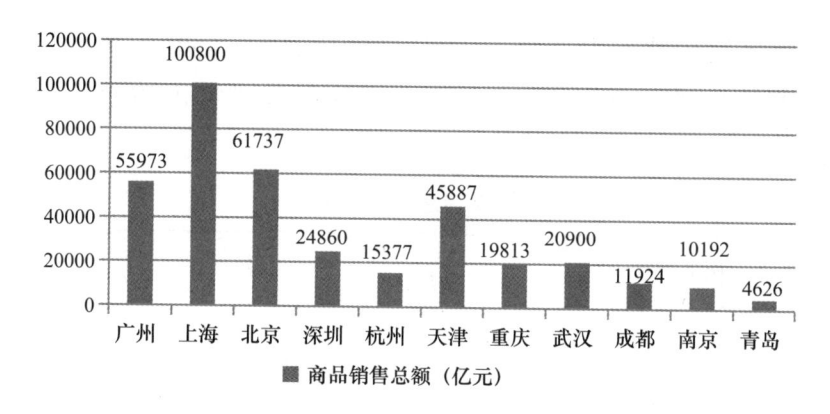

图7-8　2016年我国主要城市的商品销售总额

注：重庆、武汉为估算数据，南京、成都、杭州为限额以上估算数据。

（2）国际货物贸易规模总量偏小，发展相对滞后

从国际贸易规模来看，2016年广州货物进出口贸易总额为1297.1亿美元，在所比较城市中排名第四，但规模总量仅相当于上海的30%、深圳的33%和北京的46%（见图7-9）。总的来看，广州国际贸易总体规模偏小，发展相对滞后，成为广州商贸中心功能的一个短板。

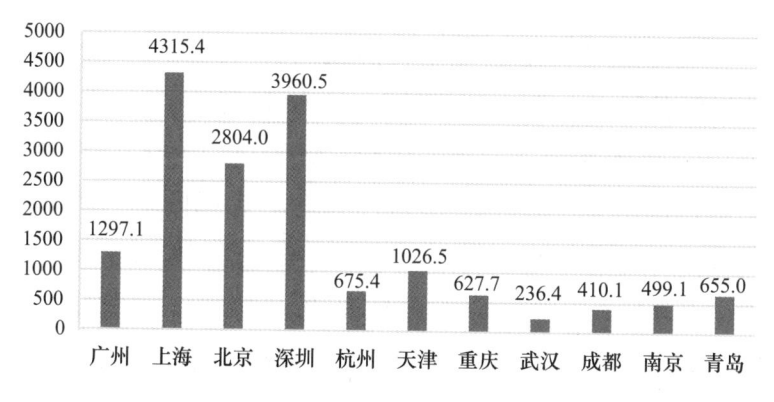

图7-9　2016年我国主要城市的商品进出口总额（亿美元）

3. 国际服务贸易功能较弱，高端服务贸易发展滞后

广州的国际服务贸易功能评分全国排名第四，但仅有6.15

分，远落后于北京和上海，也明显低于深圳（见表7-8）。在服务贸易发展方面，广州仍需努力缩短与先进城市的距离。

表7-8　　　　　　　　　国际服务贸易功能得分情况

城市	服务贸易功能得分	名次	服务贸易	金融	信息服务	商务服务
广州	6.15	4	0.66	1.24	0.90	3.35
上海	14.78	2	4.25	4.25	2.67	3.61
北京	14.93	1	3.13	3.29	4.25	4.25
深圳	7.82	3	2.68	2.27	2.03	0.84
杭州	3.48	5	0.29	0.42	2.45	0.32
天津	2.40	6	0.47	1.19	0.20	0.54
重庆	2.00	7	0.28	0.98	0.39	0.35
武汉	0.41	11	0.07	0.30	0.04	0.00
成都	1.78	8	0.09	0.79	0.42	0.48
南京	1.44	9	0.00	0.63	0.53	0.28
青岛	0.51	10	0.09	0.00	0.00	0.42

（1）国际服务贸易总量小、占比低

广州服务贸易发展短板明显，主要表现在：一是服务贸易规模小。广州的服务贸易额为378亿美元，仅是第一梯队上海、北京、深圳的18.7%、25%和29%（见图7-10）。二是服务贸易占比低。2016年广州对外贸总额中服务贸易仅占22.6%，在11个比较城市中与成都并列第七，而北京、上海、武汉分别占比35.0%、31.9%和31.2%，广州与这些城市的差距较大。

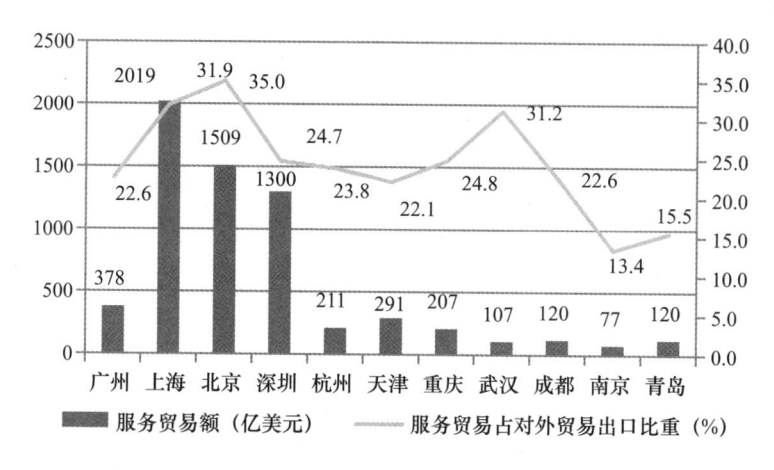

图 7-10 2016 年我国主要城市的服务贸易额及占比

（2）商务服务发展相对较好，信息和金融短板突出

近年来广州金融业增长较快，2015 年达 1628 亿元，但仍明显低于北京、上海和深圳。广州租赁和商务服务业表现出一定的比较优势，2015 年增加值达 1381 亿元，虽然低于北京和上海，但差距没有金融业那么大。在所比较的几个城市中，广州信息传输、软件和信息技术服务业的增加值最小，2015 年仅为 583 亿元，不仅远低于北京、上海，还明显低于深圳、杭州。而且近年来广州信息传输、软件和信息技术服务业增长较慢，按当年价格计算，2005—2015 年平均增速仅为 9.7%，大幅低于北京（15.1%）、上海（14.4%）、深圳（20.7%）、杭州（31.1%）等城市，导致广州信息传输、软件和信息技术服务业的增加值由 2005 年的全国第 3 位滑落到 2015 年的第 5 位。

4. 国际会展功能位居全国前列，国际会议短板明显

广州的国际会展功能的评分为 5.53 分，排名第 3，但得分远落后于上海（13.56）和北京（11.61），其主要原因是广州在 UFI 项目数量和 ICCA 国际会议数量两个指标表现上不及上海、北京（见表 7-9）。

表7-9　　　　　　　　　国际会展中心功能得分情况

城市	会展功能得分	名次	展览面积	UFI数量	ICCA数量
广州	5.53	3	3.19	1.66	0.68
上海	13.56	1	6.40	3.81	3.36
北京	11.61	2	2.01	4.80	4.80
深圳	2.94	5	0.61	1.82	0.51
杭州	1.03	10	0.03	0.50	0.51
天津	0.00	11	0.00	0.00	0.00
重庆	3.03	4	2.70	0.33	0.00
武汉	1.15	9	0.34	0.17	0.64
成都	1.54	7	0.69	0.00	0.85
南京	2.18	6	1.09	0.33	0.76
青岛	1.19	8	0.48	0.33	0.38

(1) 展览面积全国第二，综合发展水平靠前

广州是我国三大会展中心城市之一，展览面积连续多年位列全国第二，综合发展水平全国靠前。2016年广州市办展面积（896万平方米）仅次于第一名的上海（1604万平方米），高于重庆（787万平方米）、北京（634万平方米）和南京（431万平方米）。中国会展经济研究会统计工作委员会制定的"中国城市会展业发展综合指数"[①] 表明，广州2016年度的会展业发展综合指数为224，居中国第二位，低于上海（423），略高于北京（220）（见图7-11、图7-12）。

[①] 该指数根据展览数量、展览面积、展览场馆数量、展览场馆室内面积、展览管理及相关机构、UFI成员及认证项目、展览面积TOP 100展览数量和细分行业TOP 3展览数量共8项指标计算。

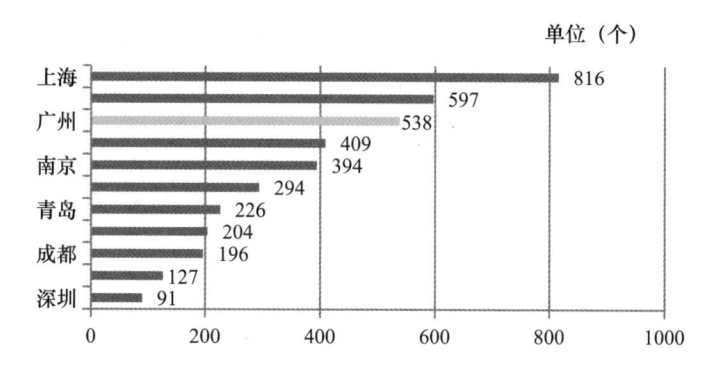

七　广州国际商贸中心的地位研判　183

单位（个）

上海　816
广州　597
　　　538
南京　409
　　　394
青岛　294
　　　226
成都　204
　　　196
深圳　127
　　　91

图 7-11　2016 年国内主要城市展览数量比较

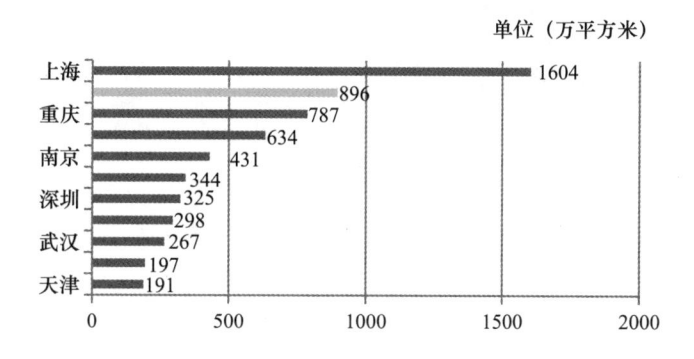

单位（万平方米）

上海　1604
重庆　896
　　　787
南京　634
　　　431
深圳　344
　　　325
武汉　298
　　　267
天津　197
　　　191

图 7-12　2016 年国内主要城市展览面积

注：数据来源《2016 年中国展览经济发展报告》。

（2）UFI 会员和项目数量不及北上深，会展业国际化水平较低

国际化是衡量一个地区会展业发展水平的重要标志，业界一般以 UFI 会员数量和 UFI 认证的展会数量作为衡量一个地区会展业国际化水平的标志之一。UFI[①] 中国会员主要分布在北京、上海、深圳和广州，其中广州 UFI 数量为 10 个，全国排名第四，落后于北京（29 个）、上海（23 个）和深圳（11 个）

---

① UFI 是迄今为止世界展览业最重要的国际性组织，能够成为其会员是该企业或机构在全球会展业中重要地位的体现。根据主营业务的不同，UFI 将商业展览公司分为三大类别，即展馆经营商、展会组织商以及展馆展会兼营商。

（见图 7-13）。中国 UFI 展览项目也主要分布在北京、上海、深圳和广州，其中广州 UFI 展览认证项目全国排名第四，数量为 7 个，明显落后于北京（14 个）、上海（20 个），也落后于深圳（11 个）（见图 7-14）。总体来看，广州的 UFI 会员和项目数量不及北上深，展览业国际化水平偏低。

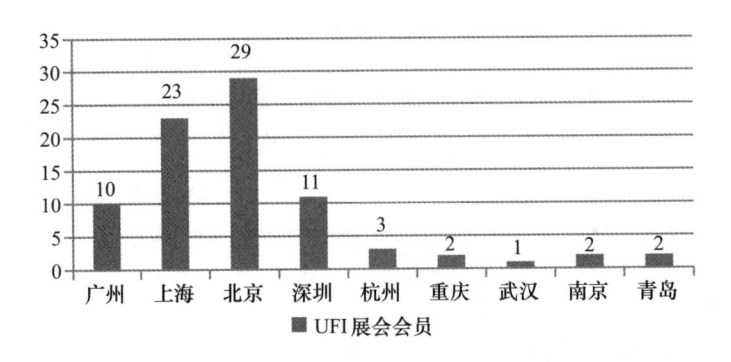

图 7-13　2016 各城市 UFI 会员数量比较

注：数据来源《2016 年中国展览经济发展报告》。

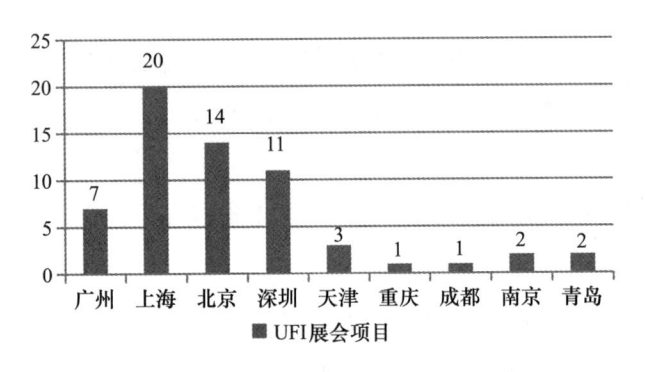

图 7-14　2016 年各城市 UFI 展会项目数量比较

注：数据来源《2016 年中国展览经济发展报告》。

（3）高层次国际会议少，国际会议短板明显

举办国际会议的层次和数量是城市国际交往功能和城市国际化的重要表现。广州举办国际会议尤其是高端国际会议的数量明显偏少，落后于北京、上海，甚至不如成都、西安、南京

等城市。国际大会及会议协会（ICCA）发布的全球会议城市年度报告显示，2016年广州共举办国际会议16场，远远低于北京（113场）和上海（79场），国内排名第5位，世界排名第160位（见图7-15）。虽然目前广州的国际会议数量指标表现不佳，但近年来广州市提出了建设国际交往中心和国际会议目的地的目标，加大了高端国际性会议的引进和培育力度。广州将举行2017年《财富》全球论坛、2018年世界航线大会、2019年国际港口大会等重量级的国际会议。届时，涉及众多领域主题的高层次国际会议为广州带来专业性强、辐射面广的优质国际资源，将有力推动广州高水平建设国际交往中心和新型国际商贸中心。

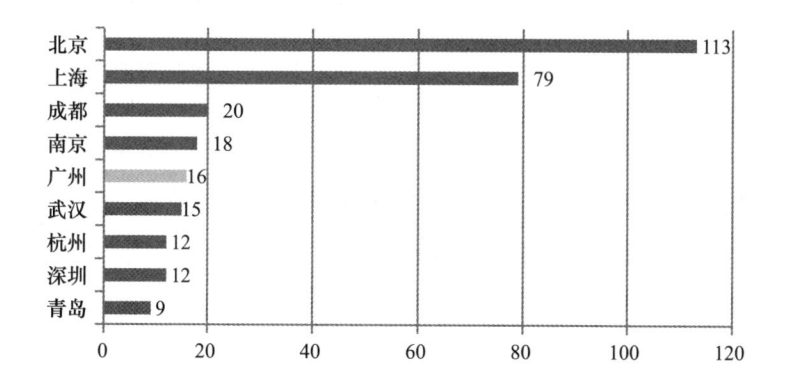

图7-15 2016年国内主要城市ICCA国际会议数量比较（个）

注：举办国际会议数量指标来自国际大会及会议协会（ICCA）年度报告（Statistics Report：The International Association Meeting Market（2016）。

5. 国际枢纽功能显著，网络通达性仍有差距

空港、陆港、海港、信息港的发达程度体现了一个城市对外连接能力，是国际枢纽功能的重要表现。上海和广州在国际枢纽功能上分别以16.08分和12.21分位列国内前两位，远高于第3名的深圳（5.89分）和北京（5.18分）（见表7-10）。可见，上海和广州已经成为全国性综合枢纽中心，彰显了中心

城市的高端辐射与连接能力。

表7-10　　　　　　　　　国际客流物流功能得分情况

城市	枢纽得分	名次	客流	货邮	货物	集装箱	运输量	周转量	快递量
广州	12.21	2	1.23	0.95	1.84	1.21	2.38	1.88	2.72
上海	16.08	1	2.38	2.38	2.38	2.38	1.74	2.38	2.45
北京	5.18	4	2.22	1.14	0.00	0.00	0.00	0.04	1.78
深圳	5.89	3	0.72	0.61	0.73	1.54	0.19	0.24	1.87
杭州	2.65	8	0.42	0.20	0.00	0.00	0.16	0.25	1.62
天津	3.97	5	0.00	0.04	1.87	0.93	0.74	0.22	0.17
重庆	3.92	6	0.54	0.12	0.59	0.08	2.25	0.30	0.04
武汉	1.83	10	0.11	0.00	0.31	0.07	0.70	0.34	0.31
成都	1.56	11	0.84	0.28	0.00	0.00	0.07	0.00	0.38
南京	1.93	9	0.16	0.11	0.77	0.20	0.20	0.27	0.23
青岛	3.23	7	0.10	0.04	1.73	1.16	0.08	0.13	0.00

（1）航空枢纽发达，航线网络有较大提升空间

国际商贸中心城市是全球航空运输网络的关键节点，其作为航空枢纽的发达程度是考量国际商贸中心地位的重要因素。首先，广州空港的地位虽然位列国内航空枢纽的第3位，但与北京、上海存在较大差距（见图7-16）。不仅机场旅客吞吐量如此，在质量上也表现出了类似的差距。一般来说，在国际通航点中，欧美的通航点的含金量往往高于亚洲、非洲和大洋洲。这一点上北京和上海的优势非常明显，洲际通航点数量明显多于广州白云机场。在欧洲区域，首都机场有34个通航点，上海浦东机场有13个通航点，而广州白云机场仅有6个通航点。在北美通航点上，首都机场和上海两个机场分别有15个和13个通航点，远高于广州机场的4个通航点。[①]

[①] 数据来源：《广州国际航空枢纽：发展定位与建设路径》，《领导参阅》，广州市社会科学院。

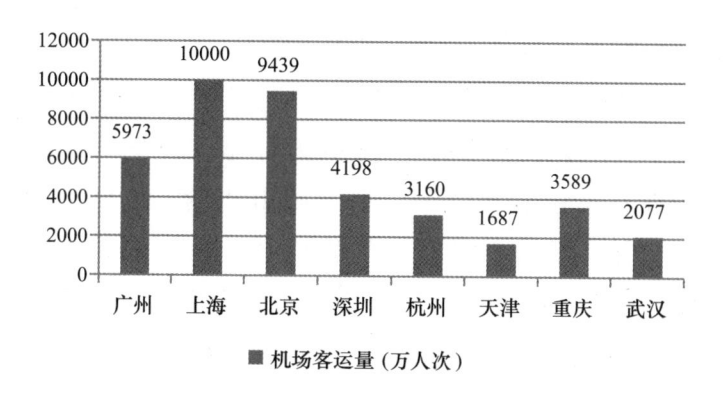

图 7-16 2016 年国内主要城市机场客运量比较

注：北京为首都机场和南苑机场总和，上海为浦东机场和虹桥机场总和。

其次，全球航空货运量大约只占全球货物贸易量的 0.5%，但是航空货运货值约占全球贸易货值的 36%，[①] 航空货运的高价值远距离特征决定了航空货运对于国际贸易具有重大意义。2016 年广州白云机场货邮吞吐量为 165.22 万吨，国内排名第三，是上海浦东机场（344 万吨）的 1/2，略低于北京首都机场（194.32 万吨）（见图 7-17）。上海、北京、广州的航空货运量明显领先国内其他城市，是国际及亚太地区重要的航空货运中心。

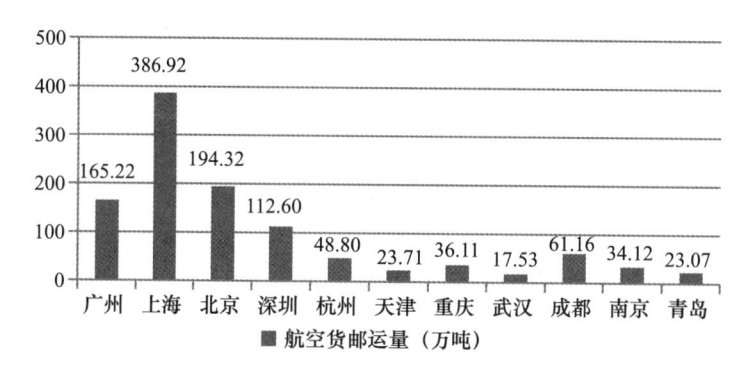

图 7-17 2016 年国内主要城市航空货邮运量比较

注：北京为首都机场和南苑机场总和，上海为浦东机场和虹桥机场总和。

[①] 《2015 全球航空货运竞争力分析》，2017 年 6 月（www.jctrans.com）。

(2) 与知名国际航运中心发展差距较大

从规模总量上看，2016年广州的港口货物吞吐量5.44亿吨（见图7-18），集装箱吞吐量1885万标箱（见图7-19），分别位居世界的第六和第七位。与国内城市比较，广州港口货物吞吐量低于上海，但高于深圳；集装箱吞吐量则明显低于上海和深圳。截至2015年，广州开通集装箱班国际航线仅有123条；而同期，上海、香港、新加坡、深圳已分别开通180多、200多、300多、230多条。虽然世界前二十位集装箱班轮公司都有在南沙港区开展业务，但仅将广州作为中国沿海港口的一个支点，而同时近邻城市深圳的国际航运通达范围更广、能力更强，这导致广州国际航运业务量偏小，2016年外贸货物吞吐量占比仅为23%。

依据新华·波罗的海国际航运中心发展指数评价结果，2015年广州的发展指数在全球46个港口城市中排28位，属第二梯队及"准全球型"航运中心。从全国港口城市横向比较来看，广州的发展指数位列香港（第3位）、上海（第6位）、青岛（第19位）、宁波（第23位）和天津（第24位）之后，在大连（第30位）、深圳（第31位）和厦门（第39位）之前。新华·波罗的海国际航运中心发展指数尽管还存在有待完善之处，但基本上反映了全球国际航运中心的发展状况。综合来看，

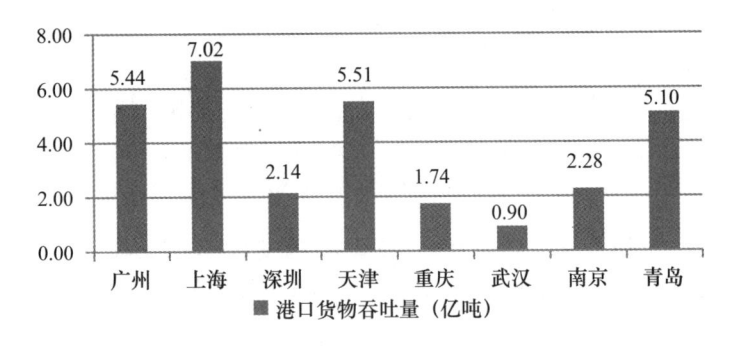

图7-18 2016年国内主要城市港口货物吞吐量

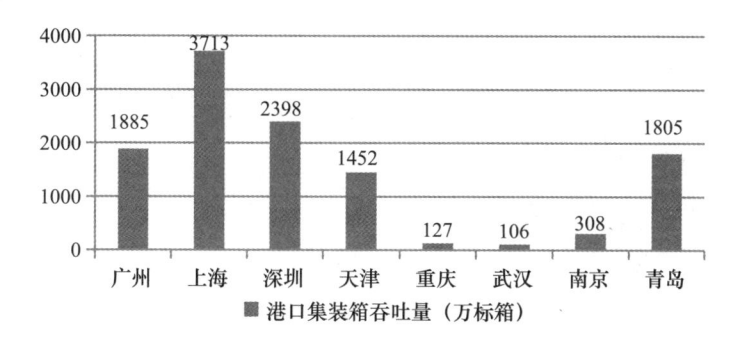

图7-19　2016年国内主要城市港口集装箱吞吐量

广州国际航运中心发展水平总体排位偏低，不仅远落后于香港、上海，与青岛、宁波、天津等城市相比也存在一定的差距。

（3）现代物流水平国内领先，位居全球性物流枢纽行列

未来城市竞争中必不可少的一环是物流承载能力和物流效率的竞争。2016年广州货运量高达11.3亿吨，位列全国榜首，重庆（10.8亿吨）、上海（8.9亿吨）次之（见图7-20）。2016年上海和广州货运周转量名列国内前两名，分别达19553亿吨/千米和15488亿吨/千米，远高于其他城市。另外，快递业务量也是衡量一个城市物流承载水平和能力的重要指标。广州的快递业务量从2014年超过上海后，就一直位居全国第一，2016年快递业务量达28.67亿件（见图7-21）。2016年"双十一"快递业务量同时进入出货量前十、进货量前十、快递业务总量前十这三个榜单的城市依次是广州、上海、北京、深圳、杭州。

世界知名咨询公司世邦魏理仕发布《2015亚太区物流枢纽研究报告》，该报告根据基础设施水平、整体市场规模以及商业环境三大要素对亚太地区67个物流枢纽进行评级后，将香港、广州、上海、深圳、天津、东京、大阪—神户及新加坡8个亚太区物流中心列入全球性物流枢纽。广州位居全球性物流枢纽行列，彰显了中心城市的高端辐射与引领能力。

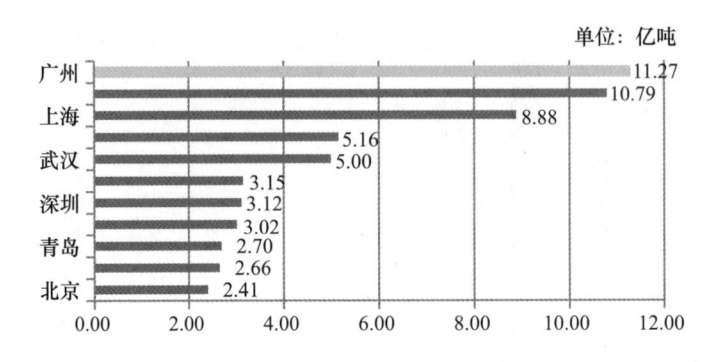

图 7-20　2016 年国内主要城市货物运输量

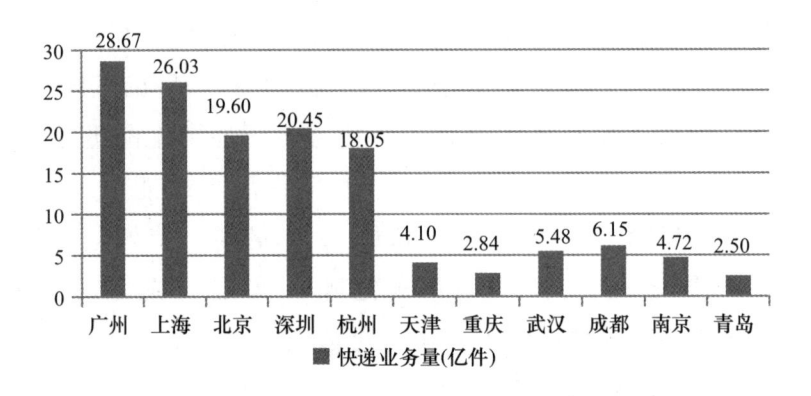

图 7-21　2016 年国内主要城市快递业务量

6. 商贸创新能力较强，新业态新模式发展全国领先

从商贸创新功能来看，广州以 15.05 分位列榜首，其后依次是杭州（11.00 分）、北京（10.13 分）、深圳（8.85 分）、上海（7.98 分）、武汉（2.17 分）、南京（1.74 分）、成都（1.26 分）、重庆（0.83 分）、青岛（0.66 分）和天津（0.40 分）（见表 7-11）。总体来看，广州的商贸创新能力较强，新业态新模式发展领先全国。广州商贸创新功能得分第一，有些出乎意料。这跟我们选取的商贸创新指标有关，由于受数据和认知限制，选择了三个电子商务类指标，显然并不完全合理，但由于当前商贸创新与电子商务密切相关，这几个指标能在较大程度上反映城市商贸创新水平。广州跨境电商全国第一，其

他两个指标表现也不错，使得广州商贸创新得分第一。广州商贸创新排名第一，其实是属于意料之外、情理之中。广州商贸创新底蕴还是比较深厚的，改革开放以来商贸新模式新业态发展，在多个领域走在全国前列。例如，国内第一家城市商业综合体——天河城；第一家超市——友谊商店。

表7-11　　　　　　　　商贸创新功能得分情况

城市	商贸创新功能得分	排名	电子商务	网络店铺	跨境电商
广州	15.05	1	4.15	4.10	6.80
上海	7.98	5	2.92	4.60	0.46
北京	10.13	3	2.73	5.10	2.30
深圳	8.85	4	4.36	3.22	1.27
杭州	11.00	2	5.10	2.15	3.74
天津	0.40	11	0.26	0.13	0.00
重庆	0.83	9	0.00	0.00	0.83
武汉	2.17	6	1.79	0.38	0.00
成都	1.26	8	0.81	0.45	0.00
南京	1.74	7	1.39	0.35	0.00
青岛	0.66	10	0.59	0.08	0.00

（1）电子商务应用和服务水平较高

阿里研究院每年公布"阿里巴巴电子商务发展指数"（aE-DI），该指数基于阿里巴巴大数据和全国人口普查数据，是反映区域电子商务应用发展情况的指数。根据"阿里巴巴电子商务发展指数城市版（2016）"①，2016年广州电子商务发展指数得分31.8，在所比较的城市中排名第3，紧追第2名深圳（33.1分），杭州以37.5分位居榜首（见图7-22）。另外，电子商务发展指

---

① 阿里巴巴电子商务发展指数城市版（aEDI-city），电子商务发展指数涵盖电商应用与电商服务。其中，电商应用包括网商、网购两个方面，电商服务包括电商交易、支付、快递和衍生服务四个方面。

数涵盖电商应用和电商服务两个方面，这两个指标广州的排名均位列第2，反映出广州的电子商务应用和服务水平较高。

（2）电子商务创业经营活跃

网络活跃店铺数是一个反映城市网商数量和电商创业活跃程度的重要指标。使用大数据方法对阿里巴巴活跃店铺数量进行统计，截至2017年8月30日，广州拥有5.68万家活跃店铺，其中天猫1.05万家，淘宝4.62万家，这三个数据在全国城市排名均是第三（见表7-12）。北京（6.92万家）和上海（6.30万家）活跃店铺数指标位列国内前两名，第四名是杭州（3.27万家）。从天猫商城店铺数来看，上海、深圳、广州、北京和杭州五大城市占了全国近1/3的比重，其中上海以1.5万家位居榜首，广州与北京数量相当。另外，本书课题组还对阿里巴巴活跃店铺进行随机抓取，共抓取了10万家活跃网店，在有明确地址的网店中，广州拥有3388家，在比较的11个城市里数量最多，占比为22.3%，广州的网店数量最多，这也佐证了广州电子商务发展比较繁荣、商贸创新创业比较活跃。

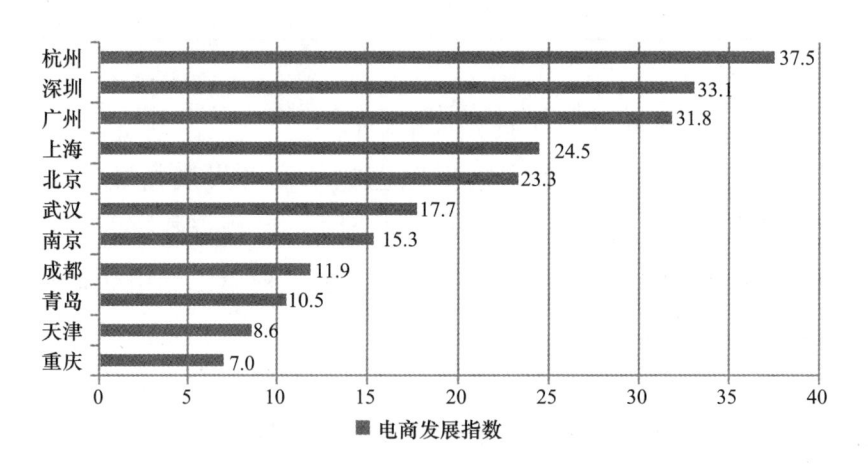

图7-22 2016年国内主要城市电商发展指数得分

注：数据来源于阿里研究院，2016年，样本包括全国地级及以上城市。排名所依据的"电商发展指数"根据阿里巴巴电子商务发展指数城市版（aEDI-city）指标体系计算得出。

表 7-12　　　　　　　　　阿里巴巴活跃店铺数量

城市	全部店铺	天猫（商城）	淘宝	金冠	皇冠	钻级	心级	全球购
北京	69181	10410	58771	111	7136	26398	19468	650
上海	62975	15079	47896	187	9895	24240	11431	659
广州	56783	10538	46245	74	6833	24375	12693	181
深圳	45930	11873	34057	31	3983	17689	10234	265
杭州	32746	8372	24374	125	4838	12340	5883	146
天津	7746	760	6986	7	706	2995	2520	66
重庆	6087	603	5484	6	438	2162	2151	45
武汉	10727	2209	8518	17	1165	3913	2753	68
成都	11617	1940	9677	12	1101	4351	3325	60
南京	10458	1869	8589	22	1397	4081	2472	74
青岛	7061	1002	6059	11	845	2727	1962	61
全国	2382949	176336	2206613	1425	150080	815027	868191	8430

注：数据截至 2017 年 8 月 30 日，全部店铺 = 天猫 + 淘宝。

阿里研究院每年公布的"网商密度"（即平均每万人中网商数量）也是衡量一个城市电商创业环境和电商创业活力的重要指标。数据显示，在"2015 年我国大众电商创业最活跃的 50 个城市"排行榜上，广州位列榜首。这反映了广州具有良好的商业环境特别是电商创业环境，电商企业创业经营活跃度高。

（3）跨境电商发展国内领先

以跨境电商为代表的新业态、新模式正在成为我国外贸增长的新动能。在跨境电商发展方面，广州的表现突出。2016 年广州市跨境电商进出口总值 146.8 亿元，业务规模居全国首位，占全国跨境电商进出口总值近三成（见图 7-23）。在全国 60 多个开展跨境电子商务进出口业务的城市中，2014—2016 年广州连续三年领跑全国。

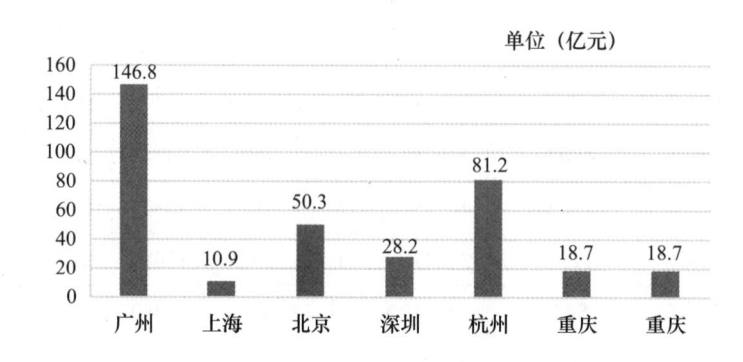

图 7-23 2016年我国主要城市的跨境电商交易额
注：为中国海关公布数据。

（三）基于国内比较的广州优劣势评价

根据国内城市综合得分，可以把这些城市划分为三个梯队：上海名列首位，单独构成第一梯队；广州排名第三，与北京、深圳组成第二梯队；其他城市构成第三梯队。从各项功能来看，广州的客流和物流综合功能排名相对靠前，服务贸易功能相对落后。综合来看，目前广州作为国际商贸中心的地位比较突出，在商贸流通方面具有一些明显优势（见表7-13）。然而，广州也有不少比较劣势和短板，制约了广州发展成为更高级和更具影响力的国际商贸中心。这些短板主要表现在：国际货物贸易和服务贸易规模较小、国际知名品牌渗透率低、作为国际旅游目的地的吸引力较弱、缺少高级的市场形式、信息和金融等高端服务短板突出、国际会议的发展短板明显、航空航运功能有待加强（机场旅客吞吐量与北京、上海差距大，广州不足6000万人次，上海超过1个亿人次，北京接近1亿人次）（见图7-16）。

表7-13　基于国内比较的广州新型国际商贸中心建设的优劣势

功能	优势	劣势
国际消费中心	国内消费中心地位突出 美食之都享誉全球 商业街发展全国领先 购物中心发展位居全国前列 便利店发展水平国内领先	国际知名品牌渗透率低 作为国际旅游目的地的吸引力较弱
国际货物贸易枢纽	货物贸易和商品集散能力较强 "广州价格"国内具有影响力 专业批发市场辐射力较强	国际货物贸易规模总量偏小 缺少期货交易所等高级市场组织形式
国际服务贸易中心	服务业综合发展水平较高 商务服务发展相对较好	国际服务贸易总量小 信息、金融等高端服务短板突出
国际会展中心	会展综合发展水平国内领先 展览规模大、品牌展览多	展览国际化水平较低 国际会议的发展短板明显
国际客流物流枢纽	航空枢纽地位位居国内第三位 位居全球性物流枢纽行列 城市物流发展水平国内领先	航空航线网络有较大提升空间 国际航运中心发展水平总体排位偏低
城市商贸创新	电子商务应用和服务水平较高 电商创业经营活跃程度高 跨境电商发展领跑全国	时尚引领力不足 品牌培育能力有待提升

（四）全球城市综合指数排名

本部分选取伦敦、纽约、巴黎、东京、新加坡、香港、迪拜、悉尼、米兰、芝加哥、孟买、台北、多伦多、首尔、阿姆斯特丹、布鲁塞尔、洛杉矶、法兰克福、北京、上海、广州共21个国际国内城市作为比较对象。分别计算出这些全球城市的国际商贸中心指数，最终进行比较排列。根据各城市国际商贸中心指数大小及名次，可以把这21个全球城市划分为四个梯队（见图7-24、图7-25、表7-14）。

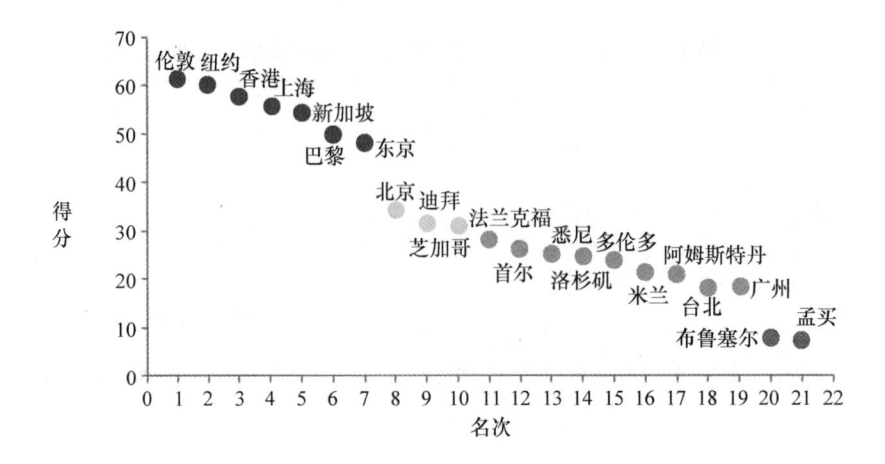

图 7-24　部分全球城市国际商贸中心指数排名

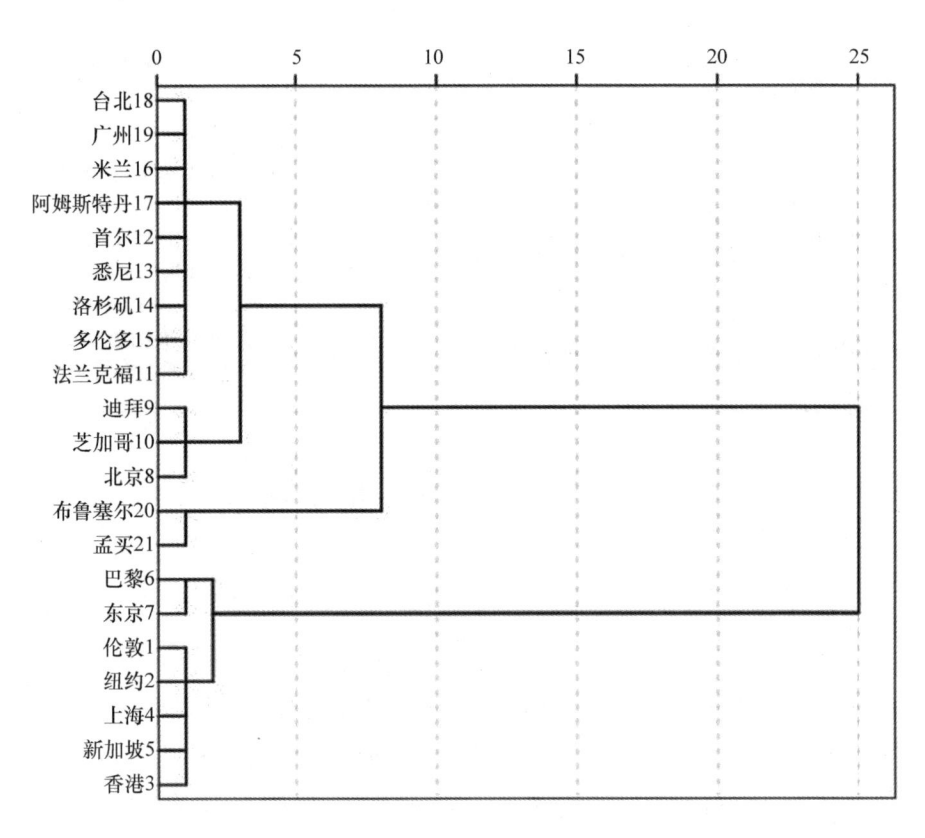

图 7-25　部分全球城市聚类分析——基于国际商贸中心指数

第一梯队：纽约、伦敦、香港、上海、新加坡、巴黎、东京。这七个城市综合得分在48—62分之间，属于综合性的国际商贸中心城市，各项商贸功能的得分排名大都比较靠前，如伦敦的国际消费中心、国际服务贸易中心功能得分位居第二位，国际客流货流枢纽功能得分位居第一位，其他功能得分也位列前六位；纽约的国际消费、国际服务贸易中心功能都名列第一位，除了国际会展会议中心功能得分排名较靠后（仅位列第17位）之外，其他两项功能得分分别排名第七和第六位。纽约的会展中心功能排名之所以比较落后，是因为纽约没有展览入选世界100强商展，ICCA会议数量虽有61场，但远低于巴黎（196场）和伦敦（153）场。实际上，联合国的总部和大量国际组织设在纽约，使纽约成为大型国际会议的重要举办地。纽约每年举办的国际会议数量相比其他国际会议城市并不算多，但这些会议却有着较高的级别和广泛的影响。由于相关指标是按照会议数量评分的，没有考虑会议的级别和影响力。因此这种评分方法具有一定的局限性，低估了纽约国际会展中心的功能得分。纽约的会展功能实际上并不像其得分所反映的那样排名靠后。

第二梯队：北京、迪拜、芝加哥。这三个城市综合指数得分在30—35分之间，也属于全球性的国际商贸中心。这些城市的商贸功能特别突出，得分甚至超过了第一梯队城市，显示了全球范围的影响力。然而，这些城市也有一些短板，制约了它们成长为综合性国际商贸中心。例如，迪拜依托优越的区位条件成为全球客流物流枢纽，客流物流枢纽功能排名第五，但国际会展中心功能排名第19位；北京的国际会展中心功能排名第四，但国际消费中心功能仅排第17位；芝加哥的货物贸易枢纽功能得分排名第四，但国际消费中心功能仅排名第18位。

第三梯队：法兰克福、首尔、悉尼、洛杉矶、多伦多、米兰、阿姆斯特丹、台北、广州。这九个城市的国际商贸中心指数在18—29分之间，也显示了一定的全球影响力；但作为国际商贸中心的整体影响力相对较弱。虽然这些城市商贸功能的综合评分较低，但也有部分城市在某项特定功能上表现非常突出，显示出了在特定领域较强的全球影响力。例如，首尔的国际消费中心功能表现出色，法兰克福和米兰则是公认的国际会展之都，它们都凭借特定的自身优势发展成为特色国际商贸中心。

第四梯队：布鲁塞尔、孟买。这两个城市国际商贸中心指数在7—8分之间，商贸功能的综合评分较低，各个具体功能的评分排名也很靠后。结果表明，这两个城市仅在区域或者国家层面具有较强影响力，在全球范围的辐射影响力则较弱。

表7-14　　　　　　　　全球城市国际商贸中心指数及排名

城市	国际商贸中心指数		国际消费中心功能		国际货物贸易枢纽功能		国际服务贸易中心功能		国际会展中心功能		国际客流物流枢纽功能	
	总分数	排名	分数	排名	分数	排名	分数	排名	分数	排名	分数	排名
伦敦	61.50	1	14.01	2	10.56	5	18.37	2	6.09	6	12.47	3
纽约	60.32	2	19.04	1	8.47	7	19.88	1	2	17	10.93	6
香港	57.64	3	13.56	3	12.50	2	16.74	3	4.52	10	10.32	7
上海	55.68	4	4.29	13	9.09	6	10.97	8	12.9	2	18.43	1
新加坡	54.48	5	7.54	6	13.86	1	15.88	4	6	7	11.2	4
巴黎	49.78	6	10.44	4	4.57	9	10.53	9	18.91	1	5.34	12
东京	48.19	7	6.77	9	11.06	3	13.83	5	3.51	11	13.01	2
北京	34.16	8	2.39	17	2.62	15	12.35	6	7.89	4	8.92	9
迪拜	31.62	9	5.65	11	2.95	13	10.44	10	1.6	19	10.98	5
芝加哥	30.97	10	1.48	18	10.98	4	9.64	11	2.03	16	6.85	11
法兰克福	28.20	11	1.28	19	5.50	8	7.82	13	8.91	3	4.69	15
首尔	25.95	12	7.72	5	0.57	20	7.45	14	5.38	8	4.83	14
悉尼	25.31	13	6.93	8	2.50	16	11.06	7	2	17	2.82	18
洛杉矶	24.46	14	4.17	14	3.91	10	7.11	15	0.27	20	9.01	8
多伦多	23.81	15	7.49	7	3.25	12	8.36	12	2.09	15	2.62	19
米兰	21.27	16	6.36	10	2.19	17	4.40	17	7	5	1.32	20

续表

城市	国际商贸中心指数		国际消费中心功能		国际货物贸易枢纽功能		国际服务贸易中心功能		国际会展中心功能		国际客流物流枢纽功能	
	总分数	排名	分数	排名	分数	排名	分数	排名	分数	排名	分数	排名
阿姆斯特丹	20.75	17	2.91	16	3.27	11	3.83	18	5.69	8	5.05	13
台北	18.17	18	4.56	12	2.72	14	4.94	16	2.98	13	2.97	17
广州	18.14	19	3.79	15	0.57	19	2.24	20	2.85	14	8.68	10
布鲁塞尔	7.83	20	0.94	20	1.44	18	2.13	21	3.33	12	0	21
孟买	7.32	21	0.55	21	0.20	21	2.83	19	0.09	21	3.65	16

世界城市或全球城市研究的代表人物弗里德曼[①]认为，全球城市是全球经济系统的中枢，集中控制和指挥世界经济的各种职能，世界城市间有着密切的经济联系和紧密的社会互动。可见，全球城市也是经济中心，而商贸流通是经济中心功能的重要内容。因此，全球城市与国际商贸中心城市存在着密切的联系。为了考察这种联系，下面采用相关分析方法，分析新型国际商贸中心城市指数排名与 GaWC 世界城市排名的关系。分析结果显示，国际商贸中心城市与世界城市排名存在着较强的正相关关系，等级相关系数为 0.872，并在统计意义上非常显著（见表 7-15）。这表明全球城市与国际商贸中心这两个概念有着密切的联系，二者的影响力存在着较强的正相关关系。有鉴于此，研究广州国际商贸中心建设，实际上是基于商贸视角的广州建设全球城市研究。全球城市之所以具有较强的全球影响力和辐射力，发达的商贸业发挥了重要的作用。另外，新型国际商贸中心指数排名与 GaWC 世界城市排名又有一定的差异。

---

① Friedman J., "The World City Hypothesis", *Development and Change*, No. 17, 1986.

这主要是因为新型国际商贸中心指数排名相对专注于商贸功能,而 GaWC 世界城市排名则主要依据金融业、会计、法律等高端生产性服务业的发展情况。

表 7-15　新型国际商贸中心指数与 GaWC 世界城市排名相关分析

		GaWC 世界城市排名	新型国际商贸中心指数排名
GaWC 世界城市排名	Spearman Correlation	1	0.872**
	Sig.（2-tailed）		0.000
	N	21	21
新型国际商贸中心指数排名	Spearman Correlation	0.872**	1
	Sig.（2-tailed）	0.000	
	N	21	21

**. Correlation is significant at the 0.01 level (2-tailed).

（五）分项功能的国际比较

1. 国际消费中心功能排名中下游,国际旅客吸引力较弱

从国际消费中心指数的比较结果来看,纽约、伦敦、香港、巴黎等全球城市的国际消费中心功能突出,位列前 4 位（见表 7-16）。广州则在所有参与比较城市中排名第 15 位,高于其国际商贸中心指数排名,说明广州的国际消费功能具有相对优势。

表 7-16　　　　国际消费中心指数及排名情况

城市	得分	排名	全球著名商业街年租金得分	入境旅客规模得分	旅游总收入得分
纽约	19.04	1	10.00	3.28	5.76
伦敦	14.01	2	4.01	4.00	6.00
香港	13.55	3	9.57	1.71	2.27

续表

城市	得分	排名	全球著名商业街年租金得分	入境旅客规模得分	旅游总收入得分
巴黎	10.44	4	4.31	0.91	5.22
首尔	7.72	5	2.70	1.66	3.36
新加坡	7.55	6	0.68	2.56	4.31
多伦多	7.49	7	0.41	2.91	4.17
悉尼	6.93	8	2.91	0.36	3.66
东京	6.77	9	3.89	0.91	1.97
米兰	6.36	10	3.86	1.24	1.26
迪拜	5.66	11	0.06	2.44	3.16
台北	4.56	12	0.32	1.12	3.12
上海	4.29	13	0.97	1.64	1.68
洛杉矶	4.18	14	2.33	1.29	0.56
广州	3.79	15	0.54	1.66	1.59
阿姆斯特丹	2.91	16	0.62	1.34	0.95
北京	2.39	17	0.58	0.63	1.18
芝加哥	1.47	18	1.45	0.02	0.00
法兰克福	1.28	19	0.90	0.17	0.21
布鲁塞尔	0.94	20	0.20	0.32	0.42
孟买	0.55	21	0.00	0.00	0.55

（1）商圈租金水平与北京王府井商圈相当，商圈国际知名度和对高端品牌吸引力有待提升

商业街物业租金是城市消费市场的晴雨表，在很大程度上反映了城市商圈的发展水平和繁荣程度。从高纬环球发布的2016—2017年全球主要商业街租金情况来看，纽约曼哈顿第五大道（Fifth Avenue）49街—60街以每年3000美元/平方英尺的租金蝉联全球最昂贵的商业街。香港的铜锣湾以每年2878美元/平方英尺的租金位居第2位。巴黎香榭丽舍大街（The

Avenue des Champs-Élysées）租金为 1368 美元/平方英尺，位列第 3 位。另外，伦敦新邦德街（New Bond Street）年租金 1283 美元/平方英尺，东京银座、米兰蒙提拿破仑街（Via Montenapoleone）的租金水平也在 1200 美元以上（见图 7-26）。

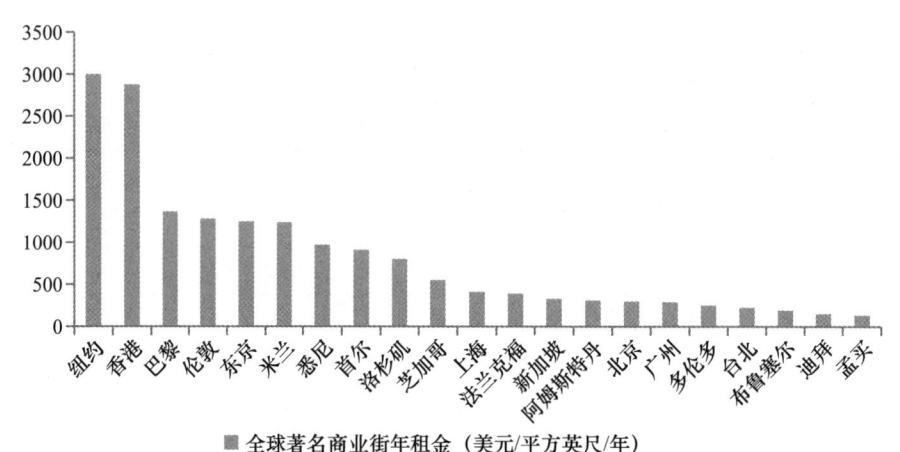

图 7-26　主要城市著名商业街租金水平

注：数据来自戴德梁行 2016 年第 28 期《全球主要零售街区报告》。

近年来，广州致力于打造天河路商圈，通过大力引入国际知名品牌商，每年举办广州购物节，与世界知名商圈联盟互动等多种方式，促进商圈国际化水平和知名度显著提升。2016 年天河路商圈租金为 289.4 美元/平方英尺，与北京的王府井商圈租金水平相当，高于多伦多的 Bloor Street，但远低于纽约、巴黎、米兰、伦敦等城市，这也从一个侧面反映了广州与这些知名国际消费中心相比还存在很大差距，主要表现为城市标志性商圈的国际影响力和美誉度以及对国际高端品牌的吸引力有待提升。

（2）国际旅客吸引力与知名旅游城市还有较大差距

入境旅客数量及旅游收入，能够反映城市作为国际旅游目的地的吸引力。伦敦、纽约、新加坡、迪拜等都是著名的国际旅游目的地，接待入境旅客规模均超过 1000 万人次，旅游收入也超过 100 亿美元。万事达卡和消费者付款解决方案 Mastercard 最新"全球目的地城市指数"（Global Destination Cities Index）报告显示，伦敦、巴黎、迪拜、纽约、新加坡、东京、首尔等城市入围前 10 位（见图 7-27、表 7-17）。

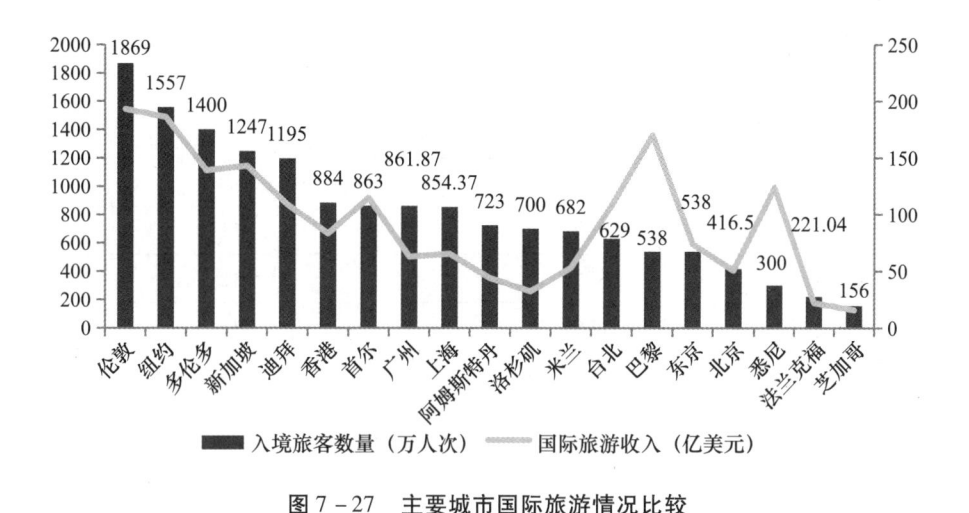

图 7-27 主要城市国际旅游情况比较

注：数据来自世界旅游组织（UNWTO）发布"2015 年全球入境旅游城市排名"。

2016 年广州入境旅客超过 800 万人，虽然旅客规模与首尔、香港、上海等城市相当，但其中包含香港、澳门和台湾同胞 532.19 万人次，外国人仅为 329.68 万人次。广州旅游外汇收入 62.72 亿美元，在所考察城市中处于中游水平，排名相对靠前。总体来说，广州高等级旅游资源偏少、城市国际知名度不高等因素，制约了其对国际旅客的吸引力。

表 7-17　　全球目的地城市前 20 名国际入境过夜旅客数量

城市	国际入境过夜旅客数量（万人）	2016 年全球目的地城市指数排名
曼谷	2147	1
伦敦	1988	2

续表

城市	国际入境过夜旅客数量（万人）	2016年全球目的地城市指数排名
巴黎	1803	3
迪拜	1527	4
纽约	1275	5
新加坡	1211	6
吉隆坡	1202	7
伊斯坦布尔	1195	8
东京	1170	9
首尔	1020	10
香港	837	11
巴塞罗那	820	12
阿姆斯特丹	800	13
米兰	765	14
台北	735	15
罗马	712	16
大阪	702	17
维也纳	669	18
上海	612	19
布拉格	581	20

注：数据来自万事达卡和消费者付款解决方案Mastercard发布的《2016全球目的地城市指数报告》。

2. 国际货物贸易规模相对偏小，全球资源配置能力有待增强

从国际货物贸易枢纽指数比较来看，新加坡、香港、东京、芝加哥、伦敦等国际货物贸易枢纽功能突出。广州在所比较城市中排名第19位（见表7-18），排名落后的主要原因是缺乏期货交易所等现代市场形式或交易平台。

表 7-18　　　　　　　国际货物贸易枢纽指数及排名情况

城市	得分	排名	货物进出口规模得分	全球知名期货交易所数量得分
新加坡	13.86	1	8.86	5.00
香港	12.50	2	10.00	2.50
东京	11.06	3	3.56	7.50
芝加哥	10.98	4	0.98	10.00
伦敦	10.56	5	0.56	10.00
上海	9.09	6	4.09	5.00
纽约	8.47	7	0.97	7.50
法兰克福	5.50	8	3.00	2.50
巴黎	4.57	9	2.07	2.50
洛杉矶	3.91	10	3.91	0.00
阿姆斯特丹	3.27	11	3.27	0.00
多伦多	3.25	12	3.25	0.00
迪拜	2.95	13	2.95	0.00
台北	2.72	14	0.22	2.50
北京	2.62	15	2.62	0.00
悉尼	2.50	16	0.00	2.50
米兰	2.19	17	2.19	0.00
布鲁塞尔	1.44	18	1.44	0.00
广州	0.57	19	0.57	0.00
首尔	0.57	20	0.57	0.00
孟买	0.20	21	0.20	0.00

（1）商品进出口总额与首尔等城市相当

从商品进出口总额来看，香港、新加坡等城市货物进出口总额规模较大，都在8000亿美元以上；其中转口贸易占比分别达到46.5%和27.5%，其作为转口贸易中心的特征非常突出。上海、东京、洛杉矶等城市贸易规模达到4000亿美元以上。广州与首尔等城市贸易规模相差不大，2015 年贸易规模在 1338.7 亿美元，在 21 个考察城市中排名第 16 位（见图 7-28）。

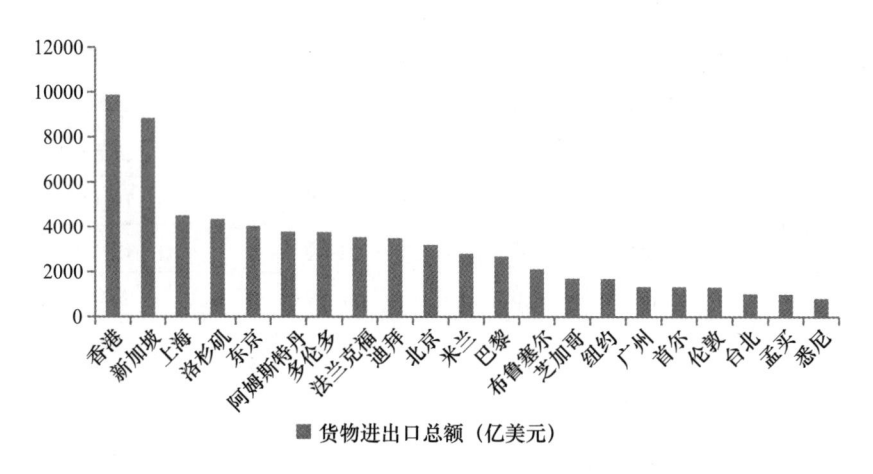

图 7-28　国际主要城市货物进出口总额情况

（2）缺少期货交易所等高端衍生品市场

大宗商品交易平台或期货交易所，对全球资源配置起着重要作用。从全球知名期货交易所数量情况来看，伦敦、芝加哥、纽约等城市期货交易所数量较多，对全球资源配置具有重要影响。例如，伦敦拥有伦敦金属交易所（LME）、伦敦洲际期货交易所（ICE），纽约拥有纽约商品交易所（COMEX）、纽约商业交易所（NYMEX）、纽约期货交易所（NYBOT），芝加哥拥有芝加哥期货交易所（CBOT）、芝加哥商业交易所（CME）等。目前，广州拥有广东塑料交易所、鱼珠木材交易中心等十几家大宗商品交易中心，在全国范围有一定影响力。尤其是广东塑料交易所的"广塑指数"已成为中国塑料第一指数，但广州还缺少期货交易所等更高层次的市场形式或交易平台。

3. 展览具有一定的全球影响力，国际会议短板明显

广州国际会展中心功能具有一定的全球影响力，得分位列

第14名（见表7-19）；排名高于多伦多、芝加哥等城市，也高于广州国际商贸中心总体排位。

表7-19　　　　　　　国际会展会议中心指数及排名情况

城市	得分	排名	世界商展100强排行的商展数量得分	世界商展100强排行的展会面积得分	ICCA国际会议数量得分
巴黎	18.91	1	4.91	6.00	8.00
上海	12.90	2	6.00	4.10	2.80
法兰克福	8.90	3	4.36	3.92	0.62
北京	7.88	4	2.18	1.39	4.31
米兰	7.00	5	2.73	2.36	1.91
伦敦	6.09	6	0.00	0.00	6.09
新加坡	6.00	7	0.00	0.00	6.00
阿姆斯特丹	5.69	8	0.00	0.00	5.69
首尔	5.38	9	0.00	0.00	5.38
香港	4.52	10	0.55	0.28	3.69
东京	3.51	11	0.00	0.00	3.51
布鲁塞尔	3.33	12	0.00	0.00	3.33
台北	2.98	13	0.00	0.00	2.98
广州	2.85	14	1.64	1.21	0.00
多伦多	2.09	15	0.00	0.00	2.09
芝加哥	2.03	16	0.55	0.32	1.16
纽约	2.00	17	0.00	0.00	2.00
悉尼	2.00	17	0.00	0.00	2.00
迪拜	1.60	19	0.00	0.00	1.60
洛杉矶	0.27	20	0.00	0.00	0.27
孟买	0.09	21	0.00	0.00	0.09

(1) 展览规模已达到国际领先水平

《进出口经理人》杂志发布的2016年世界商展[①]100强排行榜显示，广州有3个展会入围，分别是中国（广州）国际橡胶塑料工业展览会、中国（广州）国际汽车展览会、广州国际木工机械/家具配料展览会。在所比较城市中，广州入围的2016年世界商展100强商展数量少于上海（11个）、巴黎（9个）、法兰克福（8个）、米兰（5个）、北京（4个）等城市，排名第6；从商展100强展览面积来看，广州58.0万平方米，低于巴黎（286.8万平方米）、上海（195.9万平方米）、法兰克福（187.4万平方米）、米兰（112.8万平方米），排名第五。可见，广州的品牌展览、展览规模排名相对靠前，已达到国际领先水平。

(2) 国际会议的发展短板明显

国际大会与会议协会（ICCA）每年发布的全球会议目的地国家及城市排行榜，已成为衡量各国际城市会议产业发展的风向标。根据2016年各城市举办的ICCA国际会议数量来看，巴黎、新加坡、伦敦排在前3名，均超过150个，阿姆斯特丹、首尔、北京也超过100个，香港、东京、布鲁塞尔接近100个，纽约达到61个。[②] 相比而言，广州举办国际会议数量仅16个，在所比较城市中排名最后，广州国际会议的举办数量及层次有待提升，国际交往功能仍有较大提升空间（见图7-29）。

[①] 世界商展100强排名是以世界范围内的商业展览为选择对象，入围展览都是国际化的大型展览，要求国外参展商数量占总参展商数量的20%以上。

[②] 联合国的总部就设在纽约，使纽约成为大型国际会议的重要举行地，虽然每年举办的国际会议相比其他著名国际会议城市数量较少，但这些会议级别高、影响广泛。

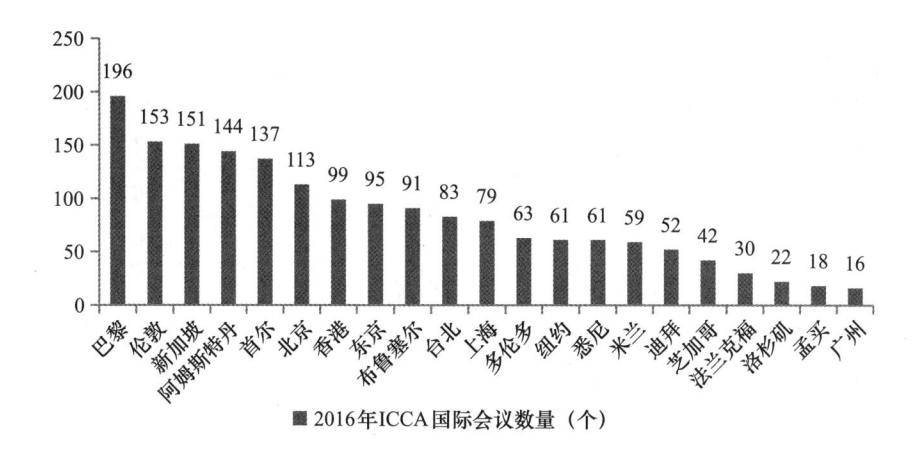

图 7-29 2016 年 ICCA 国际会议数量情况

注：数据来自国际大会及会议协会（ICCA）年度报告，2016 年。

4. 国际客流物流枢纽功能突出，航空枢纽建设有待加强

从国际客流物流枢纽指数来看，上海、东京、伦敦位列前三位，新加坡、迪拜、纽约、香港紧随其后，广州位列第 10 位，该项得分排名处于中上水平，反映出广州作为国际客流货流枢纽地位突出（见表 7-20）。

表 7-20 国际客流物流枢纽指数及排名情况

城市	得分	排名	机场旅客吞吐量得分	港口集装箱吞吐量得分
上海	18.43	1	10.43	8.00
东京	13.01	2	12.00	1.01
伦敦	12.48	3	11.99	0.49
新加坡	11.20	4	4.43	6.77
迪拜	10.98	5	7.57	3.41
纽约	10.93	6	9.53	1.40
香港	10.31	7	5.91	4.40
洛杉矶	9.01	8	7.22	1.79
北京	8.92	9	8.92	0.00

续表

城市	得分	排名	机场旅客吞吐量得分	港口集装箱吞吐量得分
广州	8.69	10	4.56	4.13
芝加哥	6.85	11	6.85	0.00
巴黎	5.34	12	5.34	0.00
阿姆斯特丹	5.05	13	5.05	0.00
首尔	4.83	14	4.31	0.52
法兰克福	4.69	15	4.69	0.00
孟买	3.64	16	2.66	0.98
台北	2.97	17	2.36	0.61
悉尼	2.82	18	2.31	0.51
多伦多	2.62	19	2.62	0.00
米兰	1.32	20	1.32	0.00
布鲁塞尔	0.00	21	0.00	0.00

注：数据来自机场旅客吞吐量，国外城市的数据来自CADAS发布《2016国际机场统计报告》，国内城市的数据来自各城市统计年鉴。

（1）港口集装箱吞吐量位居全球第七，高端航运服务功能有待增强

近年来，广州国际航运中心硬实力不断增强。2016年广州港口集装箱吞吐量为1884.97万标箱，略低于香港，明显高于迪拜、洛杉矶等城市，在所比较城市中位居第4位，国际航运枢纽功能地位非常突出（见图7-30）。但是广州国际航运中心的软实力仍有待增强，与伦敦、纽约等老牌国际航运中心差距明显。以伦敦为例，尽管伦敦港口的主体已外移到距伦敦市中心约40公里的提尔伯里港，在世界集装箱港口100强之外，货运集散功能下降，但伦敦依靠其先进的商船队、发达的租船市场和多样化的航运服务，依然是世界航运定价中心和管理中心，世界20%的船级管理机构常驻伦敦，50%的油轮租赁业务、40%的散货船业务、18%的船舶融资业务和20%的航运保险业

七 广州国际商贸中心的地位研判 211

务在伦敦进行。根据《新华—波罗的海国际航运中心发展指数报告（2016）》显示，广州国际航运中心发展指数得分51.809，与新加坡（86.08）、伦敦（76.13）、香港（76.08）、纽约（67.64）等城市差距不小（见表7-21）。

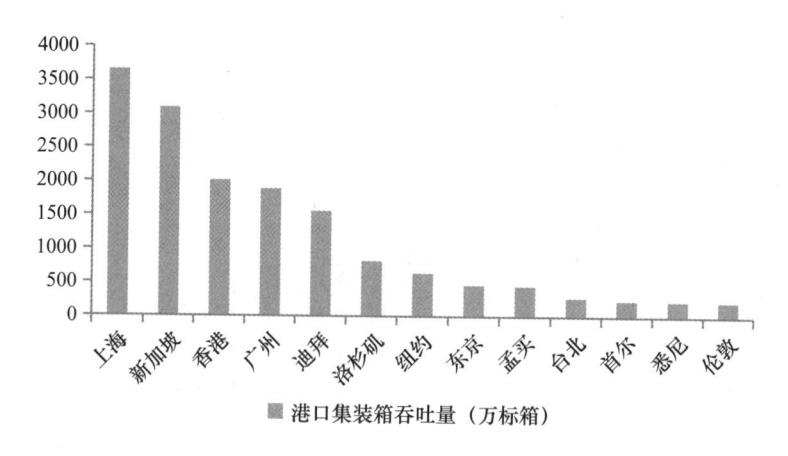

图7-30 国际主要城市港口集装箱吞吐量情况

表7-21 国际航运中心发展指数比较情况

城市	纽约	伦敦	东京	新加坡	香港	洛杉矶	迪拜	上海	广州
国际航运中心发展指数	67.64	76.13	64.89	86.08	76.08	56.89	67.52	67.82	51.81

注：数据来自新华社中国经济信息社和波罗的海交易所编制的《新华—波罗的海国际航运中心发展指数报告（2016）》。

（2）机场旅客吞吐量排名中下游，国际航空枢纽建设有待加强

2016年广州白云国际机场旅客吞吐量为5973.21万人次，已超过新加坡、首尔等城市，但远低于伦敦、东京、纽约等城市，在所比较城市中排名第13位（见图7-31）。同时，广州白云国际机场的中转旅客的比例还较低。2016年在广州中转的旅客数量为1352万人次，中转旅客比例22.6%；与新加坡（26%）、香港

(30%）等国际航空枢纽相比，还存在一定差距。从城市客运机场数量来看，目前广州仅有1个国际机场，伦敦、纽约、巴黎、洛杉矶等城市客运机场数量达到4—6个，国内的北京、上海也有2个。多个错位发展的机场有利于增强城市航空枢纽综合服务功能，单一机场一定程度上制约了广州国际航空枢纽功能的发挥。

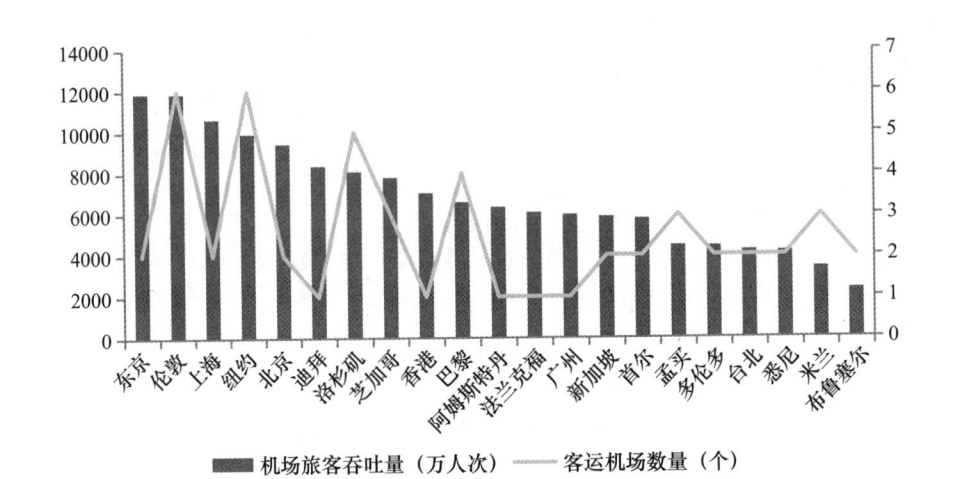

图7-31 国际主要城市机场旅客吞吐量情况

5. 服务贸易发展短板明显，高端生产性服务业发展滞后

从国际服务贸易指数来看，纽约、伦敦位居第1、第2位，香港、新加坡、东京紧随其后。这些城市凭借发达的金融保险、律师广告、信息咨询等生产性服务业，成为全球性的服务贸易中心。广州这方面短板非常明显，服务贸易功能排名靠后，在所比较城市中仅位列第20位（见表7-22）。

表7-22　　　　国际服务贸易中心指数及排名情况

城市	得分	排名	全球金融中心指数（2017）	生产性服务业全球连接度排名
纽约	19.88	1	9.88	10.00
伦敦	18.37	2	10.00	8.37

续表

城市	得分	排名	全球金融中心指数（2017）	生产性服务业全球连接度排名
香港	16.74	3	8.41	8.33
新加坡	15.88	4	8.71	7.17
东京	13.83	5	7.53	6.30
北京	12.34	6	5.76	6.58
悉尼	11.06	7	6.41	4.65
上海	10.97	8	6.06	4.91
巴黎	10.53	9	3.94	6.59
迪拜	10.44	10	4.94	5.50
芝加哥	9.64	11	6.24	3.40
多伦多	8.35	12	5.76	2.59
法兰克福	7.82	13	5.06	2.76
首尔	7.45	14	5.00	2.45
洛杉矶	7.11	15	5.47	1.64
台北	4.94	16	4.53	0.41
米兰	4.39	17	0.41	3.98
阿姆斯特丹	3.83	18	2.06	1.77
孟买	2.83	19	0.00	2.83
广州	2.24	20	2.24	0.00
布鲁塞尔	2.13	21	0.47	1.66

（1）金融实力与知名国际金融中心城市差距较大

近年来广州着力建设现代金融服务体系，金融业发展取得显著成效。2016年广州金融业增加值达到1628.71亿元人民币，占地区生产总值的9.21%，金融业成为全市重要支柱产业（见表7-23）。但从横向比较来看，广州金融实力与国际金融中心城市之间差距不小；金融产业规模、金融机构实力等与国内上海、北京等城市相比也依然存在一定差距，与伦敦、纽约等国际金融中心相比差距更大。根据英国智库 Z/Yen 集团 2017 年发布的"全球金融中心指数"排名，伦敦、纽约、新加坡、香港、东京位居前 5 名，我国上海位列第 13 位，北京位列第 16 位，广州仅排名第 37 位。

表 7-23　　　　部分国际城市金融业发展相关指标

指标	伦敦	纽约	上海	北京	广州
全球金融中心指数	780	756	711	703	650
金融业增加值（亿美元）	1091	2562	717	642	272
金融业增加值占 GDP 比重（%）	18.9	16.1	17.34	17.10	9.21
大型银行总部数量	3	1	1	5	0

注：全球金融中心指数来源于英国 Z/Yen 集团发布的第 22 期全球金融中心指数报告；金融业增加值占 GDP 比重来源于各城市统计年鉴；大型银行总部数来源于 2016 年《福布斯》的世界前 25 名银行排名。

(2) 高端生产性服务业发展滞后

全球化与世界级城市研究小组（简称 GaWC）根据会计、金融、广告、法律、管理咨询企业总部与分支机构在世界各个城市的分布情况，来计算各个城市的生产性服务业全球连接度。而会计、金融、广告、法律、管理咨询等行业都是典型的高端生产性服务业，具有较强的辐射能力。因此生产性服务业全球连接度这个指标，能够在很大程度上衡量生产性服务业的发展水平，以及城市服务贸易功能的强弱。在所比较城市中，广州生产性服务业全球连接度较低，排名位居最后一位。可见，高端生产性服务业发展滞后制约了广州向新型国际商贸中心转变。

（六）基于国际比较的广州优劣势评价

通过广州与全球城市综合比较后发现，在全球国际商贸中心城市体系中,目前广州处于第三梯队。在所比较的21个城市中,广州GaWc全球城市排名处在最后一位,新型国际商贸中心排名上升了两位,位列第19位。可见,广州作为国际商贸中心的地位相对更加突出一些。广州在国际消费、客流物流、国际会展、国际消费等核心商贸功能表现出一定的比较优势,但服务贸易功能则劣势明显。具体来看,广州的劣势主要表现在:对外国旅客的吸引力较弱、国际贸易规模相对较小、期货交易所等高级市场缺失、国际会议发展短板明显、国际机场旅客吞吐量排名靠后、金融等高端生产性服务业发展滞后。对照前面的国内比较结果,广州的国际比较劣势与国内比较劣势类似;另外多出了一个劣势,就是缺失期货交易所等高级市场(见表7-24)。

表7-24　全球视野下广州国际商贸中心的优劣势评价

商贸功能	优势	劣势
国际消费中心功能	国际消费中心功能比较突出 主要商业街的租金水平较高 旅游外汇收入排名相对靠前	对外国旅客的吸引力较弱
国际货物枢纽功能	专业批发市场具有一定的影响力	国际贸易规模相对较小 期货交易所等高级市场缺失
国际会展中心功能	品牌展览、展览规模排名靠前	国际会议发展短板明显
国际客流货流功能	货运枢纽功能表现出色,港口货物、集装箱吞吐量位居全球前列	国际机场旅客吞吐量排名中下游,仅有一个国际机场
国际服务贸易中心功能	传统服务业发达,服务业规模具有一定的比较优势	金融等高端生产性服务业发展短板明显

八　广州建设新型国际商贸中心的战略思路

（一）机遇、挑战和战略意义

当前广州建设国际商贸中心，既面对着前所未有的有利条件和大好机遇，也面临严峻的竞争与挑战。未来一段时期将是广州可以大有作为的重要战略机遇期。机遇与挑战并存，能否抓住机遇，化解挑战，历来是关系到城市兴衰变迁的大问题。只有认清所面临的机遇与挑战，才能做到未雨绸缪，处变不惊，保持战略定力，更好地推进国际商贸中心建设。

1. 机遇

首先，国家"一带一路"建设带来重要发展机遇。"一带一路"建设为广州商贸流通业带来了重要战略机遇。随着"一带一路"建设的推进，广州商贸业有望迎来新的发展机遇。在广州及其周边地区优势产业对接丝路沿线国家和地区的过程中，广州商贸业无疑可以发挥窗口作用。瞄准"一带一路"的广州本地商贸流通，将会更加频繁。近年来广州对"一带一路"国家进出口不断上升，2015年广州对陆上丝绸之路经济带国家进出口总值同比上升10.46%，海上丝绸之路经济带进出口总值同比上升15.47%，"一带一路"国家成为广州外贸增长的亮点。在118届广交会上，"一带一路"概念炙手可热；"一带一路"

沿线国家与会采购商保持稳定,部分国家与会采购商人数增长明显。在参展方面,共有28个"一带一路"沿线国家参加进口展,占进口展区总企业数和总展位数的比例分别为58.44%和62.32%。随着国家"一带一路"建设的继续推进及企业不断深耕开拓,未来"一带一路"沿线市场增长潜力有望进一步释放。当前,"一带一路"建设已进入全面拓展、提质增效的新阶段,为广州巩固与提升"千年商都"地位提供了重要战略机遇。

第二,粤港澳大湾区建设逐步推进创造有利区域环境。2017年7月1日,习近平总书记亲自见证了《深化粤港澳合作推进大湾区建设框架协议》的签署,粤港澳大湾区建设上升为国家战略。2018年1月《粤港澳大湾区发展规划纲要》已顺利完成,有望在近期获得批准。这意味着粤港澳大湾区建设正在加速启动。随着粤港澳大湾区建设的深入推进,各项政策将会不断得到深化落实,有助于深化广州与香港、深圳等城市的分工合作,有助于增强广州对区域经济活动的组织、协调、引领、带动作用,终将提升广州在粤港澳大湾区的核心节点地位和核心增长极功能。随着粤港澳大湾区向国际一流湾区和世界级城市群方向迈进,广州建设国际商贸中心的区域环境将变得更加有利和成熟。

第三,广州城市发展的重大战略部署提供新动力。"十三五"期间,广州市委、市政府对城市建设和发展做出了重大的战略部署。未来五年,广州将立足国家中心城市的总体定位,建设国际航运中心、物流中心、贸易中心和现代金融服务体系以及国家创新中心城市;建设国际航运枢纽、国际航空枢纽、国际科技创新枢纽,构建高端高质高新现代产业新体系。近期广州又提出了建设"网络型枢纽城市"的战略目标。这些重大战略的实施,必将对广州市航运、物流、金融、科技、贸易等领域产生重大的推动作用。同时,"十三五"时期广州还要加快"走出去"步伐,大力建设21世纪海上丝绸之路重要节点城市,努力构建高水平的开放型经济体系。随着对外开放逐步深入和对外交流合作日益频繁，广州及其周边地区对涉外法律服务的需求将会相应增加，将为广州商贸业提供更大的发展空间。因此，广州"三中心一体系""网络型枢纽城市"建设等重大战略部署的确定和实施，将为广州商贸流通业发展带来新契机。

第四，"互联网+"战略和信息技术进步开辟新蓝海。新一代信息技术为广州商贸流通业注入了新的活力，为商业模式与服务创新提供新动力。随着新一代信息技术的发展，互联网、大数据、云计算等信息技术为广州传统商贸流通业注入了新活力。一是"互联网+"推动广州传统线下实体商业向线上线下相结合的方向发展，催生新型商业模式和商业业态，为广州商贸流通业发展开辟新蓝海。二是移动互联、大数据、云计算、物联网、人工智能、区块链等新兴技术的推广与应用，为传统商贸流通业升级改造提供了新的技术手段。为广州建设新型商贸中心开辟了更广阔的空间。三是新技术与商贸流通业的深度融合，正在衍生或即将衍生新兴会展业态，为广州会展业注入新元素，推动广州现代会展体系逐步完善。

第五，全球商贸业向新兴国家转移提供新的契机。后金融危机时期以来，欧美发达国家的经济陷入长期低迷，制约了这些国家商贸业继续开拓发展空间。与此同时，东南亚、拉丁美洲、中东等地区的新兴展览市场具有很大发展潜力，而且这些新兴国家基本都有针对商贸业的补贴政策。这些因素使得国际性展会举办地逐渐由欧美向新兴国家转移，广州商贸业迎来了新的发展契机。广州作为国家中心城市，位处中国经济最为活跃的珠三角区域，雄厚的经济实力、发达的商贸业、便捷的交通体系、优越的会展设施为广州承接全球商贸业转移、建设国际商贸中心城市提供了持续、稳定、坚实的基础和条件。

2. 挑战

第一，世界经济增长不确定性增强。在过去几年以及未来几年，全球金融市场可能会持续震荡，使得世界经济增长不确定性增强。导致全球金融市场震荡的原因，至少有三个比较突出的扰动因素。第一个因素是美联储加息的不确定性，美国目前正处于加息周期，未来加息的频次和幅度，以及对经济增长的影响，目前很难预期。第二个因素是欧盟部分成员国的债务危机，目前看来导致欧盟债务危机的根源还没有消除，未来还可能会继续发酵。第三个因素是全球地缘政治爆发的频度在加剧，英国公投脱欧、法国恐怖袭击、土耳其叛乱等一系列政治事件，也对全球经济和金融体系运行产生了不同程度的影响。不确定性是当前及今后较长一段时期的主基调，再加上全球利率处于历史的低位，以及地缘政治问题层出不穷，必将加剧世界经济增长的不确定性。

第二，中国对外贸易可能持续低迷。未来几年中国的进出口表现可能持续低迷。出口至少面临以下三方面压力。其一，外需依然低迷，世界金融危机之后，全球经济增长持续低迷。其二，人民币有效汇率依然处于高位，不利于出口贸易。其三，广州对外贸易面临发达国家和发展中国家的"两头挤压"：一方面，在价值链低端领域，中国的比较优势正在消减，遭到来自东南亚等发展中国家的低成本竞争；另一方面，在高新技术产业领域，中国和发达国家的产业结构正从互补变为交叉，甚至重叠，来自发达国家的打压和竞争难以避免。除了对外贸易放缓的影响之外，区域产业空间转移和产业结构调整，也给广州发展对外贸易带来了严峻挑战。

第三，单边主义和贸易保护主义抬头。近年来进口国贸易保护主义倾向在增强，最近中国出口钢铁制品在美欧均遭遇反倾销调查。所以尽管最近进出口数据似乎有所反弹，但是在新常态和"供给侧"结构改革的背景下，未来几年进出口显著改善的可能性不大。特朗普当选美国总统后，强调"令美国再度伟大"等自利主义政策，推行"以邻为壑"的关税和财税政策等，严重削弱了多边贸易体制的权威性。这给广州开拓对外贸易、建设贸易强市造成了不利影响。单边主义与贸易保护主义的抬头相叠加，2018年的国际贸易摩擦有可能进一步加剧，近期发生的中美贸易战就是例证。中国是贸易保护主义的头号受害国，商务部最新数据显示，2017年中国仍然是全球贸易救济调查的最大目标国，遭遇21个国家（地区）发起贸易救济调查，涉案金额110亿美元，其中反倾销55起，反补贴13起，保障措施7起。外部贸易环境不确定性增强甚至恶化，给广州开放型经济发展带来一定风险。

第四，面临其他城市的激烈竞争。国际商贸中心的金融、信息、商务、会展等服务具有较强的辐射力，能够向距离较远的地区提供服务。这就决定了不同国际商贸中心之间，特别是距离较近的城市之间不可避免地会产生激烈的竞争。能否恰当应对其他城市的竞争，关系到广州建设新型国际商贸中心的成败。以会展业为例，广州不仅面临着来自香港、上海、北京等会展业发达城市的竞争压力，也面临着深圳、重庆、南京、成都等会展业快速发展城市的追赶压力。广州会展业虽然起步较早，曾在国内居于领先位置，后来却逐步被上海超越。随着上海国家会展中心①的建成和投入运营，广州硬件设施优势已经不再，渐次面临着越来越大的竞争压力；电梯展、广告展、家具展（秋季）几个知名展会，已经迁移到上海。再以律师业为例，广州和深圳律师业的服务能力比较接近，两城市在空间上又比较邻近，因而存在比较激烈的竞争。这种竞争限制了广州律师业服务能级的提升，使得珠三角无法形成像北京、上海那样更大能级的法律服务中心。

---

① 国家会展中心（上海）室内展厅面积达40万平方米，是国内最大的会展场馆，于2015年6月全面投入运营。广州的中国进出口商品交易会琶洲馆是国内最大的会展场馆，室内展览面积34万平方米。

3. 战略意义

广州建设新型商贸中心城市具有重大意义，主要表现在以下三个方面：

第一，符合国家新一轮对外开放的战略需要。目前中国正在推进"一带一路"建设，努力构建全方位对外开放格局。广州是我国重要的中心城市、国际商贸中心和综合交通枢纽，也是"21世纪海上丝绸之路"的重要枢纽，必将在国家新一轮对外开放格局中发挥重要作用。应该站在国家战略层面的高度，来看待广州建设新型国际商贸中心的意义。广州建设新型国际商贸中心将着力增强城市综合服务功能和全球资源配置能力。这显然符合国家新一轮对外开放战略，有利于更好地发挥广州作为对外开放窗口和平台的作用，进而促进我国企业更加有效地运用国内与国外两个市场、两种资源，参与全球化背景下的国际合作与竞争。广州从"千年商都"发展成为新型国际商贸中心，既是广州自身的发展方向，也是一种责任担当和国家赋予广州的战略任务。

第二，巩固与提升"千年商都"地位的必然要求。广州是我国最早对外通商贸易的口岸之一，是唯一一个两千年来长盛不衰的通商口岸和千年商都。广州"因商建城、城因商兴"；商业经济一直是广府经济的主流。近年来随着全球贸易格局的变化和电子商务的兴起，广州作为传统国际商贸中心的地位，正面临新的机遇和挑战。为了在未来商业版图重新划分过程中占据有利地位，广州建设国际商贸中心要有新理念、新思路、新举措。既要立足于广州的实际，又要顺应经济与商贸发展的新形势与新趋势。实现由传统国际商贸中心向新型国际商贸中心的转变，这是巩固与提升广州"千年商都"地位的必然要求。

第三，推进"枢纽性网络城市"建设的具体举措。近期广州创造性地提出了建设"枢纽型网络城市"的战略目标。"枢纽型网络城市"的内涵非常丰富，不仅涉及国际航运枢纽、国际航空枢纽、国际科技创新枢纽三大战略枢纽建设，还涵盖城市交通网络、信息网络、产业网络、创新网络、人才网络、生态网络、管理网络建设，以及全球人流、物流、资金流、信息流的集聚扩散。这些都与新型商贸中心建设存在密切的联系。实际上，"枢纽型网络城市"理念为广州建设新型商贸中心提供了指导思想和发展思路，指明了努力方向、基本路径和建设重点。而广州建设新型商贸中心则是推进"枢纽性网络城市"建设的具体举措，主要从强化城市商贸服务功能角度来推进"枢纽性网络城市"建设。

（二）发展理念

目前全球国际商贸中心的发展格局正处于激烈的变动期。未来广州能否在全球城市体系中占据有利的地位，成为新时代国际商贸中心建设的领跑者，有赖于是否有先进的发展理念。理念是行动的先导，特定的发展实践都是由特定的发展理念来引领的。发展理念是否合理，从根本上决定着广州建设国际商贸中心的成效乃至成败。

1. 坚持广州特色的"新型"

不同商贸中心城市由于所处的发展阶段不同、发展条件不同，未来发展趋势和功能演变特点也就不尽相同，并不存在一个标准的最优模式。广州建设新型国际商贸中心，不但要把握全球商贸业发展的新趋势和新特征，还要立足自身特色，坚持走具有广州特色的"新型"国际商贸中心建设道路。从这个意义上讲，新型国际商贸中心一定是带有广州特色的"新型"，并不一定适用于其他城市。反之，其他国际商贸中心城市的发展模式或历史经验也不一定完全适用于广州。广州建设新型国际商贸中心不应好高骛远，也不应妄自菲薄。一切应立足于广州实际，在全球城市体系中找准自己的定位，切忌简单模仿其他城市。

2. 秉持跨界、融合、协同发展理念

过去谈到推动传统商贸流通业转型升级，主要关注的是产业结构的变化，即如何以现代商贸业代替传统商贸业，如何以新兴业态代替传统业态；产业之间以及产业的上中下游之间的界限和关系仍然十分清晰。今天，产业转型升级正在以产业跨界与融合等方式进行，产业之间的关系已经不再是简单的投入产出关系和上中下游关系，产业之间、企业之间的边界越来越模糊。跨界与融合是新时代的特征之一。广州建设新型国际商贸中心城市，也要顺应这种趋势，沿用跨界与融合的理念来重构城市功能，协同全局发展，激发整体优势。例如，推进单一购物功能的商业业态向融购物、餐饮、文化、娱乐等功能为一体的商业综合体业态转变；推动线上线下融合，促进实体商业转型升级；综合规划零售、会展、旅游、休闲娱乐等城市功能，努力实现"1+1>2"的协同效应等。

3. 注重线下与线上相结合

电商开始大规模转向线下实体商业，实体商业发展面临新契机，要重视实体商业的发展。与此同时，还应继续拓展线上贸易网络。随着越来越多的商贸活动把电子商务作为主要交易方式，基于信息流为先导的全球虚拟商贸网络逐步形成并快速发展；国际商贸中心相应成为这种虚拟商贸网络的重要枢纽。虚拟商贸网络不是实体商贸网络之上的简单叠加，而是深刻改变了原有实体网络，并与之融合在一起。未来虚拟商贸网络实现的贸易量占总贸易规模的比重将稳步提高，并将在创新商业模式、提高产业组织效率、激发市场活力等方面发挥日益重要

的作用。广州应着力拓展联通虚拟商贸网络的深度和广度，提升互联互通的枢纽地位。第一，继续鼓励发展跨境电商、跨境电商综合服务等基于互联网的新模式、新业态。第二，鼓励发展平台服务、信用服务、电子支付、现代物流、电子认证和电子通关等在内的、较为完善的电子商务支撑体系。第三，鼓励物联网、云计算、大数据、虚拟现实、人工智能和区块链等技术的广泛应用，促进智慧物流、智慧商店和智慧商圈等快速发展。

4. 充分认识集聚客流的重要性

传统流通经济学一般认为物流、商流、资金流和信息流是流通过程的四大组成部分，而往往对客流缺乏足够的重视。国际商贸中心城市既是各类人群从事商务活动的场所，也是进行消费活动的场所，国际商贸中心的基本功能之一就是各类人群的流通枢纽。而客流不仅能够拉动经济增长，还能带来各种理念、知识、信息、商业机会、文化多样性等。而这些正是国际商贸中心城市永葆活力的重要因素。不久前《中共广州市委广州市人民政府关于进一步加强城市规划建设管理工作的实施意见》提出，"汇集全球高端要素，集聚人流、物流、资金流、信息流，强化城市的集聚和辐射带动作用"，强调了集聚人流的重要性。因此广州建设新型国际商贸中心，要充分认识集聚客流的重要意义，不仅要通过各种举措加大广州对各类人群，特别是中高端人群的吸引力，还要为他们往来广州提供各种便利，尤其要充分发挥国际性综合交通枢纽的优势，吸引更多人群把广州作为旅行目的地或中转地城市。

5. 把提升来宾体验作为一条建设主线

能否提升客户体验成为决定商业成败的关键。类似地，能否提升来宾对广州的体验，也是广州能否建设新型国际商贸中心的关键所在。一个城市来宾体验越好，来宾回访的概率就越高，进而城市的口碑就越好，城市对其他人群的吸引力就越大，就会有更多的人群来这个城市从事各种商务、消费活动。实际上，来宾体验几乎影响国际商贸中心建设的各个方面，特别是对于消费中心建设显得尤为重要。未来广州应把提升来宾体验作为新型国际商贸中心建设的一条建设主线，通过各种途径全方位地提升来宾体验。例如，要大力建设与引进体验项目，继续打造国际一流的商业街，引进文化旅游项目、会展项目、大型商业活动等；继续扎实推进"干净、整洁、平安、有序"的城市环境建设，着意重塑公共文明，培育环境竞争力；加强市场监管，倡导诚信经营，防范出现假冒伪劣产品及服务，以及欺诈顾客的经营行为。

（三）战略定位

近年来纽约、伦敦等国际商贸中心城市功能趋向高端化，继续朝着知识密集化方向发展，金融保险、信息服务、专业及商业服务等主体功能地位越来越突出，而与商品集散直接关联的航运、贸易等功能却明显弱化。广州与纽约、伦敦等成熟的国际商贸中心城市所处的发展阶段不同，发展环境与发展条件也明显不同；这就决定了广州不应片面追求高端化、知识密集化，而忽视传统商贸功能建设。当前和未来很长一段时期，广州构建新型国际商贸中心应坚持构建多样化、综合化的战略定位，努力实现贸易、航运、物流、会展、金融、信息、商务服务等功能的有机融合，打造具有广州特色、顺应新形势的新型功能支撑。

《广州市委市政府关于建设国际商贸中心的实施意见》(2012年10月)提出了8个定位，即会展中心、购物天堂、贸易枢纽、采购中心和价格中心、物流航空航运中心、区域金融中心、电子商务中心、美食之都。广州建设新型国际商贸中心不能完全沿用原有的定位，需要根据新的形势进行调整与重构。新型商贸中心的定位如表8-1所示：

表8-1　广州建设新型国际商贸中心的战略定位

战略定位	说明
全球会展中心	打造成为展览与会议共同发展、专业品牌展会高度集聚、场馆设施国际一流的全球会展中心
国际消费体验中心	打造成为知名品牌集聚地、国际旅游目的地、时尚创意发源地、国际美食集聚区
世界级贸易枢纽	建成全球采购与定价中心、世界级国际贸易枢纽、国家电子商务示范城市、亚太跨境电子商务中心
国际客运枢纽	打造成为中国南方国际航空枢纽、中国南方首位高铁枢纽
国际航运与物流中心	打造成为立足华南、辐射亚太、与深港澳错位发展、具有全球影响力的亚洲航运与物流中心
国家信息服务中心	打造成为面向网络化、数字化、虚拟化、智能化的新一代信息技术创新中心、大数据服务中心、国家软件开发名城
国际性区域金融中心	打造成为金融机构集聚、服务体系完善、互联网金融蓬勃发展的国际性区域金融中心
中国南方商务服务中心	形成高端机构集聚、服务功能完善、专业化国际化品牌化发展的中国南方商务服务中心

（四）战略任务

随着全球贸易格局的变化和电子商务的兴起，广州作为传统国际商贸中心的地位，面临新的机遇和挑战。为了在商业版图重新划分的过程中占据有利地位，广州建设国际商贸中心要有新理念、新思路、新举措，既要立足于广州的实际，又要顺应经济与商贸发展的新形势与新趋势，实现由传统国际商贸中心向新型国际商贸中心的转变。具体来说，广州建设新型商贸中心，"新型"主要体现在以下几个方面：

1. 新型贸易枢纽——促进进口与出口、货物与服务平衡发展

坚持对外贸易平衡发展，这是广州建设新型国际贸易枢纽的重要取向之一。目前广州对外贸易存在着发展不平衡问题，特别是服务贸易、进口贸易还有很大的发展空间。今后要继续拓展对外贸易，加快培育贸易新业态新模式，打造贸易强市，巩固和提升"千年商都"地位。与此同时，要抓重点、补短板、强弱项，促进贸易结构更加平衡。进口贸易要以更快速度增长，基本实现经常项目收支平衡。大力发展服务贸易，提高对外贸易总额中服务贸易的比重。广州跨境电商已经获得了发展先机，未来要将跨境电商作为新的外贸增长点和外贸渠道大力扶持和培育，保持全国领先地位，占据全球跨境电商的制高点。

2. 新型消费中心——提升游客综合体验，增强旅游吸引力

随着消费全球化趋势日益明显，国际消费中心已成为各国吸引全球消费市场竞争、集聚全球消费资源、吸引全球消费的新载体。消费是广州的强项，广州拥有消费规模和人气优势，以及"花城"、粤菜、长隆等独特的体验型优势。充分发挥这些优势，再弥补短板创造新优势，广州国际消费中心的地位将会更加突出。顺应消费全球化趋势，完善促进国际消费的体制机制，不断增强对国际游客的吸引力，把广州打造成为重要的国际旅游消费目的地。促进商旅文深度融合，促进体验业态与购物业态协同发展，持续提升天河路商圈的国际知名度和影响力。大力发展时尚经济、时尚消费，使广州成为创造和传播时尚的最前沿。提升餐饮业国际化水平，把"食在广州"进一步发扬光大。

3. 新型会展中心——提高展览国际化水平，弥补国际会议短板

积极推进国际会议之都建设，通过发挥各类会议主办或发起主体的作用、进一步完善会议产业的发展环境、促进会议与旅游融合发展、完善软件和硬件设施等手段，大力发展各类会议，特别是高端国际会议。在继续强化提升广交会等综合性展会品牌的同时，重点打造专业品牌展会，提升专业化、品牌化水平。利用各种有效手段，积极引进国际性品牌展会和申办国际会议、经贸洽谈会、高端论坛等活动；增加国际认证的企业和展会数量，推动一批龙头会展企业到国外办展，进一步提升广州会展国际化程度。加快推进实施"互联网+"战略，利用新一代电子信息技术深度改造传统会展业，培育发展"互联网+会展"模式，支持会展企业搭建网络会展平台，发展数字会展新业态。

4. 新型商贸生态——推动实体商贸业转型升级与创新发展

发挥广州电子商务发展位居全国前列、跨境电子商务领跑全国的优势，打造服务全国、影响世界的网络商都。广州应把握新技术、新模式、新业态发展趋势，优化调整城市商业空间结构格局，规划部署新型商贸发展功能区和载体建设。在优化城市内部实体商贸功能区布局同时，注重虚拟商贸交易平台建设和虚拟网络支撑体系的战略部署。优化国际网络干线、布局大数据、云计算、物联网等基础平台建设及应用，鼓励新技术、新模式、新业态创新发展，促进实体商贸空间的功能提升和转型发展，形成线上线下融合发展、多种功能叠加的复合型商贸功能区，打造"实体贸易网络"和"虚拟贸易网络"交织联系共同支撑的新型国际商贸中心。

5. 新型市场体系——构建新型市场体系，增强全球资源配置能力

市场对资源配置起决定性作用。为了提升广州在全球城市体系中的地位，增强其全球资源配置能力，必须完善以专业服务市场、期货市场、互联网交易平台等为代表的新型市场体系。加快营造法治化国际化便利化的营商环境，健全公平、开放、统一的市场环境，促进高效市场体系高效运行。通过营造公平竞争、宽松有序的市场秩序，培育壮大信息、金融、商务服务等专业服务市场。依托广州专业批发市场的发展优势，推动传统专业批发市场向展贸、电子商务、期货交易、综合服务等方向转型升级，进一步提升"广州价格"的影响力。继续支持发展电子商务平台，并聚焦金融、娱乐、通信、教育、医疗等新兴专业服务领域，打造一批上规模的互联网交易平台。争取设立广州期货交易所，进一步增强广州定价中心和资源配置功能。

6. 新型主导产业——发展信息、金融、商务、专业技术等生产服务业

不同发展阶段的国际商贸中心，有着不同的主导产业。从历史和近期发展来看，国际商贸中心城市的服务功能始终都保持着知识密集化的发展趋势。这种趋势在产业层面具体表现为，金融保险、信息服务、专业和技术服务等行业的地位越来越重要，辐射影响力越来越强，成为国际商贸中心的主导产业。发展知识密集型服务业，一方面是完善城市商贸服务功能的需要，另一方面有助于城市服务贸易的发展，促进金融、保险、信息传播、软件与信息技术服务、法律服务、企业管理服务、专业技术服务，以及商标、专利、版权等特许使用权等服务贸易。从广州市的情况来看，近年来广州金融业发展较快，金融短板在很大程度上有所缩减。商务服务业辐射力虽然相对弱化，但仍然保持着较为明显的比较优势。只有广州的信息服务业不仅

慢于整体服务业的增长速度，而且在区域及全国的行业地位也明显下滑。广州建设新型商贸中心离不开信息服务业，特别是在信息技术深刻改变商贸流通的背景下，信息服务在未来广州城市功能中的地位更加重要。今后广州发展知识密集型服务业的重中之重是包括大数据服务在内的信息服务业，必须加大产业扶持力度，尽快补齐短板。

7. 新型枢纽形态——打造多元化枢纽格局，增强枢纽功能

随着商贸功能从传统型的以"商品集散"为主向以现代型的"各类资源配置和流通"为主转变，商贸流通通道也正在变得更加复合和多元化。多样化的互联互通通道，将影响国际贸易中心的扩散效应和资源流通效率，进而影响国际商贸中心的流通枢纽地位。在强化原有优越交通区位有利条件基础上，优化传统以物流、人流为主的对外交通网络体系，完善和改进新一代互联网、通讯网等基础设施，形成可以覆盖全市的骨干网络、高速宽带以及数据公用输送平台，完善国际贸易发展信息输送机制。加强航空网络、高铁网络、航运网络、高速路网络、地铁网络、信息网络等复合型综合网络体系建设，不断增强国际物流枢纽、国际航空枢纽、国际航运枢纽及国际信息枢纽地位，提升城市互联互通程度。加快与国际国内市场相关联的信息流、资金流、商流、人流、物流等要素流通，促进各类资源要素优化配置。提升自贸区、保税区、特殊监管区等通行效率，打通对内对外流通通道，连接国内外经济市场，覆盖和服务于珠三角及华南区域，并最终延伸到全国及亚太地区。不断强化全球商贸流通网络体系中的枢纽及节点功能，致力于将广州建设成为"各类资源配置和流通"为主要功能的新型枢纽集合体。

8. 新型空间布局——构建"一廊多区多支点"的空间网络格局

结合广州现状及国际商贸中心发展新趋势，未来新型国际商贸中心空间形态应为"国际商贸走廊串联，国际商贸核心功能区支撑，国际商贸创新支点连接"的国际商贸中心空间网络体系。第一，构建沿江国际商贸走廊：沿珠江水系及黄金水道，构建一条以串联北部国际航空贸易功能区、火车站商品流通中心、天河中央商务区、广州国际金融城、琶洲互联网创新集聚区、琶洲会展会议中心区、南沙国际航运贸易区等各具特色又联动发展的国际商贸核心功能区为支撑，海、陆、空立体化交通网络为通道的国际商贸走廊。第二，建设国际商贸核心功能区，包括北部国际航空贸易功能区、南部国际航运贸易功能区、中部大商品流通功能区、琶洲互联网创新集聚区、天河中央商务服务区，以及建造以天河路商圈为核心的大型零售商业网络。第三，打造国际商贸创新支点：尊重新技术、新经济、新业态、新模式诞生初期选择低交易成本的区位选择特点，通过体制机制创新和发展理念革新，注重盘活城市内部空间资源，提供低成本创新创业空间载体和营商环境，为新兴贸易方式诞生提供土壤，使它们成为国际商贸中心的创新支点和增长点，为新型国际商贸中心发展不断注入新的发展活力和增长动力。

九 广州建设新型国际商贸中心的对策建议

（一）充分认识新型国际商贸中心建设的重要性

相对于全球城市排名，广州作为国际商贸中心的地位更加突出。商贸业是广州发挥全球影响力的重要载体和依托，应把新型国际商贸中心建设作为推进广州全球城市建设的重要内容。国际商贸中心功能是全球城市辐射影响力的重要体现，是全球城市不可或缺的功能。知名全球城市都是国际商贸中心。纽约、伦敦、巴黎、东京、新加坡、香港、米兰、芝加哥、法兰克福等城市，能够跻身全球城市前列，强大的商贸功能起到了重要作用。广州是中国最早的对外通商口岸之一，是一个两千年来长盛不衰的商贸中心城市。2016年国务院批复《广州市城市总体规划（2011—2020年）》，将广州的城市定位上升为我国重要的中心城市，还明确指出广州是国际商贸中心城市。当前，广州作为"千年商都"面临新的机遇和挑战，今后必须实现由传统国际商贸中心向新型国际商贸中心的转变。这是巩固与提升广州国际商贸中心地位的必然要求，更是顺应时代潮流，发挥自身优势，推进广州全球城市建设的重要内容。目前新型国际商贸中心建设不存在一个可以借鉴的成功模式，当今知名国际商贸中心城市的发展模式或发展经验也不一定完全适用于广州。

广州建设新型国际商贸中心，要顺应商贸发展的新形势与新趋势，还要立足广州实际，坚持走具有广州特色的新型国际商贸中心建设道路。

（二）加大对外贸易的拓展力度，打造贸易强市

做大做强服务贸易。要充分重视发展服务贸易，要认识到未来服务贸易还有很大的发展潜力，在对外贸易中的地位还会继续提高。从发展服务贸易的角度，规划与发展广州现代服务业，着力推动服务业向专业化、国际化和品牌化方向发展。引导外资投向先进制造业、科技研发、邮轮游艇旅游、建筑设计、会计审计、商贸物流、金融保险、电子商务等重点领域。大力发展旅游、文化、物流、金融保险、信息软件、教育培训、商务会展、技术和文化等服务贸易，积极培育数字贸易、服务外包和技术贸易。推进"服务贸易创新发展试点"建设，探索适应服务贸易创新发展的体制机制。编制出台促进指导目录、认定示范基地和示范项目，搭建服务贸易公共服务平台，探索建立服务贸易负面清单管理模式。深化CEPA下自贸试验区对港澳服务业开放，进一步降低港澳现代服务业的准入门槛。

积极培育外贸新业态新模式。重点发展跨境电商、跨境电商综合服务、市场采购、汽车平行进口、检测维修等贸易新业态新模式，争取新业态新模式占全市外贸比重大幅上升。优化跨境电商模式，以做大做强B2B为重点推进方向，大力推进跨境电商零售业务（B2C）、保税网购进口业务（B2B2C），完善"海外仓"运营机制，促进线上线下融合发展。加大对外贸新业态新模式的政策扶持、政务服务和招商力度，研究制定外贸新业态新模式的认定办法和支持措施。积极发展离岸贸易，吸引离岸贸易主体，研究支持离岸贸易发展的政策体系。培育一批

集通关、物流、退税、金融、保险于一身的外贸综合服务企业，提供全过程、全方位外贸服务。

主动扩大进口规模。针对广州货物贸易规模，特别是进口规模偏小的现状，今后应拓展进口贸易，促进出口与进口平衡发展。以建设国家跨境电子商务综合试验区为契机，发展"保税＋贸易"模式，利用南沙自贸区、白云机场综保区和广州保税港区的政策优势，建设优质消费品进口口岸分拨中心。发展"会展＋贸易"模式，通过建立国外产品展示平台的形式主动扩大进口。积极争取国家、广东省支持，在空港经济区或者南沙自贸区建设国别商品展销展示中心。该中心具有保税展示、线上线下交易、仓储物流等综合服务功能，展销来自发达国家的高新科技产品和母婴、红酒、食品、水果、日化商品等优质商品，以及"一带一路"沿线国家或地区的特色商品，以满足国内外消费者需求。

（三）提升综合体验功能，打造国际消费中心

积极申报国家国际消费中心试点城市。在我国出现大规模的出境游、境外购物等消费输出现象的背景下，目前国家正在大力推进国际消费中心建设，对于深化供给侧结构性改革、促进增长动能转换、参与全球消费市场竞争具有重要的意义。2017年底全国商务工作会议期间，商务部市场运行司司长陈国凯表示，"未来三年将打造一批国际消费中心城市和国家消费中心城市，吸引境外消费回流"，"现在中国缺少像伦敦、纽约、巴黎这样的国际消费中心城市，今后官方将通过试点形式，把一批具备条件的城市打造成立足国内、辐射周边、面向世界的国际消费中心。水平达不到国际标准的，可以建设为国家消费中心城市"。消费是广州的强项，强化国际消费中心功能也是广

州建设国际商贸中心的重要内容。可见,我国将从国家层面统筹推进国际消费中心建设,为广州先行先试提供了难得的机遇。广州应抓住消费全球化发展趋势和中国经济动力从投资切换到消费、进入新一轮消费升级新阶段的机遇,积极申报国家国际消费中心试点城市。

完善促进消费的体制机制。继续推进消费领域的简政放权和放管服改革,通过优化进口审批手续、简化离退税手续等举措,进一步完善促进消费增长的体制机制。加强市场监管,建立完备的消费者权益保障体系,优化提升消费环境,规范市场秩序。在重点商圈和旅游区域全部更换为中英文标识,精心规划设计标识信息,提升旅游标识系统的国际化、人性化水平。实施更加开放的免税购物政策,增设免税店、扩大退税商品种类和税购物限额。完善境外旅客购物离境退税政策,提升退税便利化程度。提高国际签证便利化程度,利用72小时落地免签政策,与过境免签政策城市建立互联互动机制,实现异地出入境的联动效应。充分发挥白云国际机场国内外旅客的集散枢纽功能,大力发展过境消费和免税消费。发挥广州跨境贸易电子商务服务试点城市的政策优势,加快推进保税商品展示交易中心、跨境电子商务国际仓贸保税中心建设,以满足国内多元化、高品质消费需求。

引进与发展大型文化旅游项目。抓住体验消费兴起的发展契机,大力发展与吸引能带来大规模客流的服务项目,打造具有全球吸引力的旅游新产品,进一步提升旅游资源辐射能级。积极引进迪士尼主题乐园(海洋主题)、极地海洋世界、环球影城等世界级文化旅游项目,形成与长隆旅游度假区、万达文旅城协同发展格局,产生"1+1+1>3"的集聚效应,增强广州国际旅游目的地的辐射能级。支持长隆等文化旅游项目加强新一代信息技术的推广应用,提升项目服务能力和游客体验。抓好万达文旅城的建设,保证其顺利投入运营,把万达文旅城打造成为国际化的文化旅游项目。推动建设南沙、黄埔大型邮轮（游艇）码头，优化提升珠江夜游等特色项目，加强与港澳地区邮轮旅游业合作，吸引国内外大型邮轮公司入驻，拓展国际航线邮轮业务，打造广州游艇旅游品牌。

提升城市商圈的辐射影响力。加强规划引领，优化城市商圈整体布局，引导各商圈差异化定位，突出特色，形成布局合理、错位发展、相互联动的商圈发展格局。加快城市重点商圈改造升级，支持商业街向综合体验方向发展，着力提升商圈品质。以天河路商圈为龙头，促进商旅文融合发展，推动商圈向国际化、品牌化、时尚化方向发展，把天河路商圈打造成为世界级的旅游目的地。吸引国际高端时尚消费品牌入驻，发展国际时尚酒店、主题餐饮、影视、娱乐、休闲等业态，促进购物业态与体验业态协同发展。注重线上线下互动发展，打造时尚化"智慧商圈"。增添时尚流行元素、时尚色彩，打造全球知名商圈和"城市名片"。通过举办国际购物节、美食节、动漫节、时装周、艺术表演、品牌发布会，以及引进和培育世界赛事和国际文化体育会展等活动，增强广州时尚引领作用。

充分发挥"食在广州"和"花城"优势。加强餐饮集聚区规划建设，通过完善服务设施配套、加强形象景观建设、引导业态调整、加强品牌招商、餐旅文融合发展等措施，打造"食在广州"文化标杆。加强国内外宣传推介，提升"食在广州"的国际影响力和知名度。抓住米其林进驻广州的机遇，促进餐饮业国际化。加强与国际知名餐饮品牌合作，引进国际餐饮品牌和新业态入驻。充分认识"花城"对于建设国际旅游目的地的重大意义，做好"花城"文章；将广州建设成具有独特人文魅力和绿色发展优势的"世界著名花城"，让"花城"品牌走向世界。对规划赏花地点进行规划升级，打造一批规模大、有品位、上档次的城市赏花景观点。重视发展"赏花经济"，延长赏花产业链，促进花卉种植与旅游、餐饮、零售、农产品加工、精细化工等行业融合发展。与国内外著名花城合作，举办世界性的花卉会展活动，提升广州"花城"品牌的知名度和影响力。加大"食在广州"和"花城"的宣传推介力度，继续举办"花城看花，广州过年"等宣传活动，精心编制广州赏花导引图和广州美食地图等导游、导购资料。

（四）补齐短板，再创优势，打造全球会展之都

提高展览业国际化水平。虽然近年来广州会展业国际化程度不断提升，但与知名国际会展中心城市相比，国际化水平还有很大提升空间。新时代广州应"借力+助力"广交会创新发展，形成以广交会为龙头、专业品牌展览为支撑的全球展览中心城市。广州应全面实施会展业"国际化"战略，大力支持会展企业引进来、走出去，通过规划建设新国际会展场馆，努力引进国际性品牌展会和国际会展组织机构，增加国际认证的企业和展会数量，助力企业开展境外展等举措，加快广州展览的国际化进程。

补齐国际会议发展短板。积极推进国际会议之都建设，大力发展高端国际会议，提升广州国际交往中心功能。总结举办广州《财富》全球论坛经验，利用成功举办《财富》论坛的重大契机，进一步向国际大型会议和国际文化节庆活动延伸，深度拓展国际友城网络，完善国际交流功能。策划和筹办"一带一路"沿线城市高峰论坛，搭建"一带一路"沿线城市战略合作常态化平台，加强沿线城市政府、企业、学者的交流与合作，为城市间国际合作模式创新提供政策及智力支持。配合国家"一带一路"建设，加强与西亚国家、上合组织成员国和亚信峰会成员国的合作，策划和承办以"一带一路"为主题的高级别国际会议。打造广州国际投资年会、达沃斯"广州之夜"等品

牌招商活动，搭建高规格、高层次国际推介平台。积极举办国际学术交流活动，建设国际学术会议之都。与联合国专门机构、中国外交部保持紧密沟通，确保信息通畅，了解外交部各司的国际会议动向，争取国家支持，掌握申办国际会议主动权，积极承接相关会议。

推动展览与会议共同发展。推动"展览+会议"融合发展，以展带会、以会促展，大力发展会展旅游，增强广州作为国际会展旅游目的地的吸引力。在继续强化提升广交会等综合性展会品牌的同时，重点打造专业品牌展会，提升专业化、品牌化水平。利用各种有效手段，积极引进国际性品牌展会和申办国际会议、经贸洽谈会、高端论坛等活动，增加国际认证的企业和展会数量，推动一批龙头会展企业到国外办展，进一步提升广州会展国际化程度。支持会展业与相关产业融合发展，促进大型展会与大型活动、国际会议、专业论坛、节庆赛事的互动融合。加快推进实施"互联网+"战略，利用新一代电子信息技术深度改造传统会展业，培育发展"互联网+会展"模式，支持会展企业搭建网络会展平台，发展数字会展新业态。

积极推进会展场馆建设改造。借鉴国内外先进经验，紧紧围绕建设国际会展中心的目标，优化会展设施布局，打造大中小展馆各司其位、商务会议中心与政府会议中心各司其职的现代化会展场馆体系，继续保持会展硬件的国内领先水平。[①] 目前广州原来拥有的会展场馆优势正在逐渐弱化或丧失。[②] 广州有必

[①] 目前国内许多城市都试图通过完善会展场馆设施来大力发展会展经济，广州会展场馆优势正在弱化或丧失。上海国家会展中心建成投入使用后，吸引了不少大型展会，广州电梯展、广告展、家具展（秋季）等一些品牌展会移师上海。广州周边深圳、东莞和佛山城市也在大力推进会展场馆建设，例如深圳规划50万平方米的国际会展中心项目已于2016年正式开工，预计2019年将正式投入使用。

[②] 国内10万平方米以上的特大型展馆中，广州仅有1个广交会展馆，而且为对外贸易中心所有，而上海有两个展馆（国家会展中心和上海新国际博览中心）。2019年深圳国际会展中心投入使用之后，广州也将被深圳超越。同时，广州与深圳国际会展中心、国家（上海）会展中心等新建场馆相比，技术和功能上也处于明显劣势。另外，广州还没有一个国际性的商务会议中心，超过300人的商务会议场所很少。

要围绕建设全球会展中心的目标，规划新建一批会展场馆，提升广州会展场馆的承载力和会展业的发展空间。针对广州缺少大型国际会议中心的现状，合理选址高标准规划建设广州新国际会议中心，为举办更高层次、更高级别的国际会议奠定基础。结合广州国际航空枢纽建设，研究在空港经济区或第二机场附近建设一个中等规模、现代化的新国际会展中心。推进原有场馆升级改造，提升场馆功能，打造融会展、餐饮、娱乐、大卖场等为一体的会展场馆综合体。支持尽快盘活流花展馆，将流花展馆打造成为以新型会展经济为引领的现代商贸综合体，促进所在区域商旅文融合发展。

（五）发展互联网交易平台，打造现代"网络商都"

大力发展平台经济。以琶洲互联网创新集聚区为核心载体，引导集聚电子商务研发、支付、营销、运营等电子商务服务高端要素。依托荔湾区的花地河、黄埔区的状元谷国家电子商务示范基地为两翼，形成带动广州网络商贸发展的电子商务特色发展区。以黄花岗科技园、天河智慧城等为依托，打造若干互动发展的电子商务特色集聚区。依托广交会、唯品会、各类批发市场等平台，发展"网上交易会"，打造与"一带一路"及世界互联互通的电子商务之都，拓展广州商贸发展的新空间。鼓励传统零售企业、外贸企业建立或应用现有网络购物平台，加快推广O2O线上线下互动购物方式，支持传统百货业开设跨境电商体验店。依托全市各类专业市场和产业集群，强化行业电子商务平台服务功能，鼓励行业网站由信息流服务向集信息流、商流、物流和资金流于一体的综合服务平台发展，打造一批垂直领域电子商务平台。推动移动电子商务发展，积极培育微商等新型业态，大力支持企业建设移动电子商务服务平台，深化移动网络在企业运营的应用。推动 C2B、C2C、O2O 等新型商业模式快速发展，着重发展 B2B 产业互联网平台，深化"广货网上行"，打造"网上贸易"。鼓励"线上＋线下"会展模式，大力发展数字会展，鼓励展会利用互联网向展商互动、商务对接、线上交易等平台化功能的新型会展模式转变。聚焦金融、娱乐、通信、教育、医疗等产业领域，支持发展互联网金融、互联网娱乐、互联网电视、互联网教育、互联网医疗等跨界产品，打造一批百亿元、千亿元、万亿元级强辐射、高能级的市场和平台。

巩固与提升跨境电商领跑地位。充分发挥广州作为跨境贸易电子商务综合试验区先行先试优势，叠加广东自贸试验区南沙新区片区政策优势，打造中国跨境电子商务发展高地和亚太地区跨境电子商务中心城市。大力培育本土跨境电子商务示范企业，加快建立跨境电子商务示范园区和产业集聚区，吸引一批国际和国内的优秀跨境电子商务企业落户发展。优化物流、分拣、仓储功能等配套服务，促进跨境电子商务直购进口、保税备货、闪购等新业态发展。推动跨境电子商务领域一站式服务，实现"一次申报、一次查验、一次放行"的便捷通关模式，以及加工贸易、进出口许可、支付结算、企业资质、国际会展、物流监控、物流商务相关业务的"单一窗口"办理。研究解决跨境电商 B2C 海外仓模式以一般贸易方式通关的问题，从数据源解决跨境电商出口统计数据的真实性问题。

培育与引进电子商务企业。采取培育和引进、线上与线下发展相结合，大力培育引领未来商贸发展的国际电商龙头企业，增强广州网络商都的国际竞争力。筛选一批具有创新发展潜力的本土电子商务企业，开展试点示范，着力推动本地电子商务龙头企业向千亿元、百亿元、十亿元量级转型升级。鼓励各类电子商务企业进行服务创新、技术创新和商业模式创新，引导优势企业兼并重组整合，帮助有实力、发展前景好的企业进一步扩大知名度，提升国际竞争力。借助广州互联网创新集聚区建设契机，加强电子商务龙头企业引进力度，逐步引导全市电子商务和移动互联网企业总部向互联网创新集聚区汇集，有效提升总部经济能级。加强黄埔电子商务产业园和荔湾花地河两大国家电子商务示范基地基础设施建设，营造电子商务良好经营环境，充分发挥国家电子商务示范基地孵化作用。

鼓励发展互联网金融。规划建设互联网金融集聚区，加快建设广州国际金融城，推动广州民间金融街建设华南互联网创新基地，培育发展中经汇通、易票联、广物支付等一批本地互联网金融企业，鼓励广州市互联网金融企业与腾讯、阿里巴巴、网易等企业开展战略合作，设立或引进一批在线互联网小额信贷公司、互联网融资担保公司、在线保险公司等互联网金融企业，大力发展网络支付、P2P（个人对个人）、电子保单等金融业务。鼓励发展在线供应链金融，推进供应链服务、物流服务、金融服务"三位一体"的供应链综合服务，提升线上供应链的综合竞争力。

推广新一代信息技术的应用。继续推动互联网技术、移动互联网技术在电子商务领域的应用，重点推动传统商贸业转型升级，以及与其他产业的融合发展。瞄准新一代信息技术的发展前沿，鼓励物联网、云计算、大数据、虚拟现实、人工智能和区块链等技术的广泛应用，推动商贸流通向网络化、数字化、虚拟化、智慧化方向发展。制定大数据收集、管理、开发、应用等标准规范，组建广州超算中心研究院，支持高等院校开设超算研究和应用专业，发挥大数据在生命科学、新药研制、新车型研发、气候变化等方面的作用。规划建设大数据应用产业园，建立以企业为主体、市场为导向的大数据信息协作创新体系，培育杰赛科技、京华网络、品高软件等重点企业，加快国家超算广州中心、南沙分中心及广州科学城、天河软件园、番禺科技园、增城物联网产业园等物联网核心产业区发展，构建数据资源、数据应用软件、IT（信息技术）基础设施等大数据产业链。

（六）增强互联互通能力，提升国际枢纽地位

深入推进南沙自贸区建设。努力把南沙自贸区打造成为开放层次更高、营商环境更优、辐射作用更强的开放新高地，提升广州全球资源配置能力，推动形成全面开放新格局。鼓励南沙自贸试验区以更大力度推进制度创新，加强改革系统集成，进一步深化投资管理体制改革，形成与国际投资规则相衔接的制度框架。在全球范围内找对标，借鉴香港、新加坡、迪拜、鹿特丹等城市自由贸易港建设经验，不断完善贸易便利化举措，营造宽松、自由的贸易发展环境。推动航运金融、商业保理、融资租赁等特色金融业在南沙自贸区集聚发展，推进金融与产业相结合，加快形成千亿元级别融资租赁产业集聚区。探索发展离岸业务。首先做好离岸贸易，然后做好离岸金融；现阶段应该大力吸引转口贸易，集聚更多商品物流以及供应链企业。

增强粤港澳大湾区的核心增长极功能。落实CEPA及补充协议，加强与港澳在重点产业领域的合作，建设港澳科技成果产业化平台，吸引一流的现代服务业企业在南沙集聚，打造粤港澳大湾区深度合作示范区。深化穗港澳合作，在专业人士准入执业、粤港检验检测结果互认、通关便利化、教育医疗合作等领域改革创新。加强粤港澳大湾区的基础设施联通、市场一体化发展、产业和创新协同，促进资源要素跨区域便捷流动。促进粤港澳大湾区创新合作，积极推动"广州—深圳—香港"科技创新走廊建设，打造具有全球竞争力的国际科技创新中心和创新产业基地。

加大国际航空枢纽建设力度。充分认识集聚客流的重要意义，通过充分发挥国际性综合交通枢纽的优势，提升对各类人

群特别是对中高端人群的吸引力,为他们往来广州提供各种便利。借鉴伦敦、纽约等国际机场的经验,加快推进航空枢纽的基础设施建设,规划"1+N"的机场发展格局,尽快建设第二国际机场,推进白云国际机场扩建工程及软硬件配套建设,提升航空枢纽的容量和空间。发展中远程国际航线和洲际航线,增设国际直飞航线,搭建"空中丝路";与国内、东南亚主要城市形成"4小时航空交通圈",与全球主要城市形成"12小时航空交通圈"。改善机场服务和城市服务,提升航空枢纽的国际竞争力。构建立体式交通网络体系,为大众提供更多的出行便利。

提升航运与城市物流功能。对标世界一流水平打造广州国际枢纽港,增加"一带一路"沿线外贸集装箱班轮航线,积极拓展海外腹地,增加欧洲及美洲、澳新航线。深化口岸通关模式改革,加强口岸监管部门协作,整合提升海关特殊监管区域的功能。推动信息数据共享,推进"一次录入,同时申报",提高口岸通关效率。适应港口运输需求不断增长和船舶大型化的发展趋势,进一步提升广州海港出海航道到20万—30万吨级。进一步加强航道、码头、物流仓储、商务配套设施建设,加快疏港铁路建设,形成海铁联运的港口综合交通网络,同步推进物联网、安全信息系统建设,建设绿色港口、智慧港口、平安港口。鼓励物联网、云计算、大数据、人工智能等技术的广泛应用,促进城市智慧物流快速发展。

(七)争取设立期货交易所,增强全球资源配置能力

期货交易所等国际性金融交易平台,是城市全球资源配置能力的重要表现。目前国内只有上海、郑州、大连拥有期货交易所,华南地区还没有期货交易所。广州应积极向国家申请设立期货交易所,将其作为一项重大战略任务,精心规划,精心

组织，常抓不懈。利用广州大宗商品批发市场的发展优势，并借鉴国际经验，选择木材、塑料、水产品、航运指数等几个交易品种，先尝试开展远期电子交易。建议由市政府有关部门牵头，成立广州交易所和结算中心集团，负责在广州开展期货或远期合约的相关事宜，如合约设计、交易结算、风险监控等。鉴于近年来国际气象金融市场发展较快，探索开展气温、日照小时数、降雨量、空气污染物等天气期货交易，为市场主体提供规避天气风险的手段和工具。未来碳市场、碳交易的发展空间较大，探索开展碳交易和期货交易的可行性。

（八）进一步提升贸易的自由化、便利化水平

切实降低贸易成本。整合和规范进出口环节经营性服务和收费。全面推进实施跨境贸易跨部门一次性联合检查，确保出口查验率不超过2%，支持优化检验检疫和进口通关流程，继续组织实施免除查验以及没有外贸企业吊装移位仓储费用试点工作。用好各级外贸稳增长专项资金，发挥提升外贸质量的推动作用。帮助企业解决融资、退税等问题，扩大出口信用保险覆盖面，强化金融对外经贸企业的支持。加大出口货物原产地证书宣传力度，引导企业充分利用自由贸易协定的关税减让政策，降低贸易成本。

积极提高贸易便利化水平。按照"广州特色、全省标准、全国领先"的思路，持续有序推进国际贸易"单一窗口"建设。不断丰富完善涵盖进出口各领域、各环节的功能模块，加大"单一窗口"推广应用，开发建设"通关物流动态系统"，争取复制推广到全国的口岸。探索推进"单一窗口"平台与港澳、"一带一路"沿线国家口岸的互联互通。深化"三化"大通关改革，不断强化跨部门、跨区域、跨层级通关协作，扩大跨部

门一次性联合检查范围,进一步压缩通关时间。创新监管模式,广泛实施进口"提前报关、实货放行""一机双屏""船舶联合登临检查、联网放行""三互"重点改革措施,稳步推进广州港口岸南沙港区二期和三期、黄埔货运口岸的"三互"查验中心示范性项目建设。依托自有贸易试验区和海关特殊监管区域,争取对飞机保税维修先行探索。探索利用电子围网管理,推动"一般纳税人资格""仓储货物按状态分类监管"和"内销选择性征收关税"等试点政策加快落地。

附录 1 国内比较数据

功能	评价指标	广州	上海	北京	深圳	杭州	天津	重庆	武汉	成都	南京	青岛
国际消费中心	社会消费品零售总额（亿元）	8706.49	10946.57	11005.1	5512.76	5176.20	5635.81	7271.35	5610.59	5647.40	5088.20	4104.93
	旅游收入（亿元）	3217.05	3877.67	5021.00	1244.80	2571.84	2794.25	2645.21	2498.30	2507.94	1909.26	1438.70
	餐饮住宿业增加值（亿元）	402.61	374.63	397.60	338.40	164.74	245.19	355.76	349.13	359.67	168.85	188.09
	城市最著名商业街租金（元）	1725	2446	1780	1583	1229	464	750	789	704	1081	474
	奢侈品牌店铺数（家）	37	141	133	30	57	38	46	27	55	30	24
	中国十大百货购物中心数量（个）	2.00	2.00	1.00	1.00	1.00	0.00	0.00	0.00	0.00	2.00	0.00
	城市便利店景气指数	80.00	82.00	81.00	89.00	77.00	60.00	63.00	77.00	78.00	76.00	70.00

附录1 国内比较数据 247

续表

功能	评价指标	广州	上海	北京	深圳	杭州	天津	重庆	武汉	成都	南京	青岛
国际货物贸易中心	货物贸易总额（亿美元）	1297.06	4315.43	2804.03	3960.53	675.36	1026.51	627.71	236.38	410.10	499.10	654.99
	商品销售总额（亿元）	55972.75	100800	61737.4	24860.15	15377.41	45887.32	19813.01	20900	11924	10192	4626.21
国际服务贸易中心	服务贸易额（亿美元）	378.10	2019.00	1508.60	1300.00	210.72	291.00	207.00	107.00	120.00	77.00	120.30
	金融业（亿元）	1628.71	4162.70	3357.70	2501.57	941.47	1588.12	1410.18	837.49	1254.23	1122.23	588.28
	信息传输、计算机服务和软件业（亿元）	583.67	1376.69	2081.90	1092.49	1278.25	271.00	360.00	203.00	370.00	420.00	183.90
	租赁和商务服务业（亿元）	1380.84	1475.72	1700.20	495.07	313.98	391.00	322.00	200.00	370.00	300.00	347.67
国际会展中心	展览总面积（万平方米）	896.00	1604.00	634.00	325.00	197.00	191.00	787.00	267.00	344.00	431.00	298.00
	UFI展会数量（个）	10.00	23.00	29.00	11.00	3.00	0.00	2.00	1.00	0.00	2.00	2.00
	ICCA国际会议数量（场）	16	79	113	12	12	0	0	15	20	18	9
国际客流物流枢纽	机场客运量（万人次）	5973.21	10000.06	9439.35	4197.51	3159.50	1687.19	3588.88	2077.16	4603.90	2235.80	2050.50
	航空货邮运量（万吨）	165.22	386.92	194.32	112.60	48.80	23.71	36.11	17.53	61.16	34.12	23.07
	港口货物吞吐量（亿吨）	5.44	7.02	0.00	2.14	0.00	5.51	1.74	0.90	0.00	2.28	5.10
	港口集装箱吞吐量（万箱）	1884.97	3713.31	0.00	2397.93	0.00	1451.90	126.94	106.20	0.00	308.39	1805.00
	货物周转量（亿吨/千米）	15487.75	19553.00	671.20	2246.86	2300.00	2116.89	2704.51	3082.40	313.91	2483.78	1366.91
	快递业务量（亿件）	28.67	26.03	19.60	20.45	18.05	4.10	2.84	5.48	6.15	4.72	2.50

续表

功能	评价指标	广州	上海	北京	深圳	杭州	天津	重庆	武汉	成都	南京	青岛
商贸创新中心	电商发展指数得分（分）	31.82	24.47	23.32	33.07	37.50	8.60	7.03	17.74	11.86	15.34	10.53
	淘宝活跃店铺数（个）	56783	62975	69181	45930	32746	7746	6087	10727	11617	10458	7061
	跨境电商贸易额（亿元）	146.80	10.90	50.30	28.20	81.21	1.00	18.70	1.00	1.00	1.00	1.00

注：1. 数据主要来自各城市的统计年鉴和统计公报，若无特别说明，均为2016年数据。

2. 服务贸易额指标，深圳的数据为2015年数据，南京为估算数据。

3. 旅游收入指标，深圳为2015年数据。

4. 餐饮住宿业增加值指标为2015年数据。

5. 展览总面积指标，杭州/天津/武汉/苏州为2015年数据。

6. 货物周转量指标，上海/重庆/成都为2015年数据，苏州为2014年数据。

7. 港口集装箱吞吐量指标，重庆/武汉为2015年数据。

8. 货物运输量指标，苏州/成都/青岛为2015数据。

9. 电商百佳城市排名，来自阿里研究院，为2016年排名，样本包括地级及以上城市。

10. 奢侈品牌店铺数，数据来源于《中国大陆城市奢侈品店铺数量排行榜（2017年）》。

11. 主要商业街租金，来自高纬环球发布的《2016—2017全球主要商业街租金报告》，各城市取其中商业街租金最高者。

12. 中国50强百货购物中心数量，来自中国商务部发布的《中国百货购物中心年度销售排行榜》与红商网联合发布的2015年度《中国百货购物中心年度销售排行榜》。

13. 城市便利店发展指数，来自中国连锁经营协会发布的2016年《中国城市便利店发展指数》。

14. 淘宝活跃店铺数指标，由课题组统计，统计时间为2017年8月。

15. 跨境电商贸易额指标，数据来自中国海关公布数据，其中，天津/武汉/成都/南京/青岛为1亿元以下，统一默认为1亿元。
16. 机场客运量和航空货邮运量指标数据来自中国民用航空局发布的《2016年民航机场吞吐量排名》。
17. 快递业务量指标来自国家邮政局公布的《2016年中国各城市快递业务量排行榜》。

附录2 国际比较数据

功能	评价指标	伦敦	纽约	巴黎	东京	新加坡	香港	迪拜	悉尼	米兰	芝加哥	孟买	台北	阿姆斯特丹	洛杉矶	首尔	布鲁塞尔	多伦多	法兰克福	北京	上海	广州
国际消费中心	全球著名商业街年租金（美元/平方英尺）	1283	3000	1368	1249	328	2878	150	968	1239	550	133	225	310	800	908	191	250	390	299	411	289
	入境旅客数量（万人次）	1869	1557	538	538	1247	884	1195	300	682	156	146	629	723	700	863	282	1400	221	417	854	862
	旅游总收入（亿美元）	193	186	170	74	143	83	109	124	53	16	32	108	44	32	115	28	139	22	51	65	63
国际货物贸易中心	货物进出口总额（亿美元）	1321	1694	2689	4045	8841	9871	3493	819	2802	1708	1001	1019	3778	4353	1333	2118	3762	3539	3194	4517	1339
	全球知名期货交易所数量（个）	4	3	1	3	2	0	0	1	0	4	0	1	0	0	0	0	0	1	0	2	0

续表

功能	评价指标	伦敦	纽约	巴黎	东京	新加坡	香港	迪拜	悉尼	米兰	芝加哥	孟买	台北	阿姆斯特丹	洛杉矶	首尔	布鲁塞尔	多伦多	法兰克福	北京	上海	广州
国际服务贸易中心	全球金融中心指数	782	780	679	740	760	755	696	721	619	718	612	689	647	705	697	620	710	698	710	715	650
	生产性服务业全球连接度排名	2	1	5	7	4	3	8	10	12	13	15	36	26	28	22	27	21	17	6	9	40
	世界商展100强排行的商展数量(个)	0	0	9	0	0	1	0	0	5	1	0	0	0	0	0	0	0	8	4	11	3
国际会展中心	世界商展100强排行的展会面积(万平方米)	0	0	28.68	0	0	13.5	0	0	112.8	15.5	0	0	0	0	0	0	0	187.37	66.6	195.89	58
	ICCA国际会议数量(个)	153	61	196	95	151	99	52	61	59	42	18	83	144	22	137	91	63	30	113	79	16
国际客流物流枢纽	机场旅客吞吐量(万人次)	11879	11509	9717	11891	5870	7050	8365	4187	4026	10018	4468	4543	6363	10111	7777	2350	4433	6079	9439	10646	5973
	港口集装箱存吐量(万标箱)	222	637	0	463	3092	2011	1559	231	0	0	448	278	0	816	238	0	0	0	0	3654	1885

注：1. 部分数据来自各城市统计年鉴和统计公报，若无特别说明，均为2016年数据。

2. 全球著名商业街年租金，来自高纬环球发布的《2016—2017全球主要商业街租金报告》，各城市取其中商业街租金最高者。

3. 入境旅客数量、旅游总收入，来自世界旅游组织（UNWTO）发布的《2015年全球旅游报告》，悉尼、孟买、洛杉矶、布鲁塞尔、多伦多、法兰克福为估算数据。

4. 货物进出口总额，来自各城市统计年鉴。
5. 全球知名期货交易所数量，来自美国期货业协会（Futures Industry Association, FIA）的《交易所交易量调查报告》。
6. 世界商展100强排行的商展数量及展览面积，来自《进出口经理人》的《2015年世界商展100大排行榜》。
7. 年度举办国际会议数量，来自国际大会及会议协会（ICCA）发布的《ICCA国际会议市场年度报告（2016）》。
8. 机场旅客吞吐量，来自CADAS发布的《2016国际机场统计报告》。
9. 港口货物吞吐量，来自英国劳氏新闻发布的《2016世界集装箱港口100强榜单》。
10. 全球金融中心指数，来自伦敦Z/Yen集团、中国（深圳）综合开发研究院发布的《第21期全球金融中心指数报告（2017）》。
11. 生产性服务业全球连接度排名，来自全球化与世界级城市研究小组（GaWC）发布的《世界级城市名册（2016）》。

参考文献

阿里研究院：《2016年阿里巴巴电子商务发展指数（aEDI）》，2017年。

艾瑞咨询：《2016年中国跨境进口零售电商行业研究报告》，2016年（http：//www.iresearch.com.cn）。

艾瑞咨询：《2016年中国网络购物行业监测报告》，2016年（http：//www.iresearch.com.cn）。

陈丽芬：《武汉国家商贸中心的构建要素及发展定位分析》，载中国商业经济学会、湖北省商业经济学会《第六届中国中部地区商业经济论坛论文集》，2012年。

邓卫：《商贸金融中心城市的条件与环境》，《清华大学学报》（哲学社会科学版）1997年第2期。

高纬环球：《2016—2017全球主要商业街租金报告》，2017年。

广州市委市政府：《广州市委市政府关于建设国际商贸中心的实施意见》，2012年。

广州市委市政府：《中共广州市委 广州市人民政府关于进一步加强城市规划建设管理工作的实施意见》，2016年。

国际大会及会议协会（ICCA）：《ICCA国际会议市场年度报告（2016）》，2017年。

何明珂、刘文纲：《国际商贸中心研究》，经济科学出版社2012年版。

黄爱光：《对北京国际商贸中心现代零售业发展的思考》，《北京财贸职业学院学报》2011年第3期。

黄丙志：《新加坡国际贸易中心转型以及贸易发展与便利化政策研究》，《经济师》2011年第3期。

黄国雄、宋丕丞：《北京建设国际商贸中心城市的比较分析》，《北京工商大学学报》（社会科学版）2010年第5期。

贾宏敏、车效梅：《浅析迪拜城市转型及对我启示》，《亚非纵横》2014年第1期。

《进出口经理人》：《2015年世界商展100大排行榜》（http：//expo.ce.cn/sy/gd/201507/07/t20150707_5861514.shtml）。

李海军：《产业转型和就业选择——全球经济背景下的芝加哥应对策略研究》，《国际城市规划》2015年第1期。

梁曦：《伦敦和纽约国际金融中心对北京金融街的启示》，《经济研究导刊》2013年第12期。

卢彦：《世界城市国际商贸功能比较研究》，《学习时报》2011年8月22日第11版。

伦敦Z/Yen集团中国（深圳）综合开发研究院：《第21期全球金融中心指数报告》，2017年。

马鹏、李文秀：《广州建设国际商贸中心的基础条件与策略选择》，《广东行政学院学报》2014年第2期。

马子雨、黄琨：《上海国际航运中心的建设与发展》，《现代企业》2017年第1期。

玛依拉·米吉提：《关于乌鲁木齐建设现代化国际商贸中心的研究》，硕士学位论文，新疆大学，2003年。

［美］B. Joseph Pine Ⅱ、James H. Gilmare：《体验经济》，机械工业出版社2016年版。

［美］保罗·克鲁格曼：《发展、地理学与经济理论》，蔡荣译，北京大学出版社2000年版。

美国期货业协会（Futures Industry Association，FIA）：《交易所交易量调查报告》（http：//industry.fx168.com/news/exchange/

1603/1835945. shtml)。

[美] 乔尔·科特金：《全球城市史》，社会科学文献出版社 2006 年版。

[美] 丝奇雅·沙森：《全球城市：纽约、伦敦、东京》，上海社会科学院出版社 2006 年版。

[美] 藤田昌久、保罗·克鲁格曼、安东尼·J.维纳布尔斯：《空间经济学：城市、区域与国际贸易》，梁琦译，中国人民大学出版社 2011 年版。

米锦欣：《国际贸易中心城市的演变路径与特质分析》，《商业时代》2011 年第 17 期。

米锦欣：《国际商贸中心的类型研究与启示》，《北京财贸职业学院学报》2011 年第 2 期。

邱伟年、隋广军：《广州建设国际商贸中心城市研究——国际大都市发展转型的经验与启示》，《国际经贸探索》2012 年第 5 期。

全球化与世界级城市研究小组 (the Globalization and World City Research Group, GaWC)：《世界级城市名册（2016）》(http://www.lboro.ac.uk/gawc/world2016t.html)。

全球化与世界级城市研究小组 (the Globalization and World City Research Group, GaWC)：《世界级城市名册（2018）》(http://www.199it.com/archives/683705.html)。

上海市商务发展研究中心：《上海国际贸易中心指标体系及评估研究》，载《2013 上海商务发展研究报告》，2013 年。

上海市政府发展研究中心：《上海新一轮国际贸易中心建设框架及对策研究》，《科学发展》2009 年第 11 期。

沈玉良、高耀松：《上海现代贸易中心的建设：内涵、利益和思路》，《国际贸易》2008 年第 5 期。

沈玉良：《贸易方式、贸易功能与上海国际贸易中心的基本形态》，《科学发展》2010 年第 12 期。

世邦魏理仕研究院：《2015 亚太区物流枢纽研究报告》，2016 年。

世邦魏理仕研究院：《快时尚品牌百万人拥有的店铺数》，2016 年。

苏多永：《全球城市中心功能建设的国际经验及其上海的相关战略举措》，《战略决策研究》2010 年第 4 期。

隋广军：《广州建设国际商贸中西的实践与探索》，广州出版社 2013 年版。

孙浩：《基于国际货物贸易发展视角的上海国际贸易中心建设研究》，《国际商务研究》2012 年第 6 期。

孙晓冬、刘黎、杜峥鸣：《北京正步入国际商贸中心行列》，《数据》2012 年第 4 期。

屠启宇：《世界城市指标体系研究的路径取向与方法拓展》，《上海经济研究》2009 年第 6 期。

万事达卡和消费者付款解决方案（Mastercard）：《2016 全球目的地城市指数报告》（http：//www.pinchain.com/article/92250）。

汪亮：《国际贸易中心建设的国家战略》，上海社会科学院出版社 2011 年版。

王成荣、黄爱光等：《北京国际商贸中心建设研究》，中国经济出版社 2012 年版。

王成荣：《基于世界城市目标的北京国际商贸中心城市建设研究（上）》，《商业时代》2010 年第 12 期。

王先庆：《反思与批判：广州离国际商贸中心有多远——基于政府政策目标与实际绩效偏离的深层思考》，《城市观察》2017 年第 1 期。

王霄宁：《世界城市视野下北京构建国际商贸中心的系统谋略》，《北京财贸职业学院学报》2011 年第 2 期。

王晓玲主编：《广州改革开放 30 年》，广东人民出版社 2008 年版。

肖奎喜、黄晓丹:《金融创新的国际经验与广州国际商贸中心的建设》,《广东外语外贸大学学报》2013年第4期。

新一线城市研究:《2017中国城市商业魅力排行榜》,2017年。

徐今瑾、郭晓艳:《郑州同国内外区域商贸中心城市的比较》,《郑州航空工业管理学院学报》2010年第2期。

徐孝勇:《西南地区商贸中心构建与发展对策研究》,硕士学位论文,西南大学,2005年。

杨振宇:《青岛创建国际贸易中心城市的建设思路探讨》,硕士学位论文,中国海洋大学,2014年。

英国品牌评估机构Brand Finance:《"2017全球证券交易所品牌价值十强"排行榜》(http://finance.sina.com.cn/money/forex/datafx/2016-03-31/doc-ifxqxcnp8294675.shtml)。

曾伟玉、顾涧清:《广州建设国际商贸中心研究(第1辑)》,世界图书广东出版公司2011年版。

张慧:《国际商贸中心的商业文化比较分析》,《北京财贸职业学院学报》2012年第2期。

张强、李江涛:《以国际商贸中心引领广州国家中心城市建设的战略研究》,《城市观察》2011年第4期。

张颖、曹阳昭:《从日本城市化中的政府调控看广州国际商贸中心城市建设的法治化路径》,《法制博览》2015年第7期。

赵淼:《从世界城市视域解读国际商贸中心城市》,《中国外资》2013年第22期。

中国会展经济研究会:《中国展览数据统计报告》(http://www.cces2006.org/)。

中国零售指数研究院(CRIR):《2015年度中国百货购物中心年度销售排行榜》,2016年。

中国贸促会:《2016年中国展览经济发展报告》(http://www.docin.com)。

中国商务部:《2016年中国城市便利店发展指数》,2017年。

中国商务部:《2016 年中国购物中心发展指数报告》,2017 年。

仲量联行:《2016 年全球跨境奢侈品零售商吸引力指数》,2016 年。

周佳:《国际商贸中心的消费特征研究》,《商业时代》2012 年第 1 期。

周群艳:《上海建设国际商贸中心的功能体系与对策建议》,《统计科学与实践》2010 年第 1 期。

《2017 年中国大陆城市奢侈品店铺数量排行榜》,2017 年(www.cityofchongqing.com)。

Baldwin, R. E., R. Forslid, P., Martin, G. I. P. Ottaviano, and F. Robert-Nicoud, *Economic Geography and Public Policy*, Princeton, NJ: Princeton University Press, 2003.

Friedman J., "The World City Hypothesis", *Development and Change*, No. 17, 1986.

Fujita M., Krugman P., Mori T., "On the Evolution of Hierarchicalurban Systems", *European Economic Review*, Vol. 43, 1999.

Fujita, M., P. R. Krugman, and A. J. Venables, *The Spatial Economy: Cities, Regions, and International Trade*, Cambridge, MA: MIT Press, 1999.

Krugman, P., "Increasing Returns and Economic Geography", *Journal of Political Economy*, No. 99, 1991.

Venables, A. J., "Equilibrium Locations of Verticaly linked Industries", *International Economic Review*, No. 37, 1996.